Abenteuer Distanzreiten

Titelbild:
Jutta Thörner mit IVR Chimere beim Tevis Cup,
einem der schwersten Hundertmeiler der Welt.

Satz und Gestaltung: Ravenstein Brain Pool
Druck: Proost, Turnhout

Printed in Belgium

ISBN 3-86127-368-3

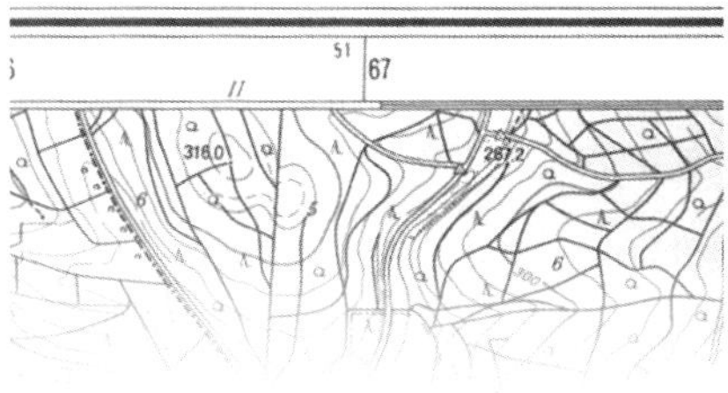

Abenteuer Distanzreiten

Cornelia Koller

CADMOS
PFERDEBÜCHER

„Nur Soldaten und Dummköpfe reiten ihre Pferde zu Tode."

Der Künstler Bartabas
in seinem Spielfilm „Mazeppa", 1993

Den Distanzpferden gewidmet

Sie klettern über Fels und Geröll, kämpfen sich durch Sand und Morast, Stunden, Tage und das meist bis ins hohe Alter. Sie haben dabei Ehrgeiz und Selbstbewußtsein entwickelt, sind zu kleinen Pferdepersönlichkeiten geworden. Die Rede ist von den Distanzpferden. Doch dann gibt es auch andere - geschunden, müde, lustlos und ausgezehrt. Das muß nicht sein. Distanzreiten soll allen Spaß machen - Pferd und Reiter. Der Erfolg eines Distanzpferdes begründet sich auf einer jahrelangen, konstanten Leistung und nicht durch das Aufstellen neuer Rekorde, neuer Zeiten, neuer Streckenlängen.

Einer meiner wichtigsten Gründe dieses Buch zu schreiben, ist die Tatsache, daß das Wesen des Distanzreitens zu oft verkannt wird. Ich versuche mich dagegen zu wehren, es als reinen Sport zu betrachten - schon das Wort Pferdesportdisziplin verwende ich ungern, auch wenn es manchmal nicht zu umgehen ist. Denn meine Liebe zur Streckenreiterei basiert auf ganz anderen Kriterien. Es ist das Erlebnis, gemeinsam mit dem Pferd eine Herausforderung anzunehmen, die Kombination von Abenteuer und Romantik, Horsemanship und Survival, Sport und Ausdauer, was mich fasziniert. Das grenzenlose Reiten bis zum Horizont. Diese Faszination kommt in diesem Buch zu kurz. Dazu ist es auch nicht gedacht. Es soll Ihnen vielmehr den Weg ebnen, diese Faszination selbst zu erleben.

Genau 16 Jahre ist es her, als ich meinen ersten Distanzritt bewältigte - wir schieden wegen eines Satteldruckes aus. 16 Jahre hatte ich nun Zeit, das Streckenreiten zu begreifen. Ich profitierte als Reiter und Betreuer von den Pferden sowie dem reichen Erfahrungsschatz alter Hasen, vieler Tierärzte und nicht zuletzt vom Wissen der Mitglieder des Feuerkreises. All denjenigen, die mich auf diesem Weg begleitet haben, möchte ich nun danken. Es ist auch ihr Buch. Dieses Werk kann und soll nicht den Erfahrungsaustausch mit anderen Reitern ersetzen, aber es wird Ihnen helfen, die Fehler zu vermeiden, unter denen unsere Pferde leiden mußten. Ihrem Pferd zuliebe.

Cornelia Koller, Mai 1996

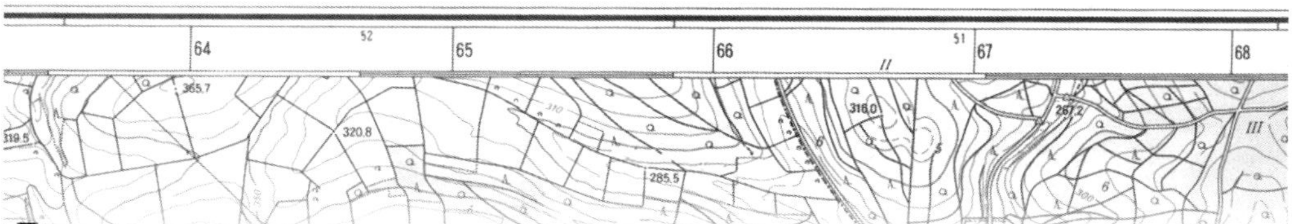

INHALTSVERZEICHNIS

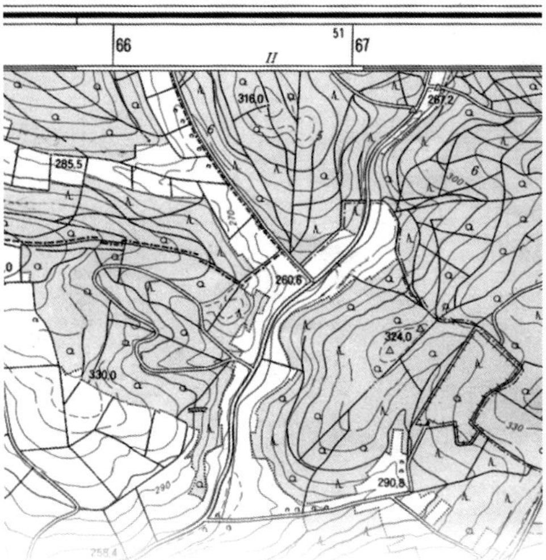

Ein kurzer Blick zurück

WIE ALLES BEGANN

Die Geschichte des Menschen müßte ohne das Pferd neu geschrieben werden. Auf nahezu allen Kontinenten wurde es als Transportmittel gebraucht - sei es als Nutz- oder Kriegstier, ohne das bewegende Eroberungen nicht möglich gewesen wären. Das Bewältigen langer Distanzen war also nicht zuletzt auch eine Frage des Überlebens.

Doch nicht nur im Krieg, sondern auch zur Postbeförderung gewann das Pferd an Bedeutung. Bereits die Perser errichteten einen Nachrichtendienst hoch zu Roß. Überragende Leistungen vollbrachte etwa 1200 n. Chr. das Kommunikationssystem des Dschingis-Khan, der so sein Weltreich kontrollierte. Auf zähen mongolischen Ponys wurden die Depeschen über Entfernungen von 6000 km getragen, in nur 24 Stunden legte man durch einen stafettenartigen Kurierwechsel rund 500 km zurück. Der Tod eines Pferdes galt damals wenig, auf die Verzögerung bei der Übermittlung stand indessen die Todesstrafe. Die Pünktlichkeit hatte oberste Priorität.

Nur zwei Jahre lang hingegen existierte aufgrund der Verluste der Pony-Expreß in den USA, dessen 3145 km von Missouri nach San Francisco durch feindliches Indianergebiet in jeweils etwa zehn Tagen zurückgelegt wurden. Auf seinen Spuren fand 1976 mit 6000 km das bisher längste Pferderennen der Welt statt. Die Strecke reichte von Saratoga an der Ostküste bis nach Sacramento an der Westküste, die Tagesetappen schwankten zwischen 43 und 90 km. Jeder Reiter durfte mit zwei Pferden starten, wovon er eines als Handpferd mitführen mußte. Jeder transportierte Kilometer wurde mit Strafpunkten geahndet, es galt also, soviel wie möglich zu reiten. Strenge Veterinärkontrollen verhinderten die Überforderung der Reittiere. Etwa die Hälfte der gestarteten Pferde erreichte nach sechs Wochen Sacramento. Mit von der Partie waren auch einige deutsche Reiter, die zum Erstaunen aller Beteiligten ihre robusten Isländer in bester Verfassung ins Ziel brachten.

In den USA blickt die Distanzreiterei auf eine lange Tradition zurück. Bereits 1955 fand zum erstenmal der Tevis Cup, einer der schwersten Hundertmeiler der Welt, statt. Fünf Reiter wollten damit zeigen, daß die Leistungen des legendären Pony-Expreß auch in der Neuzeit möglich sind. Die Strecke führt heute über die steilen Felsen der Sierra Nevada und die Canyons des Squaw Valley. Dabei sind nahezu 2500 m an Steigungen und fast doppelt soviel an Gefälle zu überwinden. Alle Reiter, die die Strecke in maximal 21,5 Stunden bewältigen, werden mit einer Gürtelschnalle belohnt. Auch einige deutsche Reiter tragen sie zu Recht mit Stolz.

Die USA gelten heute als eine der führenden Nationen im Distanzreiten, die schon mehrmals den Weltmeister stellen konnten.

In vielen Ländern dienten Ausdauerprüfungen auch zur Zuchtselektion. In der Sowjetunion absolvierten zum Beispiel die Kabardiner-Pferde seit 1929 regelmäßig 100 km lange Distanzrennen - 1931 wurde die Strecke in nur 4 Stunden und 25 Minuten bewältigt. 1935 fand einer der längsten und härtesten Ritte der Sowjetunion statt - der Ritt von Aschchabad nach Moskau, bei dem 4300 km in 84 Tagen zurückgelegt wurden.

Historische Strecken bieten heute vorwiegend die Grundlage für Mehrtagesdistanzen. Der Distanzritt „Der Kurier des Königs" von Berlin nach Kwidzyn knüpfte zum Beispiel 1993 an den Ritt des königlichen, preußischen Kuriers, Leutnant Carl Gustav von Tiedemann an. Das bisher längste Ausdauerrennen in Europa -der Trabweg West- führte die vorwiegend deutschen Starter 1990 über die fast 1000 km vom Elsaß an die Nordsee. Es zeigte sich, daß die bis zu 100 km reichenden Tagesetappen bei der 14tägigen Belastung zu hoch bemessen waren - nur ein einziges Pferd bewältigte die Gesamtstrecke. Alle anderen Reiter machten von der Möglichkeit Gebrauch, die Tagesetappen früher zu beenden.

DIE URSPRÜNGE IN DEUTSCHLAND

Auch in Deutschland hat das Distanzreiten eine lange Tradition, dessen Ursprung wie jede andere Pferdesportdisziplin beim Militär zu finden ist. Im Gegensatz zu vielen anderen Ländern gab es in Deutschland außerhalb der Kavallerie keine wirkliche Gebrauchsreiterei, das Pferd fand seinen Einsatz als Nutztier oder als edles Prestigeobjekt.

Eines der ersten großen Rennen war wohl der legendäre Wettstreit zwischen der deutschen und österreichischen Kavallerie 1892. Abgesehen von stattlichen Siegesprämien ging es vor allem um die Frage der Ehre, auch sollte das Rennen die einst verfeindeten und nun im Kriegsfall verbündeten Heere vereinen. Doch der Ritt fand ebenso unter hippologischen Gesichtspunkten Beachtung, schließlich sollten die Offiziere ihr Wissen und ihr Können bezüglich der Tiere unter Beweis stellen. Als Distanz wurde die Strecke Wien-Berlin gewählt, die Wiener ritten nach Berlin, die Preußen nach Wien. Jeder der 121 österreichischen und 91 preußischen Reiter

Die Probleme, die die Offiziere bei dem Rennen begleiteten, ähneln derer, die Distanzreiter noch heute beschäftigen. Bei der Ausrüstung hingegen können wir heute auf einen wesentlich umfangreicheren Fundus zurückgreifen.

Der europäische Distanzsport fand 1892 bei dem Wettstreit zwischen der österreich-ungarischen und der deutschen Kavallerie seine - wegen der hohen Sterberate der Pferde - traurigen Anfänge. Auch die Stute Lippspringe bezahlte den zweiten Platz mit ihrem Leben.

Prinz Friedrich Leopold von Preußen wurde in Wien als erster deutscher Reiter stürmisch begrüßt. Mit dem Wallach Taurus belegte er mit einer Reitzeit von 85 Stunden und 45 Minuten den 37 Rang.

durfte seine eigenen Wege gehen, seine Rastzeiten und Ruheplätze selbst bestimmen.

Geritten wurde Tag und Nacht, über die Grenzen der Erschöpfung hinaus, was viele Pferde mit dem Leben bezahlten - nur etwa die Hälfte der deutschen Pferde erreichte überhaupt das Ziel. Der österreichische Sieger Graf Starhemberg legte auf dem 9jährigen Athos die etwa 570 km in 71 Stunden und 26 Minuten zurück. Die Stute Lippspringe des zweitschnellsten, Freiherr von Reitzenstein, brach im Ziel zusammen und starb zwei Tage später an den Folgen. In der englischen Presse wurde das Rennen deshalb als „Metzelei" bezeichnet, die durch die hohen Prämien forciert worden wäre. In der Fachzeitung „Land and Water" schrieb man: "Der Rekord, den wir jetzt überblicken, thut beim Lesen weh für die Leute, in deren Augen ein Pferd nicht absolut Maschine ist. Es ist schwer, die Details mit Ruhe zu lesen." (J.R. de Bruycker, Hrg., Das Abenteuer der großen Distanzritte.)

Die Probleme, mit welchen die Reiter damals konfrontiert waren, sind ähnlich derjenigen, die uns Distanzreitern heute begegnen. Beschlag, Fütterung, Training, Ausrüstung, Geländehindernisse - all das mußte sorgfältig geplant und getestet werden. Tagebücher sind stumme Zeugen der Ereignisse, aus denen wir noch heute lernen können.

Zwei Jahre später begann man bis zum Ausbruch des ersten Weltkrieges in der deutschen Kavallerie den Distanzritt für die jüngeren Offiziere zur Pflicht zu machen. Wegen der immer noch sehr hohen Sterberate der Pferde wurde die Strecke von 180 km schrittweise auf 80 km reduziert, später das Höchsttempo auf sechs Minuten pro Kilometer festgelegt. Außerdem mußten die Offiziere die Reittauglichkeit ihrer Pferde am nächsten Tag unter Beweis stellen.

Die Gesunderhaltung des Pferdes hatte endlich den notwendigen Stellenwert erlangt.

DIE EUROPÄISCHE ENTWICKLUNG IN DER NACHKRIEGSZEIT

Mit der fortschreitenden Industrialisierung verlor das Reiten langer Strecken in Deutschland an Bedeutung - in der Nachkriegszeit hatte man andere Probleme. So geriet das Distanzreiten in Vergessenheit.

Erst 1969 fand auf Initiative des Equitanachefs Wolf Kröber der erste Distanzritt in Deutschland statt. In Ankum starteten 28 Pferde, um 50 Kilometer zu absolvieren. Im Jahr darauf schädigte der Ritt in Ankum das Ansehen dieses Sports über viele Jahre. Drei Pferde verendeten bereits auf der Strecke, andere starben an den Folgen.

Die bittere Bilanz führte zu der Erkenntnis, daß zum Schutz der Pferde eine Kontrollinstanz geschaffen werden mußte: die Tierarztuntersuchung. Bereits damals war die Anerkennung des Distanzreitens als Hengstleistungsprüfung für Arabische Pferde im Gespräch, ein Traum, der erst rund 25 Jahre später in Erfüllung gehen sollte.

1975 trafen sich auf der Equitana interessierte Distanzreiter und gründeten später die „Fachgruppe Distanzreiten BRD", um den Bestrebungen der FN, den Distanzsport in die LPO zu integrieren, die Stirn bieten zu können. Trotz der Diskussionen wurde Distanzreiten Bestandteil der Prüfungsordnung.

1976 gründete man den Verein Deutscher Distanzreiter, dem dieser Sport noch heute unterliegt. Zehn Jahre später wurde der Verein durch die Aufnahme des Fahrsports in den heutigen Verein der Distanzreiter und Fahrer Deutschlands e.V. umbenannt. Der VDD wurde Anschlußverband der Deutschen Reiterlichen Vereinigung, um letztendlich auch den internationalen Austausch zu fördern.

Dennoch fand bereits 1974 der erste deutsche Hundertmeiler von Hamburg nach Hannover statt - die Heidedistanz. Die Kriterien: one horse, one rider, one hundred miles in one day. Zwei Jahre darauf wagten sich 16 Reiter in Anlehnung an die großen Ritte auf die Strecke Hamburg-München - 980 km in 12 Tagen. Bereits damals gewann man viele noch heute gültige Erfahrungswerte rund um diesen Sport.

Die Streckenritte von einem Ort zum anderen entsprechen dem ursprünglichen Gedanken des eigentlichen Distanzreitens, sind aber für Organisation und Teilnehmer mit erhöhtem Aufwand verbunden. Deshalb werden heute vorwiegend Rundkurse absolviert. Das immer öfter anzutreffende mehrmalige Reiten einer Strecke, das durchaus bis zu viermal betragen kann, wird jedoch von vielen Reitern als Widerspruch zu dem Grundgedanken empfunden und abgelehnt.

Um ein einheitliches Reglement zu erarbeiten, wurde auf europäischer Ebene 1979 die

1974 fiel in Deutschland zum erstenmal der Startschuß zu einem Hundertmeiler. Bis heute betrachten viele Reiter die Heidedistanz jährlich als neue Herausforderung.

ELDRIC (European Long Distance Rides Conference) gegründet, die noch heute für internationale Ritte verantwortlich ist. Zur Vereinfachung der Formalitäten wurde die ELDRIC Anschlußverband der FEI (Fédération Equestre International) und somit Distanzreiten neben Springen, Dressur, Vielseitigkeit, Fahren und Voltigieren die sechste internationale Disziplin. 1984 fand die erste Europameisterschaft in Florac, zwei Jahre darauf die erste Weltmeisterschaft in Rom statt.

Ferner ehrt die ELDRIC jährlich die besten internationalen Reiterpaare. Für die ELDRIC-Trophy veranstaltet jede Nation eine bestimmte Anzahl von Ritten, die nach internationalem Reglement durchgeführt werden.

In Deutschland hingegen mißt man den einzelnen Erfolgen weniger Bedeutung bei, sondern ehrt Pferd und Reiter nach ihrer über die Jahre gerittenen Kilometer, um den Erhalt der Leistungsfähigkeit zu honorieren. Diese Kilometerwertung entspricht dem Naturell der Ausdauerprüfung wesentlich deutlicher, als es die einmal erreichte Plazierung in der ELDRIC-Trophy zu schaffen vermag.

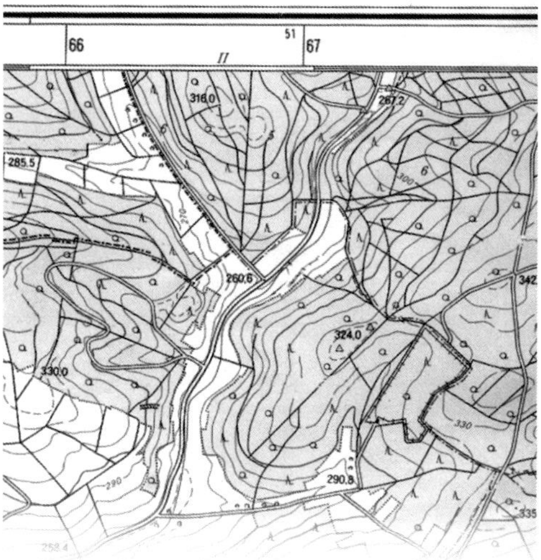

Das Distanzpferd

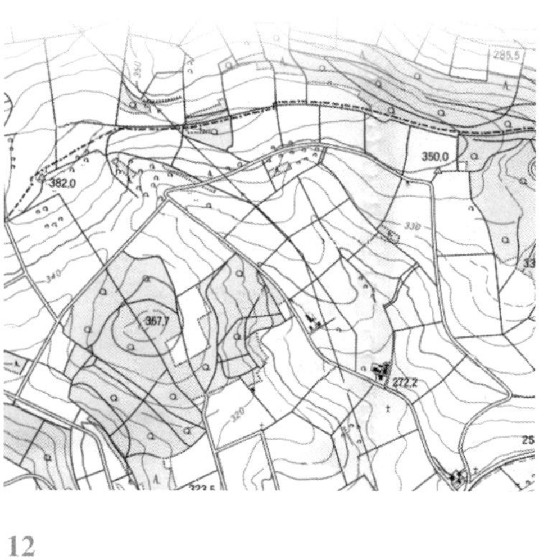

Pferde sind geborene Lauftiere, weshalb sich im Grunde genommen jedes Pferd zum Distanzreiten eignet - das eine mehr, das andere weniger. Nicht nur das Exterieur, sondern auch Wesen, Charakter, Temperament sind von Bedeutung. So mancher Fehler kann von anderen positiven Eigenschaften kompensiert werden. Pferde mit Mängeln können aber Grenzen haben, sei es in bezug auf Streckenlänge oder Tempo. Hier kommt dem Reiter die besondere Verantwortung zu, diese Grenzen zu erkennen und sein Pferd dementsprechend zu reiten. Schnelle Langstreckenritte sind zum Beispiel Leistungssport, zu dem nicht jedes Pferd fähig sein wird. Es kann sie aber vielleicht in gemäßigtem Tempo ohne Schaden absolvieren.

Wirft man einen Blick in die Pferdefachzeitschriften, so werden nicht selten Jungpferde und Fohlen für den Distanzsport angeboten. Distanzpferde sind Ausdauerspezialisten. Welcher Mensch würde in seinem achtjährigen Kind den geborenen Marathonläufer vermuten? Bei Pferden kann es nicht anders sein. Auch wenn sie bezüglich des Exterieurs alle Voraussetzungen erfüllen, kann ihnen dennoch das gewisse Etwas zum Streckenpferd fehlen - der Biß, die Härte, der Spaß am Laufen. In einem Jungpferd den geborenen Champion zu sehen, wäre ungerecht gegenüber dem Pferd mit den ihm angeborenen Fähigkeiten.

Für den Erfolg eines Distanzpferdes sind viele Faktoren maßgeblich, die nicht voraussehbar sind. Trotz ausgefeilter Röntgentechnik weiß keiner, wie es in den Knochen des Pferdes tatsächlich aussieht, wie das metabolische System auf Dauerbelastung reagieren und das Pferd Streß mental verkraften wird. Die Qualifikation wird man erst im Verlaufe des Trainings erkennen können. Um so wichtiger ist es also, seinen persönlichen Ehrgeiz den Fähigkeiten des Pferdes anzupassen. Respektiert man die natürli-

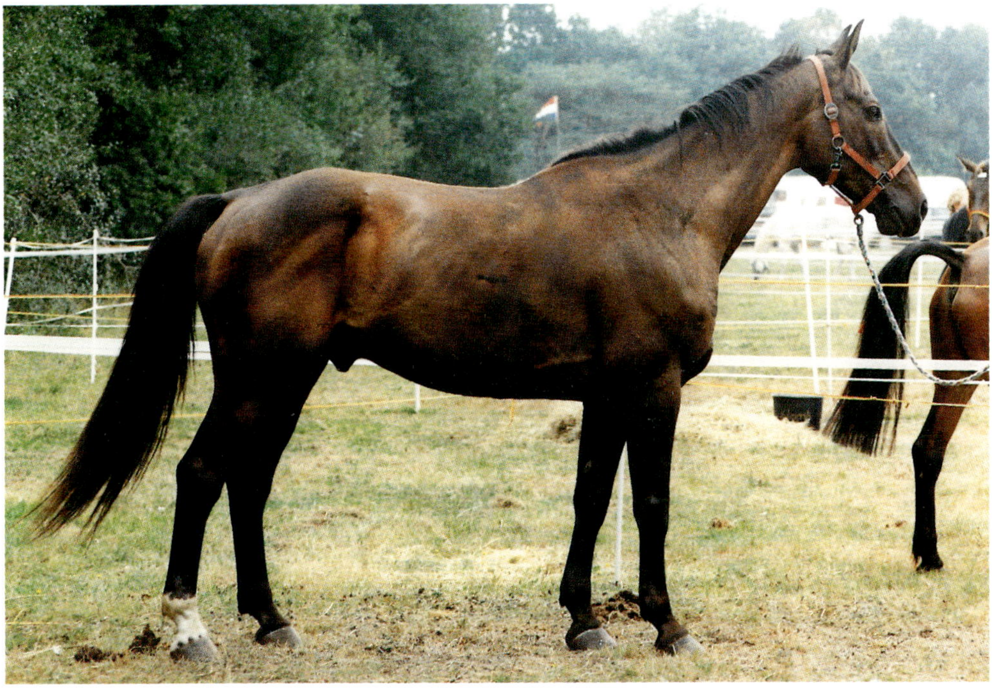

Das Ausnahmepferd: der Halbblüter George Washington. Er wurde dreimal Deutscher Meister, bei der EM 1995 vierzehnter und siegte im gleichen Jahr auf vier internationalen Hundertmeilern. Seine Erfolge bescherten ihm den Sieg der ELDRIC-Trophy 1995. Das Foto zeigt ihn als 14jährigen im optimalen Trainingszustand kurz vor der EM: kein Gramm Fett, nur lange, flache Muskeln.

chen Grenzen des Individuums, kann man mit ihm auch auf langen Strecken über viele Jahre hinweg große Freude haben. Ein gutes Distanzpferd zu finden, erfordert jede Menge Erfahrung und nicht zuletzt eine riesige Portion Glück. Die Suche nach einem geeigneten Pferd für den Hochleistungssport gleicht der nach der berühmten Nadel im Heuhaufen.

Distanzpferde zu züchten ist wegen der oben beschriebenen Faktoren oft unmöglich und wegen der relativ geringen Preise auch uneffektiv, da Distanzpferde erst sehr spät einsetzbar sind. Die Zucht kann sich deshalb immer nur auf die Zucht von gesunden Pferden mit möglichst geringen physischen wie psychischen Mängeln beschränken. Natürlich gibt es immer wieder Abstammungslinien, die besonders gute Distanzpferde hervorbringen. Zwei der derzeit erfolgreichsten deutschen Distanzpferde, die Halbblüter Cloud Question Mark und George Washington, sind zum Beispiel Vollbrüder. Doch solche Linien sind eher die Ausnahme.

Eine entscheidende Rolle spielt die Aufzucht. Je härter und natürlicher, desto besser. Darin begründet sich auch der Erfolg anderer Nationen. In Deutschland ist es aufgrund der dichten Besiedelung und der geographischen Lage fast unmöglich, ein Pferd hart und robust aufzuziehen. Nahrhafte, saftige Weiden fördern die Überfettung und verhindern die Bewegung bei der Nahrungssuche, weiche Böden machen es sensibel für steinige Untergründe. Wer also ein zukünftiges Distanzpferd großziehen möchte, sollte als erstes seine Haltungsbedingungen überdenken. Die Robusthaltung im Herdenverband auf großen Flächen sollte die Voraussetzung sein.

Die harte extensive Aufzucht der Jungpferde darf jedoch nie mit Verwahrlosung verwechselt werden - regelmäßige Entwurmung, Impfung, Hufpflege sind unabdingbar für die Gesundheit und die Entwicklung eines Pferdes.

DIE RASSE

Zum Distanzreiten ist grundsätzlich jede Pferderasse geeignet. Hochblütige Pferde haben auf Eintagesritten meist die Nase vorn, auf Mehrtagesritten sind hingegen robustere Naturen überlegen, da sie wohl den Streß besser verkraften und ihre Energien besser einzuteilen wissen. Für welche Rasse und welchen Pferdetyp man sich letztendlich entscheidet, ist abhängig von den eigenen Zielen. Ob man den Ehrgeiz besitzt, eines Tages international zu starten oder Distanzritte lediglich als willkommene Abwechslung betrachtet. Das Gros der Distanzreiter reitet nicht ausschließlich Distanzen, sondern sieht im Pferd einen vielseitigen Freizeitpartner. So entscheidet beim Kauf eines Pferdes meist der „Draht" zu dem Tier. Damit ist die wichtigste Voraussetzung für die erfolgreiche Teilnahme an einem Distanzritt erfüllt - das gute Verhältnis zueinander.

TYP VOR RASSE

Auf Deutschlands Strecken trifft man die unterschiedlichsten Rassen - vom Isländer über das Warmblut bis hin zum Arabischen Vollblut. Ihren Rassemerkmalen entsprechend haben sie oft eines gemeinsam: sie sind Läufer, meist drahtige Athleten. Nebenbei sei darauf hingewiesen, daß es auch sehr viele Kreuzungen gibt, die sich auf der Strecke bewährt haben - ein hochkarätiger Abstammungsnachweis ist Nebensache.

Die nachfolgenden Erläuterungen zu den Rassen sind also mit Einschränkungen zu betrachten. Sie sind deshalb sehr kurz gehalten.

Masahib zählt zu den derzeit erfolgreichsten Vollblutarabern im deutschen Distanzsport. Er lief seit 1989 etwa 4000 Kilometer in der Wertung und wurde bei den Weltreiterspielen 1994 sechzehnter. Das Bild zeigt ihn als 15jährigen zu Beginn des Trainings.

Der Araber - das Nonplusultra?

Arabische Pferde, allen voran Vollblutaraber, gelten als die Spezialisten auf Distanzritten. Ihre Leichtfüßigkeit und Geschmeidigkeit bieten angenehme Reiteigenschaften, ihr dünnes Fell ermöglicht einen raschen Temperaturausgleich. Die meisten Araber sind sehr menschenbezogen, erfordern aber Erfahrung im Umgang.

Ein Vorurteil gegen Araber ist das angeblich schwache Nervenkostüm. Eine Hypersensibilität beruht aber oft weniger auf dem Charakter, sondern auf dem Umgang mit dem Pferd. Wer einen Araber vernünftig wie ein normales Pferd und nicht als „Hasibärchen" behandelt, wird ein sensibles, aber unproblematisches Reitpferd haben.

Die grundsätzliche Eignung des Arabers darf aber nicht über die derzeitige Problematik der europäischen Araberzucht hinwegtäuschen. Die jahrelange Selektion auf Härte wich optischen Gesichtspunkten und degradierte den Araber zum adretten Schaupferd. Die Haltungsform über Generationen verweichlichten die in den Ursprungsländern extremen Temperaturschwankungen ausgesetzten Rasse über jedes Maß hinaus. Einige Züchter haben dies erkannt und erproben das Leistungsvermögen ihrer Zuchtpferde auf der Strecke. Distanzritte werden auch von dem Verband der Züchter des Arabischen Pferdes als Hengstleistungsprüfung anerkannt.

Einige andere geeignete Rassen

Englische Vollblüter werden für Kurzstrecken gezüchtet. Im Sport zeigt es sich, daß ein schneller Sprinter nicht unbedingt auch ein guter Marathonläufer ist. Auch wenn es in Deutschland mehrere erfolgreiche Pferde gibt, sind nicht alle über Jahre hinweg konstant einsetzbar, da sie manchmal aufgrund ihres leichten Fundamentes und der oftmals kleinen, flachen Hufe zu Beinproblemen neigen.

Die hier inzwischen 22jährige, auf diesem Foto untrainierte Welsh-Cob-Stute Huddel ist ein Beispiel dafür, daß auch robuste, schwerere Rassen erfolgreich im Distanzsport eingesetzt werden können. Sie trug ihre Reiterin bis als 19jährige etwa 5000 km in der Wertung.

Das deutsche Warmblutpferd ist als schweres Rechteckpferd für lange Strecken nur bedingt geeignet. Ihm fehlen Flexibilität und Geschmeidigkeit in der Bewegung, es läuft unökonomisch schwungvoll. Ein Handikap ist auch seine Größe.

Ihre gegenüber vollblütigen Pferden etwas geringere Geschwindigkeit gleichen viele Ponyrassen auf langen Strecken mit zäher Ausdauer und Durchhaltevermögen aus. Fjordpferde, Haflinger, Isländer, Welshponys und viele weitere Rassen überzeugen vor allem in schwierigem Gelände, weshalb sie auf Bergdistanzen oft sehr gut abschneiden.

Aus dem Osten gelangen viele, sehr gute Distanzpferde zu uns. Vom Kabardiner, Budjonnij bis hin zum Achal Tekkiner lassen sich in den osteuropäischen Zuchtgebieten viele geeignete Pferde finden. Die Aufzuchtbedingungen sind dort meist wesentlich natürlicher als in Mitteleuropa.

Eine weitere bedeutende Rasse soll hier nicht vergessen werden: der Traber. Kein Wunder, ist doch die Hauptgangart des Distanzpferdes seine Stärke. Allerdings sollte man bei seiner Wahl darauf achten, daß die Tiere nicht bereits durch eine frühe Karriere auf der Rennbahn unter Verschleißerscheinungen leiden.

UNGEEIGNETE RASSEN - ES GIBT SIE DOCH

Auch wenn Ausnahmen uns immer wieder eines Besseren belehren, sind manche Rassen für lange Distanzritte weniger geeignet. Weniger heißt, daß sie wegen ihres Zuchtzieles nicht dem Typ des Langstreckenpferdes entsprechen, spezifische Exterieurmerkmale auf langen Strecken Probleme verursachen können oder die Pferde einen höheren Energieaufwand zur Fortbewegung benötigen.

Zum Beispiel das Quarter Horse. Es ist der Bodybuilder unter den Pferden, und welcher Bodybuilder käme auf die Idee, einen Marathon laufen zu wollen? Die ausgeprägte Muskulatur muß stärker durchblutet und erwärmt werden, weshalb Überhitzung und Muskelprobleme die Folge sein können.

Iberische Pferde vergeuden hingegen viel Kraft für die hohe Knieaktion. Viele Pferde sind vom Typ schwer, die hohe natürliche Aufrichtung erleichtert Dressurlektionen, fördert aber auf langen Strecken Rückenprobleme.

Im Grunde genommen wären Gangpferde für den Distanzreiter die bequemsten Rassen, wäre der Tölt für die Tiere auf langen Strecken nicht zu anstrengend. Nur wenige Pferde sind in der Lage, ihn stundenlang in hohen Tempi ohne Erschöpfung durchzustehen - die meisten Distanzisländer zum Beispiel wählen deshalb auf der Strecke den Trab.

DAS ALTER

Die Anstrengung einer Ausdauerprüfung darf nicht unterschätzt werden. Jede zu frühe Belastung oder Überbeanspruchung des Pferdes kann dessen Gesundheit und Entwicklung beeinträchtigen.

Das Mindestalter für kurze Distanzritte beträgt in Deutschland fünf, für mittlere sechs, für lange sieben Jahre. Obwohl im Ausland bereits sechsjährige auf Hundertmeilern starten dürfen, kann man dieses Alter als zu jung bezeichnen. Keines der Pferde konnte über mehrere Saisons eingesetzt werden.

Die Begrenzung des Mindestalters paßt sich der Erfahrung an, daß Langstreckenpferde ein Aufbautraining von drei Jahren benötigen. Erst dann sind auch Knochen, Sehnen und Bänder ausreichend belastbar. Ferner geht man davon aus, daß das Skelett des Pferdes erst mit ungefähr fünf Jahren ausgereift ist. Bevor sich die Wachstumsfugen endgültig geschlossen haben (etwa mit 3 1/2 Jahren), kann eine Überforderung irreparable Folgen haben.

Das solide Training eines reifen Pferdes zahlt sich mit einer langen Einsatzfähigkeit aus. 16- und 17jährige Champions sind keine Seltenheit. Viele Pferde haben ihre Karriere auch mit über 20 Jahren längst noch nicht beendet, auch wenn

Die Tersker-Araber-Stute Czippa ist trotz ihrer 21 Jahre auf dem besten Weg, die Schallgrenze der 10 000-km-Marke zu erreichen. Sie wird auf Strecken bis zu 120 km eingesetzt.

sie dann den Höhepunkt ihrer sportlichen Laufbahn überschritten haben, der mit 8-16 Jahren erreicht ist.

Leider nehmen meist wie bei allen Reitsportdisziplinen chronische Erkrankungen den Reitern die Entscheidung aus der Hand, wann ein in die Jahre gekommenes Distanzpferd aus dem Sport genommen werden sollte. Ein Comeback ist nach einer Pause dennoch nie ausgeschlossen.

DIE GRÖSSE

Für Distanzpferde gibt es keine ideale Größe. Ponys können lange Strecken ebenso gut absolvieren wie größere Pferde. Letztendlich ist das Stockmaß abhängig von der Statur und dem Gewicht des Reiters.

Die „handlichste" und deshalb beliebteste Größe liegt um ein Stockmaß von 150 - 155 cm, größere Pferde sind manchmal in ihrem Körpergefühl unflexibler.

DAS GESCHLECHT - HENGST, WALLACH ODER STUTE?

Die ursprüngliche Meinung, daß sich Hengste wegen ihres Kampfgeistes besonders gut eignen, ist längst überholt. Für ambitionierte Distanzreiter sind sie die letzte Möglichkeit. Die Gründe sind naheliegend: Dem Hengst fehlt die notwendige Gelassenheit. Eine rossige Stute kann ihn unter Umständen aus dem Konzept bringen, ihn davon abhalten, ausreichend zu regenerieren. Im Stop kann die Erregung hohe Pulswerte verursachen und die Disqualifikation von Pferd und Reiter bedeuten. Allein aus Sicherheitsgründen ist eine Teilnahme mit einem Hengst nur möglich, wenn er gut erzogen ist und sein Reiter ihn ständig unter Kontrolle hat.

Die beliebtesten Reittiere sind Wallache, die durch ihr ausgeglichenes Temperament bestechen. Nach vielen Kilometern ist jeder Reiter froh, ein ruhiges Pferd zu haben, das sich im Stop eher für das Futter als für andere Pferde

Während man früher Hengsten ein besonderes Leistungsvermögen nachsagte, bevorzugen heute Distanzreiter Stuten oder Wallache, die im Umgang einfacher handzuhaben sind. Die Gründe für zu hohe Pulswerte sind für das Ausscheiden irrelevant - auch wenn es lediglich die Aufregung ist.

interessiert. Daß in der Ruhe die Kraft liegt, zeigt sich in den Ergebnissen: alle Weltmeisterschaften wurden auf Wallachen gewonnen.

Trotz ihrer bekannten Launen bevorzugen manche Reiter Stuten. Während der Rosse können sie jedoch zickig sein und Ihnen den Ritt nicht gerade versüßen. Stuten neigen zum Schlagen und Pferde mit „lockeren" Hinterbeinen können nicht nur im Pulk des Massenstarts für andere Teilnehmer sehr gefährlich werden.

DAS EXTERIEUR

Auch wenn ein exzellentes Exterieur die Voraussetzung für ein Distanzpferd ist, ist es kein Garant für gute Leistung. Werden Sie deshalb nicht zum Fehlergucker - das perfekte Pferd gibt es nicht. Geringe Fehler sind tolerierbar, schwerwiegende hingegen können den frühzeitigen Verschleiß bedeuten. Viele Pferde laufen trotz gewisser Handikaps ein Leben lang, vielleicht nicht unbedingt an der Spitze, aber zur Zufriedenheit ihrer Reiter. Ein Distanztierarzt meinte einmal treffend: „Was letztendlich ein Fehler ist, zeigt sich erst bei Belastung."

Nutzen Sie deshalb die nachfolgenden Kriterien, um ein Bewußtsein für die Fehler Ihres Pferdes und die damit möglichen Grenzen zu erlangen. Je mehr Ihr Pferd vom Ideal abweicht, desto höher ist auch das Risiko gesundheitlicher Probleme. Wenn Sie Ihrem Pferd keinen Schaden zufügen wollen, müssen Sie darauf Rücksicht nehmen. Ganz sicher hilft Ihnen die umfassende Exterieurbeurteilung, falls Sie sich ein Pferd kaufen wollen, das eine Dauerbelastung gesund überstehen kann.

Dennoch gilt immer, daß ein rücksichtsloser Reiter auch ein gutes Pferd binnen kurzer Zeit ruinieren kann.

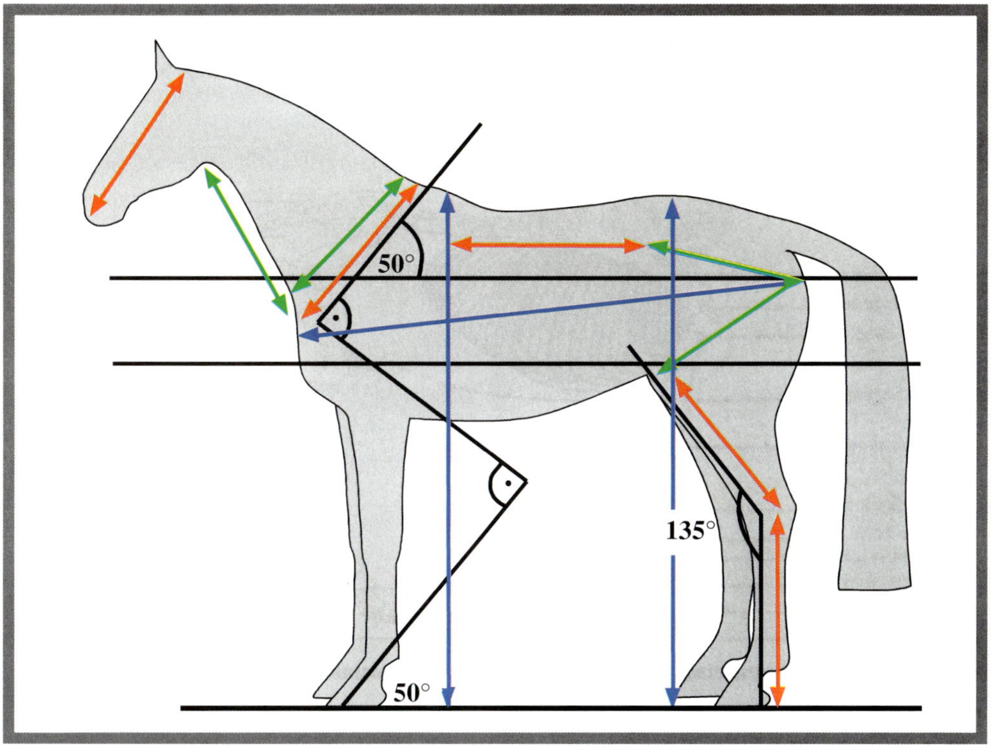

Wann ist ein Pferd gut proportioniert?
Ein harmonischer Gesamteindruck ist dann gegeben, wenn alle Körperteile in ihren Proportionen zueinander passen. Die gleichfarbigen Linien sollten in etwa identisch lang sein. Der Winkel von Schulter und Oberarm sollte etwa 90° betragen, ebenso der Winkel der verlängerten Linien von Oberarm und Fesselstand.

Der Gesamteindruck

Die Anforderungen an den Gesamteindruck eines Distanzpferdes lassen sich einfach umschreiben: das Pferd soll gut proportioniert sein. Wenn alle Körperteile harmonisch zueinander passen, wird es dem Pferd leichter fallen, sich in der Balance zu bewegen.

Das heißt konkret:

Mit einem normal großen Kopf auf einem durchschnittlich langen, gut angesetzten Hals kann das Pferd den Schwerpunkt leichter nach hinten verlagern. Ausreichend Brusttiefe läßt auf ein großes Herz schließen, eine gute Rippung bietet Herz und Lunge Raum. Der starke, nicht zu lange Rücken hat eine gute Sattellage und trägt den Reiter ohne Probleme. Die Hinterhand, der Motor des Pferdes, ist gut, aber nicht zu stark bemuskelt und macht im Verhältnis zum Rumpf etwa ein Drittel aus. Die Stellung der Beine ist korrekt, das Fundament kräftig und die gesunden Hufe eher groß als klein.

Im Detail läßt sich das Pferd in folgende Bereiche unterteilen:

Kopf und Hals

Während die Kopfform eine untergeordnete Rolle spielt, sind die Augen ein Spiegel der Seele. Ein ruhiger, aber aufmerksamer Blick mit aktivem Ohrenspiel läßt auf einen ausgeglichenen Charakter schließen.

Große Nüstern sind die Voraussetzung für einen optimalen Sauerstoffaustausch. Die den nordischen Rassen zueigenen kleinen Nüstern sind weniger geeignet. Auch ausreichend

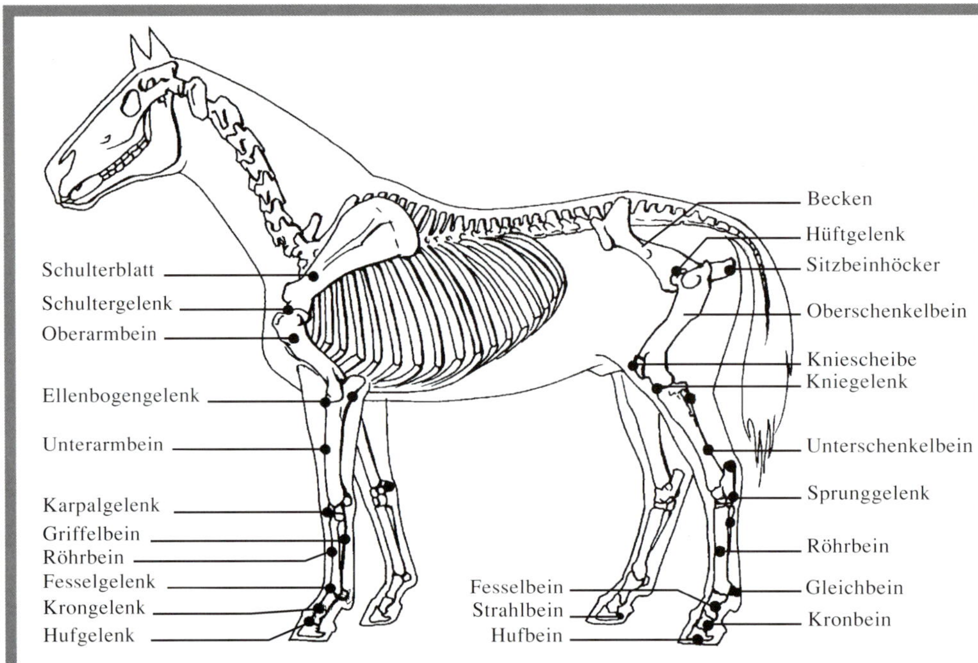

Ganaschenfreiheit ist für die Atmung wichtig.

Ein beweglicher Hals ermöglicht es dem Pferd, den Schwerpunkt zu verlagern und damit trotz seines relativ starren Körpers enge Wendungen durchzuführen. Pferde mit hoch angesetztem Hals müssen bei Dauerbelastung vermehrt vorwärts-abwärts geritten werden, damit sie den Rücken besser entlasten.

DER RUMPF

Der relativ steife Rumpf mit der unflexiblen Wirbelsäule schützt durch seine Rippung die Organe. Weil das Pferd kein Schlüsselbein besitzt, ist der Rumpf nicht direkt mit einem Knochen mit der Vorhand verbunden. Das Schulterblatt liegt lediglich flach an Brustkorb und Widerrist an und wird mittels Sehnen und Muskeln gehalten, der Rumpf schwingt also in diesem komplexen Geflecht.

Ein normal ausgeprägter Widerrist bietet eine gute Sattellage, eine ovale Rippung - die Sie nur von vorne beurteilen können - verhindert das Rutschen des Gurtes. Rohe Pferde können einen noch schwach bemuskelten Widerrist haben, der sich im Laufe des Trainings verbessern kann.

Der Rücken sollte nicht zu lang sein, da er dadurch weicher und anfälliger für Probleme wird. Dies gilt vor allem dann, wenn das Pferd einen schweren Reiter zu tragen hat. Auch ein zu kurzer Rücken kann Schwierigkeiten bereiten, da die Trachten des Sattels in die Lendenpartie

Kurze Pferde können bei Ermüdung zum Greifen neigen. Sie können sich dann mit den Hinterhufen an den Vorderbeinen verletzen. Das Ideal ist deshalb ein weder zu kurzes noch zu langes Pferd.

drücken können. Ferner besteht die Gefahr, daß die Pferde im Trab greifen, sich also selbst mit den Hinterhufen an den Vorderbeinen verletzen. Insgesamt sollte die Rückenmuskulatur ausgeprägt sein, um die Tragfähigkeit zu erhöhen. Sie kann vor allem durch gymnastizierende Dressurübungen und Cavalettiarbeit aufgebaut werden.

Bei überbauten Pferden, deren höchster Punkt der Kruppe über dem höchsten Punkt des Widerrists liegt, trägt die Vorhand mehr Gewicht und ist daher für vorzeitigen Verschleiß anfällig. Eine horizontale Kruppe ermöglicht zwar eine optimale Schubkraft aus der Hinterhand, kann aber auch zu einer mangelnden Tragfähigkeit des Rückens führen. Eine stark abgeschlagene Kruppe hingegen bietet eine gute Tragfähigkeit, dafür keinen Schub. Die logische Konsequenz ist auch hier der goldene Mittelweg: eine sanft geneigte, lange Kruppe.

DIE VORHAND

Aufgrund des Gebäudes trägt die Vorhand im Stand etwa 60 % der Last des Körpers. Wird das Pferd fehlerhaft auf der Vorhand geritten, kommt das Gewicht des Reiters hinzu. Wegen der fehlenden Knochenverbindung zur Wirbelsäule werden die bei der Bewegung entstehenden Stöße vorwiegend von Knochen, Bändern und Sehnen abgefangen. Bei Fehlstellungen kann die Überlastung stärker beanspruchter Bereiche zu chronischen Veränderungen an den Gelenken führen. Gelenke von großer, kräftiger und gleichmäßiger Gestalt werden die Belastung besser verkraften. Je korrekter also die Stellung, desto geringer das Risiko von Folgeschäden. Beachten Sie, daß das stärkste Bein immer nur so gut wie sein schwächster Teil ist.

SCHULTER UND OBERARM

Die Länge und Winkelung der Schulter ist unter anderem maßgeblich für die Schrittlänge des Pferdes. Je schräger, größer und kräftiger, desto besser. Die Winkelung der Schulter steht auch in direktem Zusammenhang mit der der Fesseln, sie sollte identisch sein. Von einer schrägen Schulter spricht man, wenn der Winkel zum Boden etwa 50° beträgt. Die Winkelung zwischen Schulter und Oberarm sollte etwa 90° betragen. Ist der Oberarmknochen zu kurz, dann steht das Bein zu weit vorne: die Schritte sind kurz und haben eine hohe Aktion. Zu lange Oberarmknochen hingegen verursachen einen weit hinten liegenden Ellenbogen, der die Beweglichkeit des Beines, aber auch die korrekte Gurtlage einschränkt. Bei einer guten Ellenbogenfreiheit paßt im Idealfall eine Faust in die Achselhöhle.

VON UNTERARM BIS FESSEL

Der Unterarm sollte lang, stark und gut bemuskelt sein. Daraus resultieren kurze, kräftige Röhren, die bei Ausdauerbelastung von eminenter Bedeutung sind. Weil das aus kleinen Knöchelchen bestehende Vorderfußwurzel- oder Karpalgelenk nur eine sehr geringe Pufferwir-

DAS PFERDEBEIN

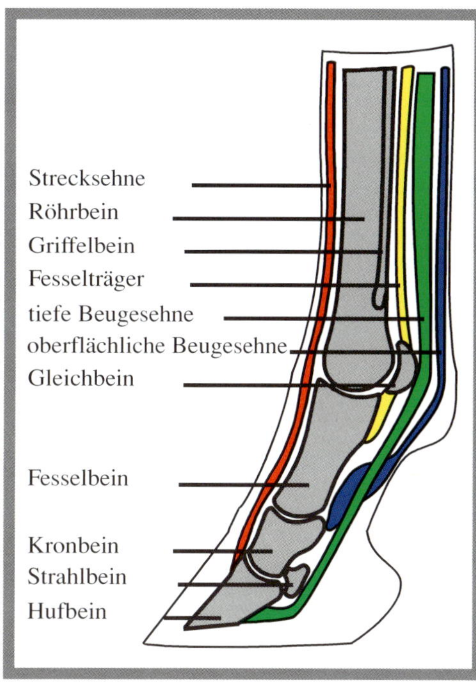

kung ermöglicht, liegt die Hauptfederung in den Fesseln. Zu kurze Fesseln fangen wenig Stöße ab, weshalb die Knochen stärker belastet werden. Zu lange, weiche Fesseln wiederum fordern Sehnen und Bänder - eine der Berufskrankheiten der Distanzpferde sind deshalb Veränderungen an den Gleichbeinen. Denn über die Spitze der Gleichbeine verläuft der Fesselträger, ein sehnig umgewandelter Muskel, der im Stand das Fesselgelenk fixiert und in der Stützbeinphase, also beim Durchdrücken des Fesselgelenkes, angespannt ist. Die Gleichbeine haben aber noch eine zweite Aufgabe. Sie leiten die tiefe Beugesehne um, die zum Abfußen benötigt wird.

DER HUF

Die Achse des Fesselbeines sollte von der des Hufes nicht gebrochen werden. Auch dann nicht, wenn die natürliche Hufstellung in sich selbst zu flach oder zu steil ist. Eine Stellungskorrektur darf also nur dann durchgeführt werden, wenn die Achse bereits gebrochen ist.

Im Huf selbst beginnt die erste Stoßdämpfung. Die Annahme, das Pferd stünde auf seinem Hufbein, ist nicht ganz richtig. Vielmehr ist das Hufbein durch eine Blättchenschicht in der Hufkapsel aufgehängt. Die Qualität des Hufes ist daher für die Mobilität eines Pferdes enorm wichtig. Der Huf ist kein starres Gebilde, sondern wird, vereinfacht ausgedrückt, beim Auffußen durch das Gewicht auseinandergedrückt und zieht sich beim Abfußen wieder zusammen. Man nennt dies den Hufmechanismus. Weil das Pferd im unteren Bereich der Beine keine Muskeln hat, die normalerweise die Weiterleitung des Blutes fördern, funktioniert der ungehinderte Hufmechanismus durch saugende und pressende Phasen als eine Art Blutpumpe. Die Einengung des Hufmechanismus durch einen schlechten Beschlag spielt also gerade bei stark beanspruchten Hufen eine große Rolle.

Für ein Distanzpferd lassen sich folgende Rückschlüsse ziehen: Es soll eher große als kleine Hufe haben, da geringe Bodenunebenheiten durch die größere Auftrittfläche der Hufsohle von Kron- und Hufgelenk besser ausgeglichen werden können. Der Zehenwinkel - von der Seite betrachtet - beträgt idealerweise wie der

KORREKTE UND FEHLERHAFTE ACHSEN VON HUF UND FESSEL

1) Normale, ungebrochene Hufachse
2) Flache Stellung, die Hufachse ist ungebrochen
3) Steile Stellung mit ungebrochener Hufachse
4) Normale Fesselstellung mit zu flacher Hufstellung - die Achse ist gebrochen. Die Stellung sollte korrigiert werden.
5) Normale Fesselstellung mit zu steiler Hufstellung - die Achse ist gebrochen. Die Stellung sollte korrigiert werden.

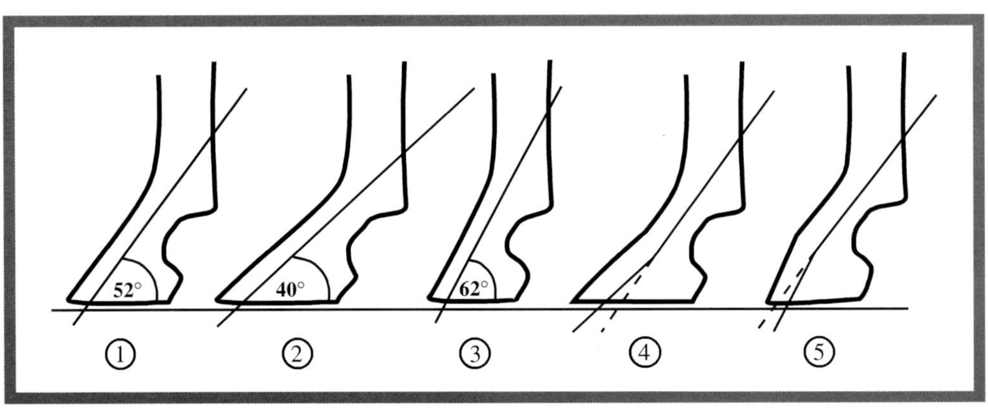

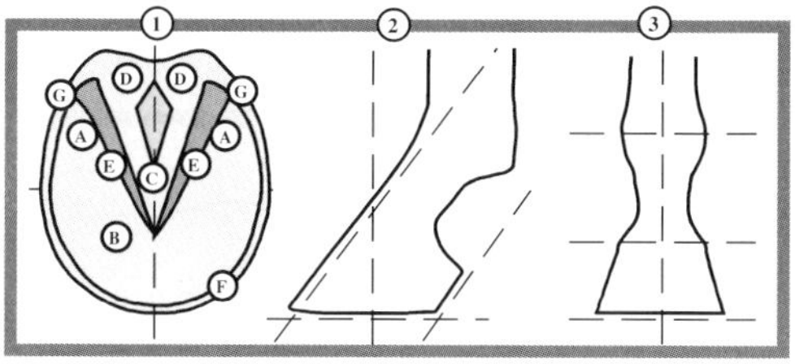

Der regelmässige Huf - so soll er aussehen

1) Der korrekte, symmetrische Huf von unten betrachtet:
A) Eckstreben B) Hufsohle C) Strahl D) Hufballen E) Strahlfurche F) Tragrand G) Trachten
2) Der korrekte Huf von der Seite betrachtet: Zehe und Ballen verlaufen parallel, die weiteste Stelle des Hufes liegt etwa in der Mitte, der Winkel beträgt etwa 50°.
3) Der korrekte Huf von vorne betrachtet: Die senkrechte Achse teilt den Huf in zwei symmetrische Teile, der Kronrand verläuft parallel zu Fesselgelenk und Boden.

von Schulter und Fessel 50°, an den Hinterfüßen etwas mehr. Bei einem korrekten Huf teilt der Strahl die Hufsohle in zwei symmetrische Teile. Er selbst soll breit und kräftig sein, da er als Stoßbrecher, seine Spitze als Tastorgan fungiert. Das funktioniert jedoch nur dann, wenn der Strahl beim Auffußen Bodenkontakt hat. Der größte Fehler ist es, ihn zu weit zurückzuschneiden.

Die jeweiligen Hufpaare sollen in Größe und Gestalt identisch sein. Um eine gleichmäßige Belastung der Gelenke zu gewährleisten, muß der Kronrand von vorne parallel zum Boden stehen. Beulen, „Nasen" und Einzüge des Hufhorns zeugen von ungleichmäßiger Belastung.

Die Qualität des Hufhorns ist für Distanzpferde wichtig, weil davon die Haltbarkeit des Beschlages abhängig ist. Ausgerissene oder ausgebrochene Hufe sind Zeichen von schlechtem Horn. Dieses verbessert sich nicht allein durch Pflege, sondern vor allem durch artgerechte Haltung und ausgewogene Fütterung.

Die Hinterhand

Sie ist dazu geschaffen, den Körper dynamisch vorwärts zu bewegen, während die in sich statischeren Vorderbeine eine Art Speichenwirkung besitzen. Über das Becken ist die Hinterhand im Gegensatz zur Vorhand mit der Wirbelsäule verbunden und gibt so die Energie nach vorne weiter. Von der Hinterhand geht also die eigentliche Schubkraft aus.

Obwohl das Hüftgelenk ein Kugelgelenk ist, hat es wegen der Muskelmassen nur eine Scharnierfunktion. Die entgegengesetzt gewinkelten Knie- und Sprunggelenke stehen in engem Zusammenhang. Ein Pferd mit steilem Kniegelenk hat in der Regel auch ein steiles Sprunggelenk. Anders herum hat ein Pferd mit einem stark gewinkelten Sprunggelenk ein stark gewinkeltes Knie. Solche Pferde können in den Bergen Probleme bekommen, weil die Fesseln stärker belastet werden. Die ideale Winkelung des Sprunggelenkes beträgt etwa 135-140°.

Das Zusammenspiel beider Gelenke ermöglicht eine Stoßabsorption. Klar, daß große kräftige Sprunggelenke widerstandsfähiger als schwache sind.

Fehler an den Extremitäten

Wie wir gelernt haben, kann jede Abweichung vom Ideal Schäden verursachen. Dies kann, muß aber nicht der Fall sein - geringgradige Abweichungen sind fast immer tolerierbar.

Fehlstellungen und Fehler an den Gliedmaßen sind genetisch bedingt und deshalb nicht zu beeinflussen. Sie können nur bei Jungpferden behoben werden. Jede Korrektur beim ausgewachsenen Pferd kann größere Schäden anrichten als die eigentliche Fehlstellung.

Die Stellung des Pferdes kann man nur im Stand auf ebenem, geradem Boden beurteilen. Zur Vereinfachung denkt man sich lotrechte Linien durch das Pferd.

Von vorne betrachtet fällt man zwei parallele Linien vom Schultergelenk zum Boden. Im Idealfall führen sie genau mittig durch das

DIE KORREKTE STELLUNG DER GLIEDMASSEN

Für die Beurteilung denkt man sich zur Vereinfachung Hilfslinien.

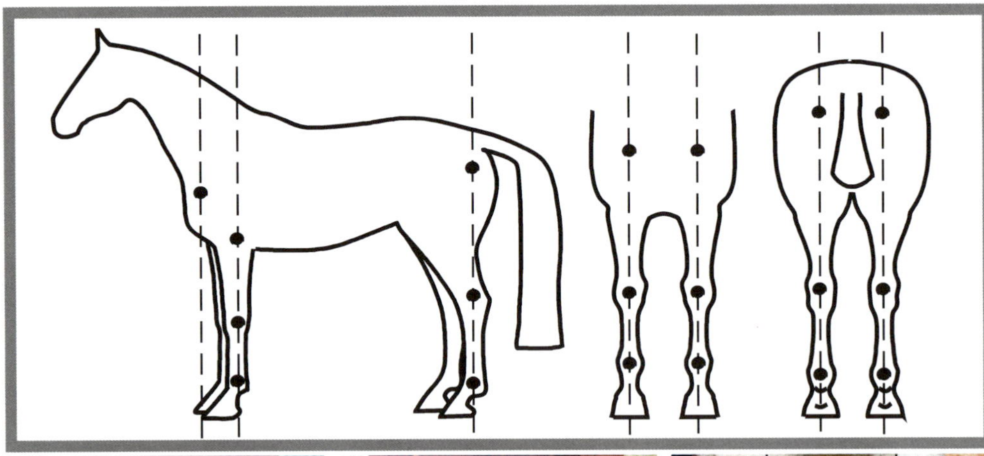

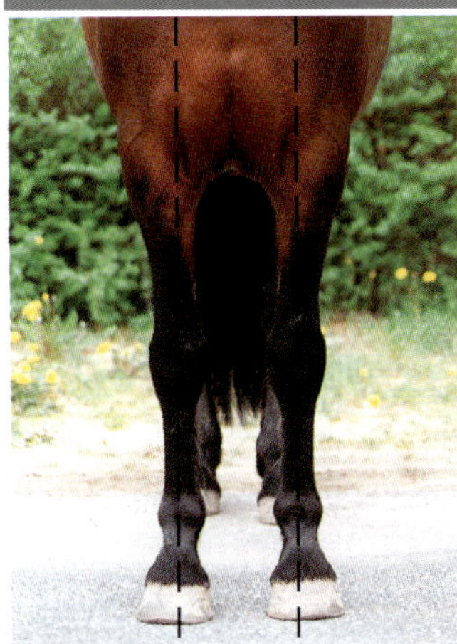

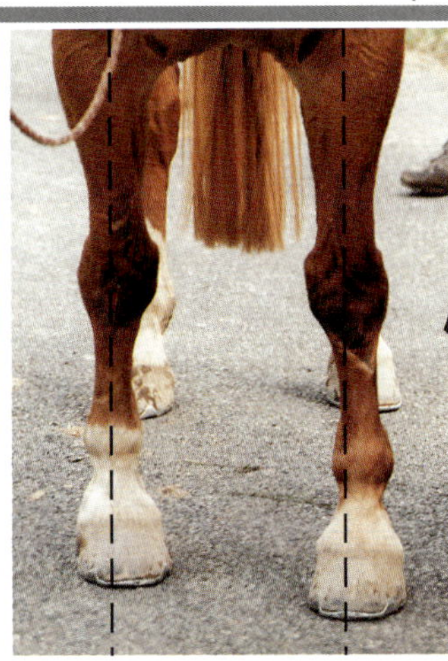

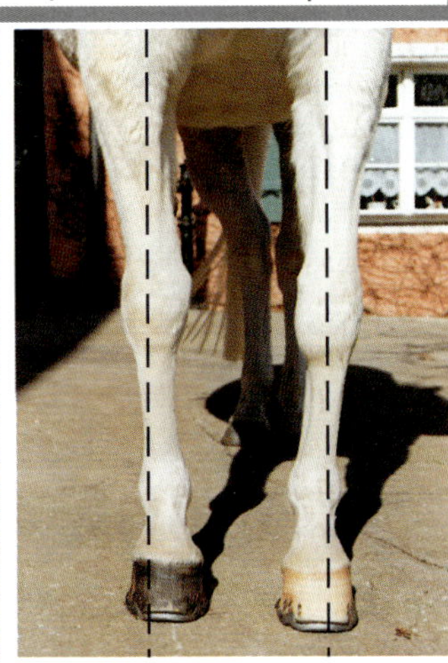

Links: *Eine -bis auf die geringgradige Zehenweite- fast korrekte Stellung in Natura.*

Mitte: *Eine zehenenge Stellung der Vorhand kann bei Ermüdung zu Streichverletzungen führen. Deutlich zu sehen sind auch die nicht geraden, sondern schiefen Vorderfußwurzelgelenke. Ein solches Pferd könnte bei extremer Belastung Probleme bekommen.*

Unten: *Säbelbeine können zu einer Überlastung der Sprunggelenke führen. Dieses Pferd wurde dennoch über zehn Jahre lang ohne Probleme auf Streckenritten eingesetzt.*

Rechts: *Dieses Pferd hat bereits Probleme mit dem linken Karpalgelenk. Die Linie ist von vorne betrachtet im Vorderfußwurzelgelenk gebrochen.*

Ellenbogen-, Karpal- und Fesselgelenk sowie den Huf. Steht das Pferd gleichmäßig, sollte zwischen die beiden Vorderhufe genau ein Huf passen, ist der Abstand größer, nennt man es regelmäßig weit. Nur eine zu enge Stellung kann Probleme verursachen, wenn sich das Pferd mit den Hufen an den Innenseiten der Beine selbst verletzt. Die Gefahr des Streichens ist auch bei stark zehenenger Stellung gegeben.

Während mäßige Abweichungen der Parallelen im allgemeinen selten Schwierigkeiten bereiten, so sieht die Sache - von vorne betrachtet - bei einer in sich gebrochenen Linie im Karpalgelenk ganz anders aus. Sie bedeutet die nicht korrekte Einschienung der Röhre und die damit verbundene seitliche Überlastung des Gelenkes. Ein solches Pferd würde im Ausdauersport nicht alt werden, sondern früher oder später chronische Veränderungen erleiden.

Die Betrachtung von der Seite zeigt, ob die Vorhand den Rumpf senkrecht unterstützt. Die erste Linie wird vom Buggelenk lotrecht gefällt - sie sollte an der Zehe des Hufes enden. Eine zweite parallele Linie führt durch das Ellenbogen-, Karpal- und Fesselgelenk. Jede Abweichung der Parallelen bedeutet wiederum eine Überbelastung der jeweils betroffenen Bänder und Sehnen. Vor allem rückbiegige Karpalgelenke halten einer starken Beanspruchung nicht stand, eine leichte Vorbiegigkeit hat sich aus der Erfahrung heraus nicht unbedingt als Nachteil gezeigt.

Besonderer Beachtung bedarf die Röhre der Vorhand. Von der Seite betrachtet sollte das Bein unterhalb des Karpalgelenkes nahezu gleich stark sein wie über dem Fesselkopf. Ist es oben deutlich dünner, spricht man von einer Einschnürung, die auf eine Schwachstelle hinweist. Von hinten gesehen sollten die Sehnen das Röhrbein in der Mitte teilen, also nicht seitlich versetzt sein.

Auch bei der Beurteilung der Hinterhand können wir uns Hilfslinien denken. Hinter dem Pferd stehend sollen die Parallelen mittig durch Hüft-, Knie-, Sprung- und Fesselgelenk sowie den Huf verlaufen. Fehlstellungen sind die Faßbeinigkeit oder die kuhhessige Stellung, wenn die Sprunggelenke also vermehrt nach außen oder innen zeigen. Von beiden Stellungen heißt es, daß sie ebenfalls keine optimale Kraftübertragung gewähren, da sich die Beine nicht gerade bewegen und damit die Sprunggelenke ungleich belastet werden. Eine leicht kuhhessige Stellung findet man aber sehr häufig ohne Beeinträchtigung der Leistungsfähigkeit. Man behauptet sogar, solche Pferde könnten in der Bewegung besser an den Vorderbeinen vorbeigreifen.

Gravierender sind Fehlstellungen an den Hinterbeinen, die man von der Seite sehen kann. Das korrekte Lot fällt vom Hüftgelenk und endet an den Ballen der Hufe. Bei vorständiger Stellung oder dem Säbelbein ist der Winkel des Sprunggelenkes kleiner, die Folgen sind mangelnde Schubkraft und die Überbelastung der Sprunggelenke.

Fazit: Jede Veränderung belastet Knochen, Bänder, Sehnen und Hufe stärker als eine korrekte Stellung. Je größer die Abweichung, desto schlimmer können die Folgen sein. Um so wichtiger ist es, sich einer Fehlstellung des Pferdes bewußt zu sein und die Anforderungen, also Streckenlänge, Tempi, Schwierigkeitsgrad und Training darauf abzustimmen.

DAS PFERD IN DER BEWEGUNG

Ein gutes Distanzpferd läuft mit großen Schritten schwungvoll und rhythmisch in der Balance und berührt leichtfüßig den Boden - im Grunde genommen so leicht und gleichmäßig wie ein Rad. Ein ökonomischer Gang ist also gefragt. Eine hohe Knieaktion vergeudet Energie, das regelrechte Aufschlagen der Hufe auf den Boden erschüttert unnötig die Beine.

Von vorne und hinten betrachtet sollen sich die Gliedmaßen parallel zu einer gedachten Mittellinie bewegen. Haben die Beine eine Tendenz nach innen, besteht bei Ermüdung, und die ist auf langen Strecken immer zwangsläufig, die Gefahr von Streichverletzungen.

Hebt das Pferd beim Laufen ein Gelenk nicht so hoch wie das andere, so lassen sich auf dieser Seite Probleme vermuten. Die Kruppe soll, von hinten betrachtet, ruhig und gleichmäßig schwingen, ebenso der Rücken von der Seite. Ein hoch getragener Kopf, verbunden mit kurzen Schritten, verweist auf ein Problem der Vorhand oder des Rückens.

Von der Seite sieht man, wie weit sich die Fesselköpfe durchtreten. Ist dies übermäßig der Fall, wird die tiefe Beugesehne überlastet. Die generelle Tendenz zum Stolpern oder des Nachschleifens eines Fußes wird sich bei Dauerbelastung erhöhen und kann für den Reiter gefährlich werden.

DIE MUSKULATUR

Die Kontraktion, das Zusammenziehen der Muskulatur ist für die Bewegung zuständig. Die meisten Muskeln sind über Sehnen mit einem Knochen verbunden, den sie damit in eine bestimmte Richtung ziehen. Ein gegenläufig

Zu dicke Muskulatur muß nicht nur stärker durchblutet werden, sondern kann die Wärme aufgrund der im Verhältnis kleineren Oberfläche nicht so gut abgeben. Im Extremfall führen Fehlkontraktionen wie bei unserem Beispiel zu Muskelfaserrissen.

Für ein Distanzpferd sind lange, flache Muskeln von Vorteil, die die Wärme leichter über die Haut abgeben können.

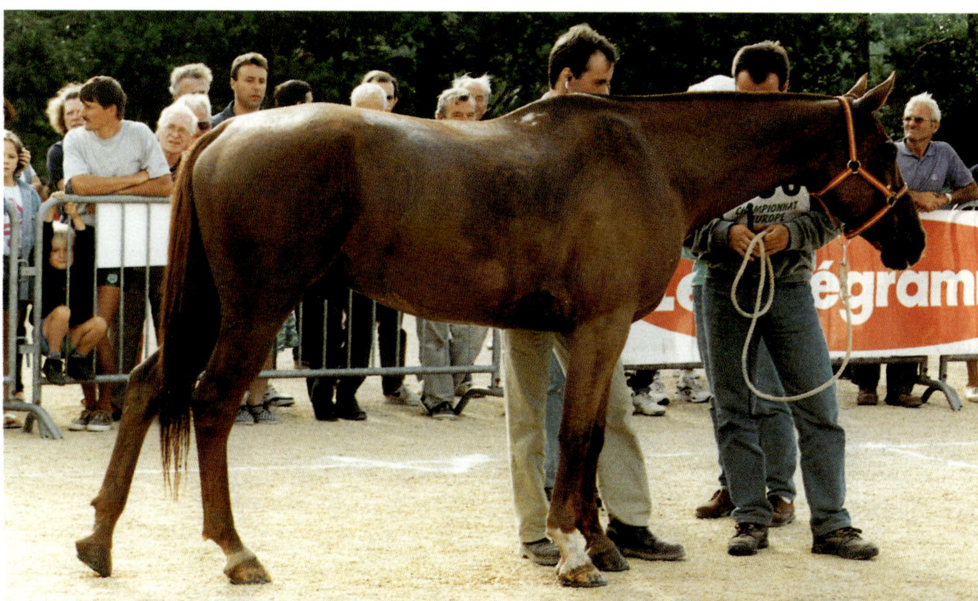

arbeitender Muskel leitet die Gegenbewegung ein. Muskeln sind flexibel und damit bis zu einem bestimmten Punkt federnd dehnbar.

Wegen ihrer großen Leistung sind Muskeln sehr gut durchblutet. Das führt dazu, daß sich durch Übung sehr schnell Muskelmasse aufbauen läßt, das Training der wenig durchbluteten Sehnen und Bänder benötigt hingegen wesentlich mehr Zeit. Muskeln ermüden bei der Arbeit jedoch schneller und sind dann anfällig für Verletzungen - eine schnelle Kontraktion kann zu einem Faserriß, meist am Muskelansatz, führen. Durch Muskelarbeit entsteht Wärme, die bei Überhitzung durch Schweiß nach außen gegeben wird.

Eine extrem kräftige und dicke Muskulatur wie zum Beispiel beim Quarter Horse, ist zwar über kurzfristigen Zeitraum stärker, muß aber natürlich auch mehr durchblutet werden - was sich bei Ausdauerbelastung als Nachteil erweist. Die im Verhältnis kleinere Hautoberfläche ermöglicht eine geringere Wärmeabgabe und erhöht das Risiko der Überhitzung.

Aus diesen Gründen sind für ein Distanzpferd analog einem Marathonläufer lange, flache Muskeln von Vorteil.

DIE ATMUNG

Die Atmung wird durch die Kontraktion der Brustwandmuskeln und des Zwerchfells gesteuert. Dadurch erweitert sich die Brusthöhle und damit auch die Lunge. Das Ausatmen hingegen geschieht durch den in der Brusthöhle vorhandenen Unterdruck passiv, wenn die Muskulatur erschlafft. Nur bei extremer Belastung arbeiten die Ausatmungsmuskeln aktiv und steigern so die Leistungsfähigkeit der Lungen.

Man geht davon aus, daß die Entwicklung der Lungen durch Bewegung im Fohlenalter gefördert wird. Dann nämlich, wenn das Fohlen die Lungenkapazität durch schnelle Galoppaden ausschöpft.

Während das Pferd in Ruhe eine durchschnittliche Atemfrequenz von 8-16 Atemzügen in der Minute hat, kann sie bei Belastung auf bis 130 Atemzüge gesteigert werden. Dabei vergrößert sich auch das Volumen des einzelnen Atemzuges.

Es ist naheliegend, daß ein Distanzpferd gesunde Lungen haben sollte. Infektionen, Allergien und krankhafte Veränderungen können die Leistungsfähigkeit herabsetzen.

DAS HERZ

Je größer ein Herz ist, desto mehr Blut kann es mit einem Schlag transportieren. Dadurch sinkt die Häufigkeit, mit der es schlägt. Wenn ein Herz von Natur aus in der Ruhe relativ langsam schlägt, wird es dies auch bei Belastung tun - ein für den Distanzreiter wichtiger Aspekt, da bei Tierarztkontrollen der Pulsgrenzwert von 64 erreicht werden muß.

Die Werte werden in Pulsschlägen gemessen. In der Ruhe beträgt der Puls etwa zwischen 28 und 44 Schlägen in der Minute, bei Belastung steigen Pulswerte auf bis 200. Damit kann das Fluchttier Pferd die Kapazität um das Fünffache steigern, während der Mensch sie nur um das Zweieinhalbfache erhöhen kann.

Das Herz kann sich aufgrund des Trainings vergrößern und damit seine Leistungsfähigkeit steigern. Die natürliche Größe des Herzens ist beim lebenden Pferd nur schwer zu bestimmen, sie ist auch rassebedingt. Man geht jedoch davon aus, daß eine tiefe Brust zumindest mehr Raum für ein großes Herz bietet.

Die Bedeutung der Pulswerte und wie man sie mißt, können Sie auf Seite 95 nachlesen.

DIE GESUNDHEIT

Nur einem gesunden Pferd kann Leistung abverlangt werden. Man erkennt es meist schon am äußeren Erscheinungsbild: glänzendes, glattes Fell, guter Futterzustand, wacher Blick. Regelmäßige Impfungen gegen Tollwut, Tetanus und Husten gehören bei Distanzpferden ebenso zur Pflicht wie die regelmäßige Entwurmung.

Auch wenn alte Erkrankungen nicht unbedingt Einfluß auf die heutige Leistungsfähigkeit nehmen, verdient die medizinische Geschichte des Pferdes bei der Pflege und der Haltung besondere Beachtung. Zum Beispiel können zu Kolik neigende Pferde dem Streß einer mehrtägigen Veranstaltung nicht gewachsen sein und benötigen eine vorsichtige Fütterung rund um den Ritt.

Röntgenbilder können, müssen aber nicht unbedingt Aufschluß über den Zustand der Knochen geben. Die Belastbarkeit zeigt sich immer erst bei der Beanspruchung. Es gibt sogar gute Distanzpferde, die nachweislich Veränderungen an den Knochen haben und dennoch ohne Lahmheit über viele Jahre hinweg eingesetzt werden.

Es ist selbstverständlich, daß man wegen der Ansteckungsgefahr nur mit einem gesunden Pferd auf eine Veranstaltung fährt. Pferde, die gerade Infektionen oder fiebrige Erkrankungen überstanden haben, müssen solange zuhause bleiben, bis sie sich wieder richtig erholt haben.

DIE FUTTERVERWERTUNG

Ein leichtfuttriges Pferd, das sein Futter gerne aufnimmt, wird man auch auf einem Ritt wesentlich einfacher mit den nötigen Nährstoffen versorgen können. Denn auf einem langen Ritt ist es ohnehin schwierig, ausreichend Kohlenhydrate ins Pferd zu bekommen. Schlechte Futterverwerter benötigen dann größere Futtermengen, um den gleichen Nutzen zu erzielen. Schlechte Esser hingegen können meist nur mit Tricks zur Futteraufnahme überredet werden.

DIE PSYCHE

Ein gutes Distanzpferd hat ein ausgeglichenes Temperament. Es zählt weder zu den Phlegmatikern, die zum Laufen überredet werden müssen, noch zu den „flotteren" Pferden, die schwer zu kontrollieren sind. Hat Ihr Pferd keinen gesunden Laufwillen, sollten Sie eine andere Karriere planen.

Trotz der möglichst guten körperlichen Voraussetzungen machen vor allem Biß und Härte ein gutes Distanzpferd aus. Wünschenswert sind auch gute Manieren, um im Trubel des Stops niemanden zu gefährden.

Distanzpferde brauchen unterwegs gute Nerven. Bei Mehrtagesritten sind Fähren keine Seltenheit.

Heiße Pferde hingegen machen ihrem Reiter auch keine große Freude, denn im Trubel des Starts, des Stops oder auch nur bei Überholmanövern vergeuden sie nicht nur unnötige Energie, sondern können sich selbst und andere verletzen.

Je ausgeglichener Ihr Pferd ist, desto einfacher wird es sich mit den Gegebenheiten abfinden, sein Futter aufnehmen und ausreichend regenerieren.

Pferde mit Untugenden - Schläger, Beißer etc. - haben aus Sicherheitsgründen im Gedränge eines Distanzrittes nichts verloren. Auf jeden Fall müssen Pferde mit „lockeren" Hinterhufen mit einer roten Schleife am Schweif gekennzeichnet sein.

Aufzucht, Umgang, Erfahrung und nicht zuletzt auch der Charakter machen ein Pferd mehr oder minder flexibel. Deshalb führt man Neulinge langsam an Distanzritte heran, zuerst möglichst in Begleitung eines erfahrenen Stallgefährten, später auch alleine. Wenn Sie ein unerfahrenes Pferd von heute auf morgen jedes Wochenende auf einen Ritt mitzerren, wird es das mental nicht verkraften und den Spaß an der Sache verlieren. Eine vernünftige Saisonplanung beinhaltet maximal einen Ritt im Monat, die je nach Streckenlänge im Abstand von zwei bis vier Wochen stattfinden sollten. Ein Höhepunkt in der Saison muß genügen, um das Pferd nicht zu überfordern.

DIE HALTUNG

Ein stark gefordertes Pferd benötigt Pflege, Umgang und Haltung wie ein Leistungssportler. Jedes Pferd wird eine artgerechte Haltung mit Robustheit, ausgeglichenem Temperament und solider Gesundheit danken.

Das Steppentier Pferd ist in freier Natur fast ständig in Bewegung. Es legt bei seiner täglichen, etwa 16 Stunden umfassenden Nahrungssuche je nach Futterangebot bis zu 30 Kilometer zurück. Klimareize fördern den Stoffwechsel, frische Luft die großen Atmungsorgane.

ANFORDERUNGEN

Was liegt näher, als einem Pferd, dessen Job das Laufen ist, auch ausreichend Bewegung zu bieten. In geringem Maße trainiert es sich auf der Weide selbst, Muskulatur, Sehnen und Bänder bleiben aktiv. Angelaufene oder geschwollene Beine im Training sind nicht zuletzt auch eine Folge der extremen Gegensätze von Belastung und Stehen.

EINZEL- ODER GRUPPENHALTUNG

Das Pferd ist naturgemäß ein Herdentier, das in freier Wildbahn nur im Schutz der Herde überleben kann. Daraus resultiert ein ausgeprägtes Sozialverhalten, das nur in der Gemeinschaft mit anderen Artgenossen ausgelebt werden kann.

In der Herde kann nicht nur soziale Fellpflege betrieben, sondern auch Aggression abgebaut werden. Ein in der Gruppe gehaltenes Pferd wird also stets ausgeglichener sein als einzeln gehaltene Tiere. Zudem nimmt in der Herde der Bewegungsanreiz zu.

Natürlich sollte dennoch jede Herde sorgsam zusammengestellt werden und eine Anzahl von etwa zehn bis sechzehn Tiere nicht übersteigen. Ein sehr dominantes Tier kann einem ängstlichen, rangniederen Tier das Leben zur Hölle machen, die Vorteile der Gruppenhaltung würden damit wieder zunichte gemacht. Die Anlage muß so konzipiert sein, daß alle Tiere Schutz im Unterstand sowie eine trockene Liegefläche

Bei der Herdenhaltung nimmt auch der Bewegungsanreiz zu: die ideale Voraussetzung für ein Pferd, dessen Aufgabe die Bewältigung langer Strecken ist.

finden können, zu Wasser und Futter kommen und nicht durch Engpässe künstlichem Streß ausgesetzt werden. Auch Pferde hegen Sympathien und Antipathien. Eine gerade Anzahl der Herdenmitglieder fördert Freundschaften und verhindert, daß einzelne Tiere isoliert werden.

Ein Nachteil der Gruppenhaltung ist die individuelle Fütterung. Notfalls füttert man die Pferde in Futterständern, bindet sie während des Fütterns an oder sperrt sie gegebenenfalls solange in Boxen ein.

STALLHALTUNG

Der geringste Teil aktiver Distanzpferde wird in der Box gehalten, die dem Naturell und den Bedürfnissen des Pferdes grundsätzlich zuwiderläuft. Der Gründer der LAG vergleicht die Relation der Boxengröße eines Pferdes immer gerne mit der Haltung eines Hundes in einer Bierkiste. Letztere würde jeder vernünftige Mensch als Tierquälerei bezeichnen - doch was ist mit den Pferden?

Abgesehen von der mangelnden Bewegung hat die Box einen weiteren gravierenden Nachteil: das Stehen auf verschmutzter Einstreu kommt weder den Atmungsorganen noch der Hufqualität zugute. In der Natur meidet das Pferd die Kotplätze, sondern sucht sie nur bei Bedarf auf, um sie dann gleich wieder zu verlassen.

Die Boxenhaltung läßt sich für Distanzpferde nur dann vertreten, wenn die Tiere ganztägig gemeinsam Auslauf in einem sehr großen Paddock oder auf der Weide erhalten. Ganztägig heißt nicht stundenweise, sondern je länger, desto besser.

ROBUSTHALTUNG

In der Robust- oder Offenstallhaltung findet das Pferd im Idealfall alles, was es für sein Wohlbefinden braucht. Es entscheidet selbst, wann es sich wo aufhalten möchte. Entgegen vieler Meinungen ist die Robusthaltung für jede Pferderasse geeignet, auch wenn die Ansprüche unterschiedlich sind. Ein Araber braucht wegen seines kurzen Fells stets Zugang zu einem zug-

Auch arabische Pferde fühlen sich bei vernünftiger Robusthaltung pudelwohl und bevorzugen bei trockenem Wetter das Bett unter freiem Himmel.

sicheren Unterstand, ein Robustpony kann schon etwas mehr Wetter vertragen.

Getrennte Lebensbereiche (Futterplatz, Liegefläche und Tränke) bieten Luft und Bewegung, um Atmungsorgane, Kreislauf, Muskulatur, Knochen, Sehnen und Bänder ausreichend zu trainieren. Unterschiedliche Böden stimulieren die Hufsohle und fördern die Durchblutung - das Hufhorn wird härter. Deshalb gestalten viele Pferdehalter die Ausläufe mit unterschiedlichen Materialien: befestigter Boden, Einstreu, Schotter, Sand, Matsch und Erde.

Wenn möglich sollten Pferde Weidegang erhalten, weil der Bewegungsanreiz viel höher als im Paddock ist. Gras bietet zudem die wichtigste Ernährungsgrundlage. Offenstall- oder Weidehaltung ist aber nicht weniger arbeitsintensiv als die Boxenhaltung. Weidepflege sollte bei Distanzreitern groß geschrieben werden, will man die Gesundheit der Tiere garantieren. Selten sind die Flächen groß genug, um auf das Entfernen des Kotes verzichten zu können. Überweidete, verkotete Flächen fördern die Verwurmung der Wiese und die damit verbundenen gesundheitlichen Risiken für das Pferd.

Robustpferde benötigen ein Umdenken bezüglich des Reitens. Wegen des dichten Winterfells ist in der kalten Jahreszeit nur eingeschränktes Training möglich. Sie brauchen sehr lange, um zu trocknen, der Hitzestau ist wegen des Fells bei Belastung ungleich größer. Wer um eine Teilschur herumkommen möchte, muß sich damit abfinden, daß die Saison für ihn kürzer ist und sich der Natur des Pferdes anpaßt. Auf dem ersten Ritt des Jahres, meist Ende Februar oder Anfang März, starten deshalb größtenteils Pferde, die im Stall gehalten werden. Für empfindliche oder geschorene Pferde eignet sich die Anschaffung einer Neuseelanddecke, mit der sich die Weidesaison verlängern läßt.

DAS LEISTUNGSPFERD ERFORDERT EIN UMDENKEN

Je mehr wir unser Distanzpferd fordern, desto mehr Pflege und Aufmerksamkeit müssen wir ihm widmen. Wir müssen eine Sensibilität, einen sechsten Sinn dafür entwickeln, wenn irgendwas nicht ganz stimmt - leichte Gangunregelmäßigkeiten, Pulsationen an den Beinen, Mattigkeit, Müdigkeit erkennen und zu deuten wissen.

Ein gut trainiertes, muskulöses Distanzpferd friert zum Beispiel leichter als Weidepferde. Ihm fehlt sein schützendes Fettpolster. Wir müssen es so gut kennen, daß wir wissen, wann es vielleicht besser eingedeckt werden sollte.

Nur wer sich mit den individuellen Bedürfnissen seines Pferdes intensiv auseinandergesetzt hat, kann durch die entsprechenden Maßnahmen danach handeln. Denn keine zwei Pferde sind gleich. Ein Leistungspferd benötigt immer eine individuelle Betreuung.

DIE KONSEQUENZ - REITEN SIE IHR PFERD

Soweit zum Distanzpferd. Es wäre nun die falsche Konsequenz, wenn Sie sich als Distanzneuling von Ihrem Pferd trennen wollen, um sich einen Crack in den Stall zu holen. Vielmehr soll die ausführliche Besprechung dazu dienen, daß Sie Ihr Pferd realistisch beurteilen. Ihr Ziel sollte es sein, gemeinsam mit Ihrem Pferd Grenzen zu erfahren, Ihr Pferd im Rahmen seiner physischen und psychischen Möglichkeiten auf Strecken zu reiten. Viele nicht ideale Distanzpferde haben ihre glücklichen Reiter dennoch über Tausende von Kilometern in die Wertung getragen.

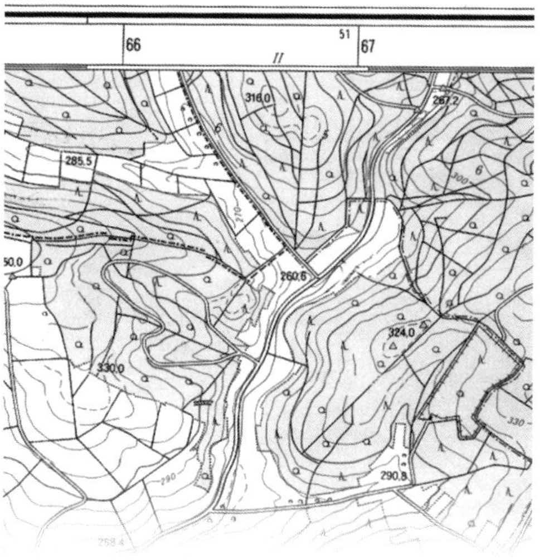

DER DISTANZREITER

An dieser Stelle vorneweg ein herzliches Dankeschön an Claus Chmiel, Diplom-Sportlehrer und Autor zahlreicher Bücher, der an diesem Kapitel entscheidend mitwirkte.

DIE VORAUSSETZUNG

DIE EINSTELLUNG

Distanzreiter sind Individualisten. Sie reiten stundenlang meist allein durchs Gelände, nur auf sich und ihr Pferd gestellt. Das, was sie von ihren Pferden verlangen, muß auch ihnen zu eigen sein: Ausdauer und Stehvermögen.

Ihnen gemein ist aber vor allem die Einstellung gegenüber dem Pferd als Partner. Sie respektieren es als Individuum und degradieren es nicht zum Sportgerät. Sie halten, pflegen und reiten ihre Pferde selbst, nur so kann man das Tier wirklich kennenlernen Erfahrung sammeln. Wer das Training des Pferdes anderen überläßt, wird viele Zeichen nicht deuten können.

Gute Distanzreiter zeichnen sich dadurch aus, in ihr Pferd hören zu können. Sie entwickeln einen sechsten Sinn für das Pferd als Ganzes und werden so mit ihm zu einer Einheit. Manche Reiter werden diese Sensibilität scheinbar nie erlangen. Sie erkennen sie daran, daß sie ihre Pferde wie Hemden wechseln, ehrgeizig nur einmalige Erfolge erzielen. Das Individuum Pferd bleibt dabei auf der Strecke. Dies kann nicht der Idee einer Ausdauerprüfung entsprechen. Fehler macht der Reiter, nicht das Pferd.

Das Zauberwort Horsemanship muß für den Distanzreiter erweitert werden. Der echte Horseman verständigt sich mit seinem Pferd mit einem Minimum an Hilfen, er weiß Zeichen, Launen sowie Verhalten zu deuten und darauf richtig zu reagieren. Er wird auf die Schwächen des Pferdes Rücksicht nehmen, es zuhause und auf dem Ritt optimal versorgen sowie es mental und konditionell nicht überfordern. Ein Horseman zeichnet sich auch dadurch aus, daß er sich seinen Mitmenschen gegenüber fair und rücksichtsvoll verhält - egal, ob Mitreitern, Helfern, Veterinären, Veranstaltern oder Zuschauern.

Die viele Zeit, die ein Distanzreiter mit seinem Pferd verbringt, schweißt sie zu einem Team zusammen. Lange Strecken lassen sich eben nur gemeinsam bewältigen. Fehlt dem Paar der gemeinsame Geist, hat es schon verloren.

PHYSISCHE VORAUSSETZUNGEN

Sie müssen nicht die geborene Sportskanone sein, um Distanzen zu reiten. Es gibt zahlreiche Distanzreiter, die sogar trotz gewisser konstitutioneller Handikaps erfolgreich reiten. Sie können mit ihren Schwächen umgehen, kompensieren sie durch andere Fähigkeiten.

Eine gewisses Maß an Grundfitneß, Körpergefühl und Beweglichkeit ist jedoch ratsam, um dem Pferd die Arbeit so leicht wie möglich zu machen. Denn unter Umständen kann ein müder Reiter dem Pferd durch mangelnde Koordination, Konzentration und Kondition zur Last werden. Die tatsächliche Belastungsgrenze des einzelnen Reiters ist nicht unbedingt von der Streckenlänge, sondern vor allem von der individuellen Leistungsfähigkeit abhängig.

Die meisten Reiter verfügen bereits durch Training, Pflege und Stallarbeiten über eine relativ gute allgemeine Grundausdauer, die man mit Hilfe anderer sportlicher Aktivitäten leicht verbessern kann.

DIE DEFINITIONEN DER BEGRIFFE NACH CLAUS CHMIEL

AUSDAUER
Ausdauer ist die Fähigkeit, Belastungen ohne besondere Ermüdungserscheinungen langfristig durchzustehen.

KONDITION
Mit Kondition wird die Leistungsfähigkeit des Menschen bezeichnet, wobei der Aufbau und die Funktion der energieliefernden Organe eine Rolle spielen.

KOORDINATION
Sie ist das Zusammenwirken des Zentralnervensystems und der Skelettmuskulatur innerhalb eines gezielten Bewegungsablaufes. Streß kann durch eine große physische oder psychische Belastung hervorgerufen werden und zu Abwehrreaktionen führen.

KRAFTAUSDAUER
Sie ist die Fähigkeit des Muskels, über längere Zeiträume Widerstände zu überwinden.

BEWEGLICHKEIT
Sie ist die Fähigkeit, Bewegungen mit großer-Schwingungsbreite ausführen zu können.

PSYCHISCHE VORAUSSETZUNGEN - DIE STRESSBEWÄLTIGUNG

Das erfolgreiche Distanzreiten beginnt im Kopf, da Streß die Leistungsgrenze des Reiters rapide herabsetzen kann. Die aus der zentralen Ermüdung resultierende Konzentrationsschwäche forciert zum Beispiel Verletzungen oder Orientierungsschwierigkeiten. Versuchen Sie sich im Laufe des Trainings deshalb auch selbst streßsicherer zu machen, um der Belastung eines langen Rittages gewachsen zu sein.

Zur Streßbewältigung zählt auch, daß man sich in Belastungspausen entspannen kann. Nur dann können Sie den Stop zum Sammeln Ihrer Energiereserven nutzen. Wer damit Probleme hat, kann diese Fähigkeit durch zum Beispiel autogenes Training fördern.

Die ideale psychische Voraussetzung ist, daß sich der Reiter auf der Veranstaltung wohl fühlt. Es liegt also auch an Ihnen, für ein angenehmes Umfeld zu sorgen. Versuchen Sie durch eine gute Vorbereitung und Organisation möglichen Streß zu vermeiden und sehen Sie kleine Pannen positiv. Aus der Sicht des Psychologen ist die positive Grundeinstellung außerordentlich wichtig, da unsichere Reiter oder permanente Schwarzseher den Rittverlauf durchaus negativ beeinflussen können. Nicht zuletzt überträgt sich diese Stimmung auch auf das Pferd.

Konzentrieren Sie sich unterwegs auf das Wesentliche: das Reiten. Durch das punktuelle Denken wird es Ihnen leichter fallen, sich hier und jetzt in die Bewegung des Pferdes einzufühlen und Abnormitäten frühzeitig zu erkennen. Ihre Unkonzentriertheit rächt sich mit der Unkonzentriertheit des Pferdes - ein Stolpern, ein Fehltritt sind schnell passiert.

Die körperliche Anstrengung eines Rittes darf auch von dem Reiter nicht unterschätzt werden. Ein müder Reiter kann seinem Pferd sehr schnell zu Last werden.

DIE VORBEREITUNG DES REITERS

DIE GRUNDLAGEN UND ZIELE DES TRAININGS

Für den Distanzreiter spielen primär Ausdauer und Kraftausdauer eine Rolle, um Kondition und Koordination und damit die eigene Leistungsfähigkeit zu steigern. Gerade bei Ausdauersportarten wie dem Streckenreiten können ermüdungsbedingte Konzentrationsschwächen zu Fehlern, aber auch zu Problemen wie Verspannungen führen. Das Ziel des Reiters muß es deshalb sein, sich der Leistungsfähigkeit des Pferdes anzupassen.

Durch das Training verbessert sich:
- die Mobilität aufgrund einer höheren Elastizität von Sehnen, Bändern und Muskeln
- die Gelenksknorpelbildung
- die Funktion des Herz-Kreislauf-Systems
- die Leistungsfähigkeit des ganzen Organismus

Gymnastische Übungen können Ihnen helfen, Muskelprobleme bereits im Vorfeld zu vermeiden oder diese bei Auftreten zu lindern. Im Gegensatz zur Massage können Sie sie jederzeit unabhängig von Dritten durchführen. Zudem sind sie durch die aktive Tätigkeit effektiver, da der gesamte Muskel, nicht nur die Muskeloberfläche beeinflußt wird.

Wie beim Pferd auch sollte der Reiter versuchen, im Winter ein gewisses Maß an Grundkondition zu erhalten und diese zum Saisonbeginn gezielt auf die Höhepunkte hin aufzubauen.

Die folgenden Erläuterungen sollen lediglich zur Anregung dienen. Interessierte Reiter seien vor allem auf die Bücher von Claus Chmiel verwiesen, die eine Vielzahl von Übungen und Programmen für den Pferdesportler beinhalten. Zum Beispiel:

„Pferdesportler fit gemacht“ von Claus Chmiel und „Konditionstraining & Ausgleichssport für Reiter & Voltigierer“ von Claus Chmiel.

Trainierte Reiter können unterwegs abschalten. Die beste Voraussetzung, für das nächste Streckenstück wieder topfit zu sein.

Die Abende werden auf einem Distanzritt oft lang. Besonders dann, wenn auch die Atmosphäre stimmt.

Ein paar Worte zur Ernährung

So individuell Distanzreiter auch sind, so lieben sie dennoch die Geselligkeit. Distanzritte sind deshalb auch immer fröhliche Treffpunkte Gleichgesinnter. Die Abende vor und nach dem Ritt können also lang werden. Wer jedoch vor einem langen Ritt bis in die Puppen mit Bier, Steaks und Chips feiert, braucht sich nicht zu wundern, wenn er am nächsten Tag schlapp macht. Sie müssen ja nicht gleich zum Apostel einer gesunden Ernährung werden, der Kalorientabellen hoch und runter rechnet, doch sollten Sie vor und während des Rittes auf eine relativ ausgewogene Nahrung achten, um Ihre eigenen Energiereserven aufzutanken. Die leichte, vitamin- und kohlenhydrathaltige Nahrung kann die Energie- und Nährstoffspeicher (z.B. Glycogenspeicher) anreichern. Obst, Gemüse, Nudeln, Reis, Kartoffeln, Getreide und Nüsse - in Ihrem Gepäck sollte sich das finden, was Ihnen Kraft gibt und Sie auch unterwegs gut herunterbringen - achten Sie also auch auf die Konsistenz. Dazu brauchen Sie nicht unbedingt zu teuren Fitneßprodukten greifen, als ideales Getränk hat sich zum Beispiel Apfelschorle erwiesen, das Sie mit allen Elektrolyten versorgt.

Um Ihren Flüssigkeitsverlust auszugleichen, müssen Sie auch unterwegs ausreichende Mengen trinken. Manche Cracks gehen bei heißem Wetter sogar so weit, daß sie sich einen kleinen Behälter auf den Rücken schnallen, von dem sie mit Hilfe eines Schlauches während des Reitens trinken können.

DIE FÖRDERUNG DER AUSDAUER

Ein Rittag ist lang und fordert viel Energie, damit man sein Pferd den Tag über so gut wie möglich versorgen kann. Auch der Reiter kann seine Ausdauer durch gezieltes Training steigern. Der gesamte Organismus wird widerstandsfähiger gegen die Ermüdung, die Leistungsfähigkeit des Kreislaufsystems wird gefördert, die Energieumwandlung wird effektiver. Im Grunde genommen passiert also nichts anderes als beim Training des Pferdes auch. Dabei sollte noch einmal auf die Notwendigkeit der regelmäßigen Belastung verwiesen werden - nur durch wohl dosierte, regelmäßige Reize stellt sich ein Trainingseffekt ein. Eine Trainingshäufigkeit von 3 x pro Woche ist also unumgänglich.

Vor allem das Laufen als Ausdauertraining erfüllt für den Distanzreiter beste Voraussetzungen. Es ist die Grundlage, wenn er bestimmte Teilstrecken selbst laufen möchte, um sein Pferd zu entlasten. Zudem ermöglicht es ihm selbst einen Einblick in die Problematik, er erfährt am eigenen Körper wie wichtig Rhythmus und koordinierte Bewegungsabläufe sind. Zwei weitere positive Nebeneffekte des Lauftrainings sind die Förderung von Motivation und Standvermögen.

Nach Claus Chmiel ist die Effektivität des Joggens von der Abstimmung des Lauftempos und der Pulsfrequenz abhängig. Während früher ein Puls von 120 ratsam schien, wurde später nach Professor Hollmann eine Pulsfrequenz von 180 abzüglich Lebensalter empfohlen. Heute ist man der Meinung, daß die Ausgangsbasis auf 200 minus des Lebensalters zu erhöhen ist. Der angestrebte Trainingsumfang sollte 30-40 Minuten betragen, um die erwünschte Reizwirkung zu erzielen. Natürlich wird man nun zu Beginn des Trainings die Strecke nicht gleich durchlaufen können, weshalb man die Laufstrecken mit Gehen abwechseln kann.

Dazu eignen sich (nach Claus Chmiel):
10 x 200 m Laufen, 200 m Gehen oder
15 x 1 Min. Laufen, 1 Min. Gehen oder
10 x 2 Min. Laufen, 2 Min. Gehen.

Wer unterwegs sein Pferd entlasten möchte, muß unbedingt ein entsprechendes Quantum an Fitneß mitbringen.

Schrittweise kann man später die Laufphasen verlängern. Wenn Ihnen das Lauftraining zu eintönig wird, können Sie es mit jeweils 40 Minuten Schwimmen oder 60 Minuten Radfahren abwechseln.

Trainierte Reiter können die Reizwirkung erhöhen, indem sie die Tempi während des Laufens variieren. Später eignen sich auch Fahrtspiele zur Leistungssteigerung.

Diese spezielle Trainingsform findet in abwechslungsreichem Gelände statt, dem sich der Läufer durch Rhythmus und Geschwindigkeit anpaßt. Die Wechsel variieren von Sprints über Lockerungsübungen bis hin zu Gehpausen. Der Umfang dieser Kombination verschiedener Belastungsstufen sollte etwa 30 - 40 Minuten betragen.

Das Lauftraining generell kann man auch mit dem Pferd absolvieren. So kann man sich bereits während des Trainings der Geschwindigkeit des Pferdes anpassen.

Anstatt der Sterne des Hotels zählen eingefleischte Distanzreiter lieber die des Himmels. Auch wenn dann der Wasserkanister die heiße Dusche ersetzen muß.

Gymnastik als Prophylaxe gegen Probleme

Jede stereotype Bewegung fordert nur bestimmte Muskelgruppen. Einige Muskeln werden stärker, andere schwächer beansprucht. Gymnastische Übungen können diese Schwächen ausgleichen, die Mobilität und die Elastizität sowie das Körpergefühl steigern. Besondere Bedeutung haben für den Distanzreiter neben der aufbauenden Gymnastik vor- und nachbereitende Gymnastikübungen.

Die Aufwärmphase des Reiters ist ebenso wichtig wie die des Pferdes. Denn was nutzt es, das Pferd optimal auf die bevorstehende Belastung vorzubereiten, wenn der Reiter verspannt wie ein Sack auf ihm sitzt. Das Ziel des Aufwärmens ist es, den gesamten Organismus auf den Ritt vorzubereiten. Nur dann wird der Reiter bereits ab dem Start durch einen geschmeidigen Sitz wirklich pferdeschonend reiten können.

Vor allem leichte Dehnübungen fördern die Muskelentspannung und -durchblutung, die Gefahr von Verspannungen oder Verletzungen wird reduziert. Letztendlich nehmen auch die konditionellen und koordinativen Fähigkeiten zu. Während Umfang und Art der Übungen individuell gesteuert sein sollten, beginnt man im allgemeinen mit der am stärksten beanspruchten Muskulatur.

Auch für die nachbereitende Gymnastik sind Dehnungsübungen kombiniert mit beweglichmachenden Übungen geeignet. Ziel ist die optimale Muskelentspannung. So kann man Belastungsreaktionen vermeiden, wodurch zum Beispiel am nächsten Tag folgende Belastungen wiederum besser toleriert werden.

Massnahmen zur Förderung der Kraftausdauer

Als Kraftausdauer bezeichnet man die Fähigkeit, über längere Zeiträume Muskelarbeit verrichten zu können. Für den Distanzreiter ist diese Fähigkeit deshalb von besonderer Bedeutung.

Eine gute Trainingsmöglichkeit der Kraftausdauer bietet als allgemeines Fitneßprogramm das Circletraining. Durch die Kombination bestimmter Übungen werden verschiedene Muskelgruppen sowie das gesamte Herz-Kreislauf-System trainiert. Dabei werden nach Möglichkeit alle Muskeln gleichmäßig und ausdauernd belastet. Je nach Zusammenstellung von Art und Zeitraum der Übung ist sie für Reiter in jedem Trainingsstadium geeignet.

Beim Circletraining werden die gymnastischen Übungen in einer festgelegten Sekundenzahl so oft wie möglich wiederholt. Die anschließende Pause sollte die gleiche Länge wie die Übungszeit haben und wird zur leichten Bewegung genutzt. Im fortgeschrittenen Trainingsstadium kann die Übungszeit verlängert, die Pause verkürzt werden. Vor Beginn sollte die Muskulatur durch Dehn-, Lockerungs- und Kräftigungsgymnastik aufgewärmt, nach dem Training gelockert werden.

DIE FÖRDERUNG DER BEWEGLICHKEIT DER WIRBELSÄULE

Rückenbeschwerden werden heute als Zivilisationskrankheit bezeichnet, deren Ausgangspunkt oftmals die Wirbelsäule ist. Durch gezielte Gymnastik der Rücken- und Bauchmuskulatur lassen sich Verspannungen meist schon im Vorfeld verhindern. Gerade bei langen Distanzritten, bei denen man über Stunden in den Bügeln steht, leiden viele Reiter früher oder später unter Verspannungen. Diese mindern nicht nur die Leistungsfähigkeit, sondern fördern auch einen unkorrekten Sitz, der sich wiederum negativ auf das Pferd auswirken kann.

ÜBUNGEN ZUR MOBILISATION DER WIRBELSÄULE:

• Rückenlage, „radfahren“

• Fersensitz: auf- und abrollen der Wirbelsäule, in der Kauerstellung entspannen

• in der Rückenlage die Beine leicht anwinkeln, Zehen anziehen, Absatz in den Boden drücken, Oberkörper leicht anheben und halten

• bequemer Sitz, beide Hände aufstützen, Becken langsam auf- und abrollen

• Bank: Arm und Bein diagonal durchstrecken und halten

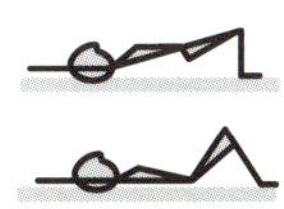

• Rückenlage, heben und senken der Hüfte

(entnommen aus „Pferdesportler fit gemacht“ von Claus Chmiel, FN-Verlag Warendorf, 1995)

Gelenkschmerzen nach einem harten, langen Ritt kann man gezielt vorbeugen.

Die beste Therapie, die eigenen Muskeln wieder zu lockern: Absteigen und führen.

MASSNAHMEN WÄHREND DES RITTES UND IM STOP

GYMNASTIK AUF DEM PFERD

Gerade durch den stundenlang stereotyp beibehaltenen Sitz des Distanzreiters können Verspannungen auftreten. Viele Muskel- und Gelenkschmerzen ließen sich schon prophylaktisch durch kleine lockernde Gymnastikübungen auf dem Pferd verhindern. Dabei werden andere Muskelgruppen, die Beweglichkeit der Gelenke, Körpergefühl und Körperbewußtsein gefördert.

Besonders wichtig sind Übungen, die der Haltung und Bewegung des Reiters zuwiderlaufen, also die betroffenen Muskelgruppen anders als gewohnt beanspruchen. Ihrer Phantasie sind dabei kaum Grenzen gesetzt - spielen Sie mit den Zehen, wackeln Sie mit dem Hintern oder strecken Sie Ihre Arme abwechselnd nach oben. Wiederholen Sie bewußt die Übungen in langsamem Tempo mehrmals, viele lassen sich sogar im Trab durchführen. Natürlich helfen solche Übungen auch, wenn man bereits die ersten Folgen von Verspannungen zu spüren bekommt.

PROGRESSIVE MUSKELENTSPANNUNG

Für den Distanzreiter ist es auf langen Strecken wichtig, während des Stops zu entspannen, um ausreichend Energiereserven für das nächste Teilstück mobilisieren zu können. Mit Hilfe der progressiven Muskelentspannung nach Jacobsen ist es möglich, den gesamten Körper in etwa 15 Minuten zu entspannen. Dabei werden Spannungszustände wahrgenommen und durch bewußtes Entspannen behoben. Verschiedene Muskeln werden mehrmals hintereinander im Wechsel angespannt, gehalten und wieder entspannt.

Die Methode ist nicht einfach so auf einem Ritt zu erlernen - dazu bedarf es einigen Trainings, voller Konzentration und Aufmerksamkeit. Literatur, von einem Sprecher begleitete Musikcassetten, CDs sowie Übungskurse können die Grundlage des Trainings sein.

GEZIELTE MASSNAHMEN GEGEN INDIVIDUELLE PROBLEME

Neben Dehnungs- und Lockerungsübungen sollte man die Zeit im Stop auch nutzen, um mit Gymnastik individuellen Problemen vorzubeugen. Ein kurzes Gymnastikprogramm muß dann jedoch genau Ihren Ansprüchen angepaßt sein.

LAUFEN ALS ABWECHSLUNG

Absteigen und Laufen oder Gehen dient nicht nur der Entlastung des Pferdes, sondern auch um die stereotype reiterliche Belastung mit anderen Bewegungsabläufen abzuwechseln. Dabei werden andere Muskelgruppen beansprucht, überlastete Muskeln wieder gelockert und der Kreislauf auf Trab gebracht.

Nutzen Sie also unterwegs Steigungen, Gefälle oder schlechte Wegstrecken, um sich selbst und Ihrem Pferd zu helfen.

NACH DEM RITT

Nach der Versorgung des Pferdes sollten Sie sich die Zeit nehmen, den Ritt Revue passieren zu lassen und sich selbst mittels Gymnastik oder progressiver Muskelentspannung zu entspannen.

Nur wenn Sie jeden Ritt kritisch analysieren, werden Sie aus den positiven und negativen Erfahrungen lernen können. Sprechen Sie nun eventuell gemeinsam mit Ihrem Troß den Ritt noch einmal ausführlich durch und beurteilen Sie nach unterschiedlichen Kriterien, um Fehler in Zukunft zu vermeiden. Auch Probleme, Schwierigkeiten und mögliche Mißverständnisse sollten zur Sprache kommen und deren Ursachen erkannt werden.

Zu der Analyse gehört auch die Beurteilung eigener körperlicher Probleme. Wenn Sie sich bewußt machen, wann bestimmte Probleme aufgetreten sind, können Sie durch ein gezieltes Training oder eine andere Ausrüstung sowohl in der Vorbereitung oder beim nächsten Ritt vorbeugend darauf Einfluß nehmen.

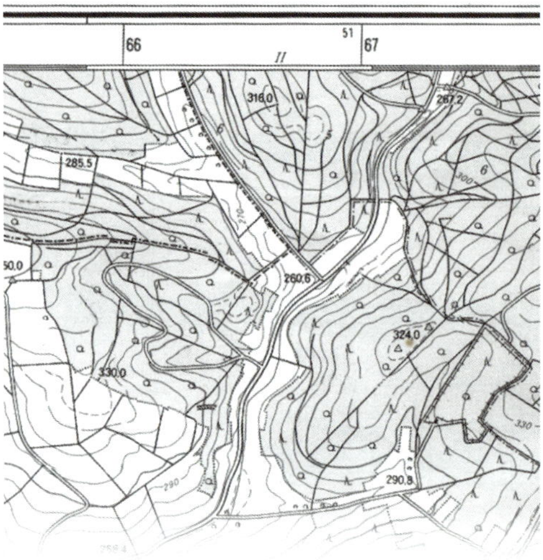

Das Reiten langer Strecken verlangt bezüglich der Qualität und der Paßform eine optimale Ausrüstung. Denn alles, was nicht wirklich paßt, führt im stundenlangen Einsatz unwillkürlich zum Druck. Jeder Distanzritt ist deshalb auch ein Härtetest für das Equipment.

Es ist naheliegend, daß man auf einem Streckenritt keine unerprobten Ausrüstungsgegenstände verwendet, die das Risiko von Problemen fördern. Wählen Sie auf Wettbewerben immer das Equipment, das sich im Training bewährt hat.

Für Ihren ersten kurzen Distanzritt müssen Sie sich aber nicht gleich einen neuen Sattel kaufen. Schließlich wollen Sie ausprobieren, ob Ihnen und Ihrem Pferd diese Sportart überhaupt liegt.

DIE AUSRÜSTUNG

DER SATTEL

DIE OPTIMALE PASSFORM

Oberste Priorität hat die optimale Paßform für Pferd und Reiter. Denn es nutzt wenig, wenn der Sattel zwar dem Pferd paßt, Sie selbst aber nach Stunden nicht mehr darin sitzen können. Auch ein schmerzbedingter, falscher Sitz kann sich negativ auf die Gesundheit des Pferdes auswirken.

Eigentlich jeder Sattel sollte deshalb folgende Kriterien erfüllen:

- Eine große Auflagefläche verteilt den Druck flächig und nicht punktuell.
- Der Sattel liegt gleichmäßig auf, da schon kleine Hohlräume vermehrten Druck auf andere Bereiche ausüben.
- Der Sattel sollte hinter der Schulter liegen, um deren Bewegungsfreiheit nicht einzuschränken.

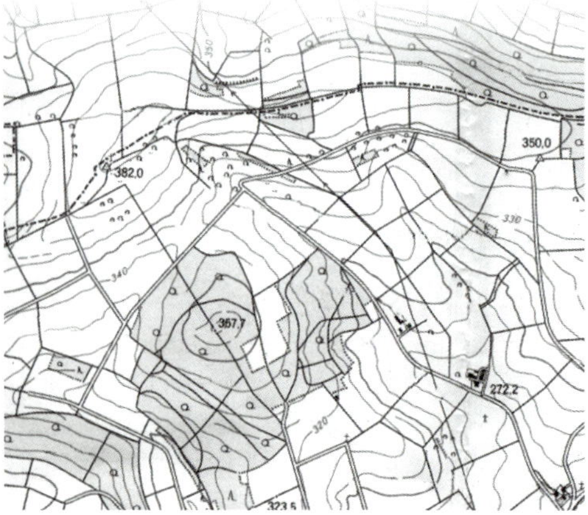

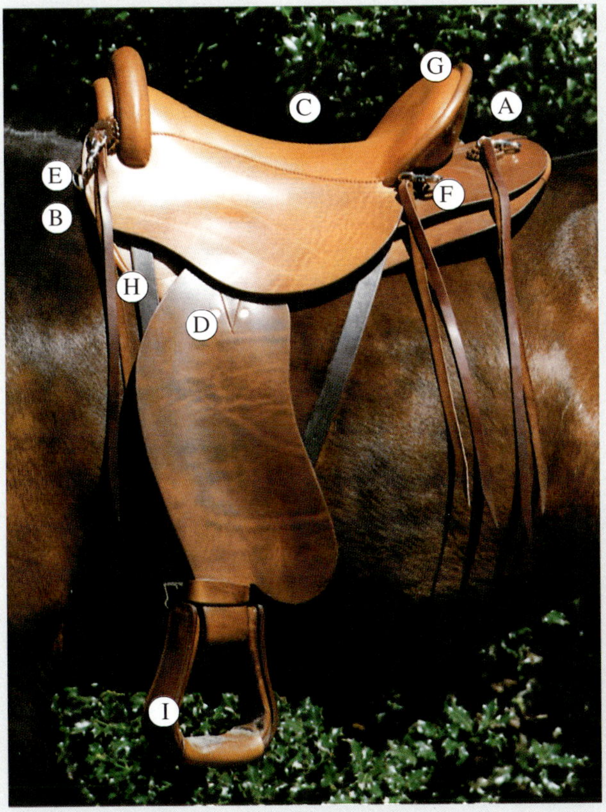

Spezielle Distanzsättel wie der Ultraflex mit beweglichem Sattelbaum zeichnen sich durch viele Vorteile aus:

A) Große Auflagefläche

B) Freie Schulter

C) Relativ flache Sitzfläche mit nicht zu tiefem Schwerpunkt

D) Gerade, nicht zu weit vorne angebrachte Steigbügelaufhängung

E) Hoch angebrachte Ringe für das Vorderzeug

F) Ausreichend Befestigungsmöglichkeiten

G) Flaches Cantle

H) Variable Dreipunktgurtung

I) Breite Steigbügel

• Die Trachten dürfen bei Pferden mit kurzem oder tiefem Rücken nicht in die empfindliche Nierenpartie drücken.
• Die Winkelung der Trachten muß mit der des Rückens übereinstimmen, um eine gleichmäßige Druckverteilung zu gewährleisten.
• Zwischen Sattelkammer (Fork) und Widerrist müssen mindestens 3 Finger passen, da das Pferd während eines langen Rittes an Gewicht verlieren kann.
• Der Sattel kommt nirgends auf der nur von einer dünnen Hautschicht geschützten Wirbelsäule zu liegen, sondern auf den kräftigen Muskelsträngen links und rechts daneben.
• Eine variable Dreipunktgurtung ermöglicht eine individuelle Gurtlage.
• Die Sitzfläche ist flach und gerade und läßt dem Reiter ausreichend Bewegungsfreiheit.
• Der Schwerpunkt des Sattels liegt nicht zu weit hinten, um den ermüdungsfreien Schwebesitz zu garantieren.
• Die Steigbügel hängen gerade auf der Linie des frei hängenden Reiterbeines.
• Der Hinterzwiesel (Cantle) ist flach, um das Auf- und Absteigen zu erleichtern.

Ein einmal passender Sattel ist keine Garantie für die Paßform bis zum Lebensende des Pferdes. Aufgrund der Beanspruchung, des Trainings oder des Alters kann sich das Pferd in seiner Konstitution verändern. Die regelmäßige Kontrolle bezüglich der optimalen Lage des Sattels ist also immer notwendig.

Auch Satteldecken nehmen auf die Paßform Einfluß. Zu dicke Decken können einen passenden Sattel zum Beispiel an der Schulter zu eng werden lassen oder sich ungünstig auf die Druckverteilung auswirken.

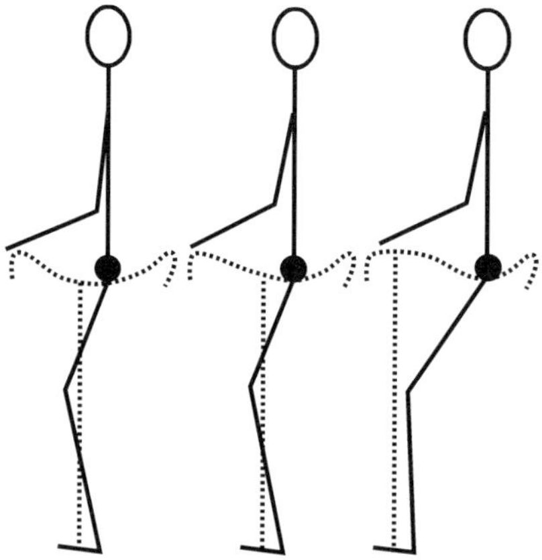

Der Sitz im Stand

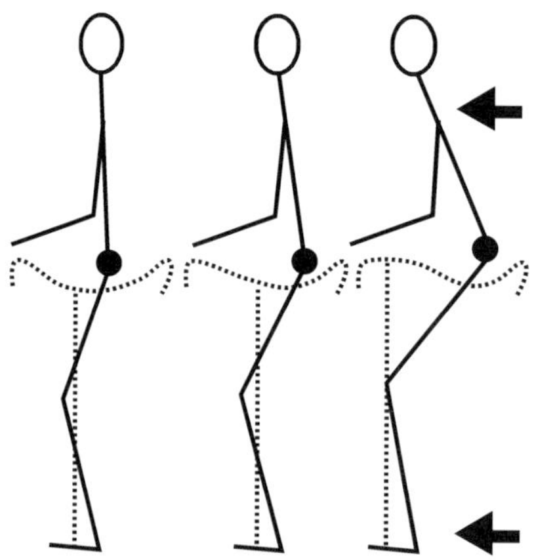

Der Schwebesitz im Trab

Die Rolle des Sattelschwerpunktes für den korrekten Sitz

Links:
Eine flache Sitzform mit mittigem Schwerpunkt und mittig angebrachter Steigbügelaufhängung ermöglicht den korrekten und schonenden Schwebesitz mit nahezu aufrechtem Oberkörper. Die Winkelung von Knöchel-Knie-Hüfte schont die Gelenke, der aufrechte Oberkörper die Rückenmuskulatur. Im Ideal sollte die Steigbügelaufhängung so angebracht sein, daß der Steigbügel auf der Position der frei fallenden Reiterbeines ist.

Mitte:
Ist der Schwerpunkt leicht nach hinten verlagert, ist der Sattel nur dann empfehlenswert, wenn die Steigbügelaufhängung nicht zu weit vorne angebracht ist. Dennoch wird der Reiter gezwungen sein, seinen Oberkörper im Schwebesitz etwas mehr nach vorne zu neigen.

Rechts:
Ein tiefer, nach hinten verlagerter Schwerpunkt mit vorneliegender Steigbügelaufhängung, wie bei manchen Western- und Wanderreitsätteln üblich, läßt den Schwebesitz nur bedingt zu. Um trotz des weit vorne fixierten Beines in der Balance zu bleiben, muß der Reiter den Oberkörper nach vorne neigen. Bei längeren Ritten sind Verkrampfungen die unweigerliche Folge.

DIE QUALITÄT

Gute Qualität hat ihren Preis, ist aber für Dauerbelastungen unumgänglich. Dickes, geschmeidiges Leder, saubere, stabile Nähte und eine erstklassige Verarbeitung erhöhen die Lebensdauer eines Sattels ungemein, machen die regelmäßige Pflege aber nicht überflüssig. Jede Verschraubung und jeder Riemen muß so verarbeitet sein, daß sie sich nicht von selbst lösen können. Eine ebenmäßige, gleichmäßige Polsterung reduziert die Gefahr von Rückenproblemen.

Alle Nähte sind potentielle Schwachstellen, weshalb Sie auf Ziernähte verzichten und kräftiges, einfaches Leder doppelt genähtem vorziehen sollten.

Es dient Ihrer eigenen Sicherheit, den Sattel vor Gebrauch schnell durchzuchecken. Nur so können Sie angerissene Riemen sowie lose Bänder erkennen und das Unfallrisiko verringern.

DAS GEWICHT

Viele Distanzreiter schwören auf besonders leichte Sättel. Bei Billigsätteln wird das Gewicht leider zu oft an der falschen Stelle eingespart. Das Sattelgewicht spielt eigentlich nur dann eine Rolle, wenn das Pferd einen schweren Reiter zu tragen hat. Dennoch ist es sinnvoller, das

Gewicht mit einem schweren Sattel großflächig anstatt mit einem leichten punktuell zu verteilen. Im Vordergrund steht immer die Paßform!

Das Gewicht für einen Distanzsattel sollte etwa zwischen 5 und 10 Kilo betragen. Es sei noch darauf hingewiesen, daß bei internationalen Ritten ein Mindestreitergewicht (mit Sattel) von 75 Kilo verlangt werden kann, ein zu leichter Sattel dann eventuell mit Bleiplatten beschwert werden muß.

DIE AUSSTATTUNG

Ein Distanzsattel muß ausreichend Befestigungsmöglichkeiten bieten, um Schwamm, Hufkratzer, Hufschuh etc. mitführen zu können. Bei qualitativ minderwertigen Sätteln sind Befestigungsringe und -riemen meist angenietet, die Haltbarkeit ist lediglich eine Frage der Zeit. Sie sollten immer durch das Leder gezogen oder mit diesem gut vernäht sein.

Befestigungsringe für Vorderzeug und Schweifriemen sind gerade bei Bergdistanzen zu empfehlen. Die Ringe für das Vorderzeug müssen hoch genug angebracht sein, um ein anatomisch gut geschnittenes V-Vorderzeug verwenden zu können.

SATTELTYPEN

Der Satteltyp ist letztendlich vom Geschmack abhängig. Manche Reiter empfinden Westernsättel als unangenehm, andere reiten sich hingegen auf englischen Sätteln wund.

DER ENGLISCHE SATTEL

Obwohl man im Ausland auf Distanzen vorwiegend Vielseitigkeitssättel verwendet, sind sie für lange Strecken ungeeignet. Sie wurden für die Sportreiterei entwickelt, also für einen zeitlich befristeten Einsatz. Die kleine Auflagefläche verteilt das Reitergewicht nur punktuell. Die Erfahrung hat gezeigt, daß sich der Einsatz des Vielseitigkeitssattels spätestens bei Mehrtagesritten stets mit Rückenproblemen rächte. Ein weiterer Nachteil sind die wenigen Befestigungsmöglichkeiten. An nachgerüsteten Ringen befestigtes Gepäck verändert ungünstig die Druckverteilung der kleinen Auflagefläche.

Alle englischen Sättel, auch Trachtensättel, haben ein weiteres Manko: die dünnen Steigbügelriemen fördern Quetschungen an den Beinen. Viele Reiter schneiden deshalb entweder einen Schlitz in das Sattelblatt, damit der Riemen unter diesem verläuft oder rüsten den Sattel mit Fendern nach.

TRACHTENSÄTTEL

Der klassische Militärsattel kann auf Streckenritten sehr gute Dienste erweisen - ob im Original oder wie das hier umgebaute Modell. Dieser Sattel zeichnet sich durch seine variable Dreipunktgurtung sowie die Camarguesteigbügel aus, denen eine große Trittfläche zu eigen ist und zudem für den Reiter im Falle eines Sturzes minimales Verletzungsrisiko bieten.

Fast alle Sättel der Gebrauchsreiterei gehören der Kategorie der Trachtensättel an. Sie wurden für Reiter entwickelt, die ihre tägliche Arbeit zu Pferde verrichten. Deshalb müssen sie für Pferd und Reiter relativ bequem sein. Ihnen gemein ist die große Auflagefläche.

Wenn Sie also einen englischen Sattel bevorzugen, sollten Sie einen Trachtensattel verwenden. Viele Distanz- und Wanderreiter wählen den Militärsattel, der in alle Einzelteile zerlegbar und damit besonders reparaturfreundlich ist. Allerdings ist er wegen seines Holzbaumes auch etwas schwerer als neue Sättel.

Fast jeder Hersteller hat heute einen Trachtensattel im Programm, der den Bedürfnissen des Streckenreiters entgegenkommt. Den Unterschied machen vor allem Preis und Verarbeitung.

WESTERNSÄTTEL

Auch Westernsättel zählen zu den Trachtensätteln. Ob mit oder ohne Horn ist reine Geschmackssache, Liebhaber möchten es als Befestigungsmöglichkeit nicht missen.

Viele Westernsättel ohne Horn werden als Endurance-Sättel angeboten. Ihnen gemein ist oft eine variable Dreipunktgurtung. Besonderes Augenmerk ist auf die gute Qualität und Verarbeitung sowie den flachen Sitz zu richten.

Westernsättel gibt es in vielen verschiedenen Typen, je nach Verwendungszweck haben sie einen tiefen oder flachen Sitz. Eine tiefe Sitzfläche kommt Dressurreitern gelegen, behindert aber den Schwebesitz. Frauen ist manchmal die Sitzschale des Westernsattels zu breit, die auf Dauer Schmerzen in den Hüften verursachen kann. Achten Sie deshalb auf schmal geschnittene Sättel. Eine Sitzfläche aus Wildleder ist angenehm, verwandelt sich bei Regen aber in einen Schwamm.

Für Quadratpferde sind nur kurze Sättel mit Round Skirts geeignet, bei denen das ausladende Leder an den Trachten rund geschnitten ist. Da das Leder der Skirts zur Gewichtsverteilung beiträgt, sollte es aus zwei festen Lagen bestehen.

Während bei vielen Endurancesätteln bereits eine verstellbare Dreipunktgurtung eingearbeitet ist, muß man sich bei den meisten Westernsätteln bestenfalls mit einer Drei-Wege-Gurtung (3-Way-Rigging) begnügen. Wie der Name verrät, hat man dann nur drei Gurtpositionen zur Verfügung.

DER MCCLELLAN UND SEINE VERWANDTEN

Der leichte Originalsattel der amerikanischen Kavallerie ist heute selbst gebraucht nur noch selten zu bekommen, wird jedoch in großer Zahl imitiert. Er ist eine echte Herausforderung an das Gesäß, da er nicht gepolstert ist. Sein charakteristisches Merkmal ist der durchgehende Schlitz in der Sitzfläche, der eine Belüftung des Rückens möglich macht. Bei den meisten Nachbauten wurde allerdings zugunsten einer Polsterung darauf verzichtet. Kräftigere Reiter fühlen sich jedoch durch den hohen Vorder- und Hinterzwiesel beengt. Alle Nachbauten haben wie das Vorbild eine verstellbare Dreipunktgurtung.

Der bekannteste Nachbau dürfte bei Distanzreitern wohl der Stonewall sein, dessen Riemen aus einem Nylongewebe bestehen, weshalb er sehr leicht ist.

Der McClellan stand außer wie hier beim Stonewall noch bei vielen anderen Sätteln Pate. Ihr Vorteil ist ebenfalls die variable Dreipunktgurtung sowie das geringe Eigengewicht. Bei dieser Ausrüstung sollte man außerdem die breiten Steigbügel und das Pad aus medizinischem Lammfell beachten, das gerade empfindliche Pferde besonders gut vertragen.

Auch der französische Malibaudsattel ist dem McClellan sehr ähnlich. Da er jedoch für schmale Ponys geschaffen wurde, ist die Winkelung der Trachten für Pferde mit breitem Rücken oft zu steil.

DER AUSTRALISCHE STOCKSATTEL

Obwohl der Stocksattel in seinem Aussehen dem englischen Sattel ähnlich ist, hat er eine etwas größere Auflagefläche. Die australischen Originale sind relativ schwer. Auf dem Markt sind auch billigere Nachbauten, die in Ländern der Dritten Welt gefertigt werden und deren Leder- und Verarbeitungsqualität teilweise zu wünschen lassen. Viele Stocksättel haben der australischen Reitweise entsprechend einen tiefen Sitz, der wie die vorderen Pauschen den Schwebesitz erschwert.

SÄTTEL MIT BEWEGLICHEM SATTELBAUM

Der Trend geht derzeit zum beweglichen Sattelbaum, der der Bewegung der Rückenmuskulatur mehr oder minder viel Freiheit läßt. Diese Idee ist gerade für Langstreckenreiter von Bedeutung. Alle Sättel gibt es in unterschiedlichen Ausführungen - vom Westernsattel bis hin zum englischen Modell.

Der Swing Tree hat in den Baum elastomere Puffer eingearbeitet, die lediglich Stöße und Schwingungen reduzieren. Bei dem Orthoflex sind die Trachten in der Winkelung beweglich, während der Ultraflex einen in sich komplett flexiblen Baum besitzt - eine Feder im Sattelbaum ist das Geheimnis. Die Polsterung des Ultraflex ist zudem an der Schulter etwas zurückgeschnitten, um dieser maximale Bewegungsfreiheit zu gewähren.

DIE SATTELDECKE

Je weniger Polsterung der Sattel besitzt, desto dicker muß die Unterlage sein. Eine flauschige Optik darf nicht über die Stärke der Decke hinwegtäuschen, die man lediglich durch das Zusammendrücken des Materials feststellen kann.

Auch die Satteldecke muß gewisse Anforderungen erfüllen: sie sollte dick genug und waschbar sein sowie schnell trocknen. Ist sie hart und steif, paßt sie sich der Anatomie des Pferdes nicht an. Harte Kanten fördern zudem Druckstellen.

Am beliebtesten sind amerikanische Pads, allen voran Kodelpads, die auch unter englische Sättel passen. Allerdings ist der Hitzestau unter Kodel relativ groß. Reine Kodelpads sollten Sie mit einer zweiten Decke schützen, damit sich das flauschige Material nicht zusammendrückt. Dadurch verlagert sich auch die entstehende Reibung zwischen die Decken. Viele Pads sind heute auch mit diversen, stoßdämpfenden Einlagen erhältlich, die aber keine stufenartigen Absätze haben dürfen, sondern sich gegebenen-

Viele Reiter wählen ihre Satteldecke so lang, daß sie auch die Nierenpartie warm hält.

falls zur Gurtung hin in ihrer Stärke konstant verjüngen müssen, um Druckstellen zu vermeiden. Auch sollten die Einlagen stets auf ihren korrekten Sitz ohne Faltenwurf überprüft werden.

Manche Pferde können auf künstliche Materialien allergisch reagieren. Sie können dann auf Decken aus medizinischem Lammfell oder reine Schurwollpads ausweichen.

Ein Gelpad kann rückenempfindlichen Pferden Erleichterung verschaffen, da es Stöße absorbiert und in geringem Umfang Unregelmäßigkeiten ausfüllt. Es darf nie dazu mißbraucht werden, einen nicht optimal passenden Sattel auszugleichen, da es auf langen Strecken dennoch zu Verspannungen kommen würde.

Die Satteldecke sollte so groß gewählt werden, daß sie am Rand des Sattels überall einige Zentimeter hervorsieht, da mit dem Sattel abschliesende Decken den Druck des Sattelrandes verstärken. An den Seiten länger geschnittene Pads sollten auch mit dem Gurt nicht ins Gehege kommen.

Etwaiges Gepäck darf nirgends direkt auf dem Pferderücken aufliegen, sondern muß, um Scheuerstellen zu vermeiden, immer auf der Satteldecke zu liegen kommen. Viele Reiter verwenden die oberste Decke so groß, daß sie die Nierenpartie abdeckt und in den Pausen bei gutem Wetter das Eindecken überflüssig macht. Bei Pferden, die Probleme mit dem Wärmeaustausch haben, sollte man jedoch darauf verzichten. Es sei noch bemerkt, daß die beste Satteldecke schlechte Dienste leistet, wenn sie verdreckt ist.

DIE ZÄUMUNG

Reiten Sie Ihr Pferd auf einem Ritt mit einer Zäumung, mit der Sie es sicher kontrollieren können. Auch ruhige Pferde entwickeln einen enormen Vorwärtsdrang, wenn sie auf der

Strecke von anderen überholt werden. Es ist zulässig, die Zäumung während des Rittes zu wechseln. Wird Ihr Pferd unterwegs ruhiger, können Sie also auf eine leichtere oder mildere Zäumung umsteigen. Je leichter, desto besser. Sie sollten bedenken, daß Ihr Pferd das Zaumzeug über Stunden zu tragen hat.

Wenn möglich, sollten Sie auf ein Sperrhalfter verzichten, da es nur unnötiges Leder bedeutet und das Pferd beim Fressen behindern kann. Viele Reiter bevorzugen Wanderreithalfter, in die die Backenstücke mit dem Gebiß per Karabinern eingeschnallt werden. So ist das Gebiß in den Stops schnell herauszunehmen.

Das Leder der Zäumung sollte gut gepflegt und Haut des Pferdes auf Scheuerstellen kontrolliert werden. Winterfell trägt auf, eventuell müssen Sie dann Ihr Kopfstück ein Loch weiter stellen. Auch können ursprünglich passende Oberbäume plötzlich an den Backen kneifen - die ständige Kontrolle ist also ein absolutes Muß.

Seit einigen Jahren werden Zaumzeuge aus Biothane (auch Oputhane genannt) verwendet, die in den unterschiedlichsten Farben erhältlich sind. Es handelt sich dabei um ein Nylongewebe, das mit einer Kunststoffschicht überzogen ist. Biothane ist besonders pflegeleicht, weil man es zur Säuberung lediglich unter einen Wasserstrahl hält. Das Material ist in sich sehr steif und deshalb umständlich zu verschnallen, scheuert aber nicht. Als großen Nachteil betrachte ich die Reißfestigkeit, die bei einem Sturz eine erhöhte Unfallgefahr darstellt, falls Pferd oder Reiter im Zügel hängen bleiben.

Unterwegs muß Ihr Pferd auch mit Gebiß trinken können, da ein ständiges Auf- und Abtrensen Zeit kosten würde. Stangengebisse mit langen Hebeln verhaken sich gerne in Eimern oder machen das Saufen aus seichten Bächen unmöglich. Kurze Hebel sind demnach von Vorteil. Das gilt auch für die Mechanische Hackamore. Um Verletzungen an der Kinngrube vorzubeugen, sollten Sie anstatt der Kinnkette einen Riemen verwenden. Achten Sie auch bei dem Gebiß auf eine gleichmäßige, qualitativ hochwertige Verarbeitung, um Maulverletzungen oder gar das Brechen des Mundstücks zu vermeiden.

Kleine Karabiner an den Zügelenden ermöglichen im Notfall die Nutzung als langen Führriemen, der an steilen Hängen oder bei anderen Geländeschwierigkeiten hilfreich sein kann.

DAS ZUBEHÖR

VORDERZEUG

Die Verwendung eines Vorderzeuges soll nicht nur verhindern, daß der Sattel nach hinten rutscht, sondern kann in gefährlichen Situationen lebensrettend sein. Denn falls der Sattelgurt reißt, hält das V-Vorderzeug den Sattel auf dem Pferderücken. Besonders geeignet sind deshalb Vorderzeuge im klassischen Kavallerieschnitt, die einen kleinen Verbindungsriemen über dem Widerrist haben. So geschnittene Vorderzeuge

Vorderzeuge nach dem klassischen Kavallerieschnitt behindern das Pferd nicht in der Bewegung der Schulter. Dieses Modell ist zudem mit Neopren gepolstert, das von vielen Pferden gut vertragen wird und schnell zu reinigen ist.

passen sich der Anatomie des Pferdes optimal an und blockieren nicht die Vorwärtsbewegung der Schulter.

Die gefährdeten Bereiche für Drücke liegen an der Spitze des Vs und zwischen den Vorderbeinen des Pferdes. Der Verbindungsriemen zum Gurt muß also so weit verschnallt sein, daß er weder scheuert noch den Gurt nach vorne zieht. In einem zu langem Riemen kann sich wiederum das Pferd mit den Beinen verfangen.

Bei empfindlichen Pferden empfiehlt es sich, das Vorderzeug abzupolstern - sei es mit Schonbezügen aus Kodel oder mit pflegeleichtem Neopren. Salzhaltiger Schweiß macht Neopren brüchig. Waschen Sie es deshalb nach Gebrauch ab.

SCHWEIFRIEMEN

Bei einer guten Sattellage können Sie im allgemeinen auf einen Schweifriemen verzichten. Müssen Sie darauf zurückgreifen, so sollten Sie darauf achten, daß die um den Schweif herumführende Schlaufe, Metze genannt, groß genug ist, um Quetschungen zu vermeiden. Kontrollieren Sie auch unterwegs häufiger die Unterseite der Schweifrübe, weil die dünne Haut sehr empfindlich ist.

STEIGBÜGEL

Die Form der Steigbügel ist beim Distanzreiten von besonderer Bedeutung, da Sie im Schwebesitz in den Bügeln stehen. Klassische englische Steigbügel mit einer schmalen Trittfläche würden die Fußsohle ermüden und Schmerzen in der gesamten Beinmuskulatur verursachen. Deshalb muß die Trittfläche so groß wie möglich und der Steigbügel breit genug sein, um Quetschungen des Mittelfußes zu vermeiden.

Falls Sie Schuhe ohne Absätze tragen, sollte der Bügel zudem vorne geschlossen sein. Im Falle eines Sturzes wird so das Durchrutschen verhindert. Außer dem Camargue- oder dem geschlossenen Kunststoffbügel gibt es auch Kunststoffkörbe, mit denen man diverse Bügel nachrüsten kann.

An Steigbügeln können Sie Gewicht sparen, Vergleiche lohnen also. Auf unnötigen Schnickschnack kann man getrost verzichten, wodurch die Bügel lediglich schwerer zu reinigen wären.

GURTE

Für den Gurt gelten ähnliche Aspekte wie für die Satteldecke: weich gepolstert, ohne harte Kanten, leicht zu reinigen und schnell trocknend. Vor allem bei Kodelgurten setzt sich das flauschige Material manchmal unbemerkt zusammen, daß durch das innenliegende Nylonband harte Kanten entstehen.

Ob man nun Schnuren-, Baumwoll- oder Kodelgurte bevorzugt, ist abhängig von der Empfindlichkeit des Pferdes sowie der eigenen Erfahrung. Die Schnallen sollten jedoch nicht direkt auf dem Fell liegen, sondern abgepolstert werden. Als besonders hautfreundlich hat sich der Neoprengurt erwiesen. Ihn sollte man aber vor dem Gurten anfeuchten, um den Schubbereffekt zu verringern. Nach dem Reiten ist er einfach mit Wasser zu reinigen. Bei regelrechten Schlammschlachten ist er jedoch weniger geeignet, da sich unter dem Gurt leicht Dreck ansammelt.

Besondere Bedeutung hat auch die Länge des Gurtes. Zu lange Gurte können Hautquetschungen zwischen Deckenrand und Gurtende verursachen, zu kurze durch die Schnallen Drücke am Ellenbogen hervorrufen.

GAMASCHEN UND BANDAGEN

Die Verletzungsgefahr zum Streichen neigender Pferde wird sich durch die Ermüdung auf dem Ritt erhöhen. Ein sorgfältiger Beschlag wird das Risiko zumindest verringern.

Einen Schutz der Beine sollte man bei Dauerbelastungen mit Vorsicht genießen. Häufig erreicht man den gegenteiligen Effekt, nämlich Scheuerstellen durch eingedrungenen Sand oder abgedrückte Blutgefäße. Es kann nicht häufig genug wiederholt werden, daß man generell nicht ohne Polsterung bandagieren sollte, da die Gefahr einer Abschnürung sehr groß ist.

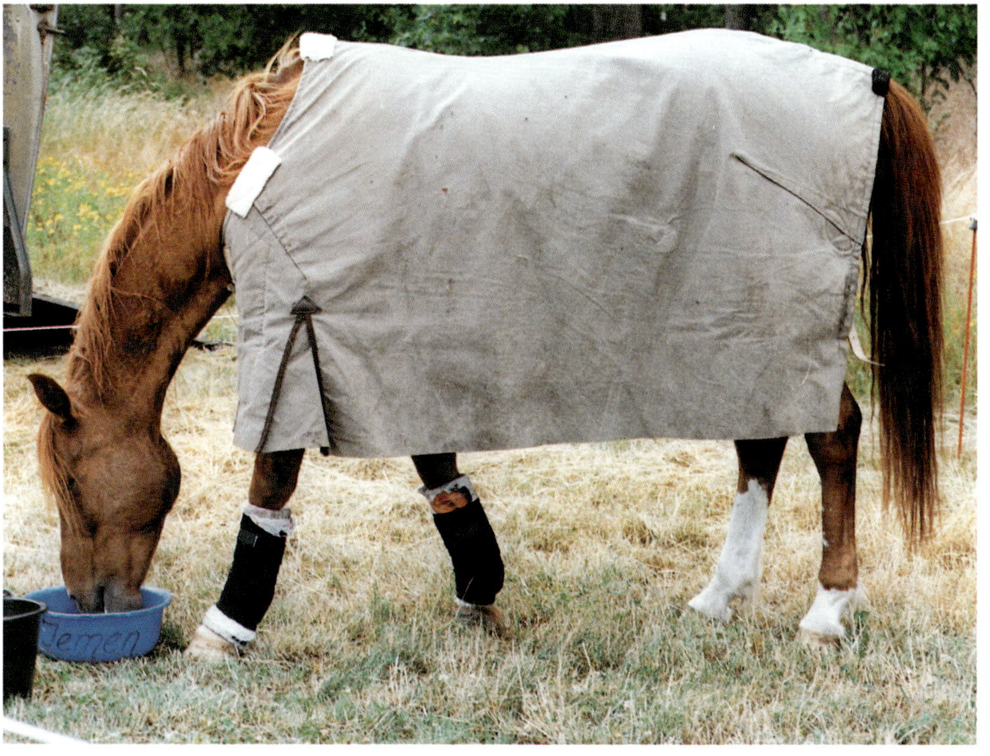

Die Neuseelanddecke ersetzt unterwegs und auf der Weide den Stall - sie ist das wandelnde Zelt für das Pferd. Das Segeltuch ist wasserundurchlässig, aber atmungsaktiv. Dieses Modell zeichnet sich außerdem durch lange Seitenteile und Gehschlitze aus. Doch Vorsicht: Nicht alles, was als Neuseelanddecke verkauft wird, hat mit der ursprünglichen Idee etwas gemein.

PFERDEDECKEN

Ohne ein ausreichendes Arsenal an Pferdedecken kommen Sie beim Distanzreiten nicht weit, da Sie unter Umständen keine Möglichkeit haben, feuchte Decken zu trocknen. Ausreichend Reservedecken bringen Sie dann nicht in Verlegenheit. Die Anzahl der mitzuführenden Decken sowie deren Dicke ist abhängig von Witterung und Jahreszeit.

Abschwitzdecken geben den Schweiß nach außen ab, ohne sich selbst vollzusaugen. Unter dünnem Fleece ist außerdem die Gefahr des Nachschwitzens gering.

Dicke Wolldecken halten das Pferd warm, weil sie auch den Wind abhalten. Sie nehmen Feuchtigkeit an und trocknen nur langsam.

Fliegendecken halten nicht nur Insekten ab, sondern sind bei heißem Wetter als leichte Windbrecher geeignet. Die Nierenpartie kann man zudem mit einem untergelegten Handtuch schützen.

Die Neuseelanddecke aus robustem Segeltuch ist das wandelnde Zelt für Ihr Pferd. Sie ist wasserdicht, atmungsaktiv und so großzügig geschnitten, daß sowohl der Rumpf als auch die Weichteile geschützt sind. Ein Gehschlitz an der Schulter verhindert Spannungen, die ausgeklügelte Gurtung das Verrutschen der Decke.

IM NOTFALL GERÜSTET

Denken Sie daran, von allen Gegenständen Ersatzteile mitzunehmen. Es ist sehr ärgerlich,

Leichte Kleidung nach dem Zwiebelprinzip ermöglicht dem Reiter, sich je nach Witterung unterwegs zu „entblättern".

einen schönen Ritt wegen eines gerissenen Bügelriemens vorzeitig beenden zu müssen. Haben Sie eine Betreuung, dann können Sie die Utensilien im Wagen verstauen, sind Sie auf sich gestellt, sollten Sie zumindest das Notwendigste am Pferd mitnehmen.

Es hat sich außerdem bewährt, stets Anbindevorrichtung und Decke am Pferd mitzuführen, um bei unvorhergesehenen Zwischenfällen gerüstet zu sein.

DIE AUSRÜSTUNG DES REITERS

Auch Ihre Ausrüstung sollte sorgfältig ausgewählt werden, da bei dem stundenlangen Tragen nichts kneifen oder scheuern darf. Zudem sollte Ihnen Ihre Kleidung ausreichend Bewegungsfreiheit lassen, da Sie eventuell einen Teil der Strecke per pedes zurücklegen.

Anstatt der früher präferierten natürlichen Materialien, haben sich heute leichte atmungsaktive Stoffe wie Fleece und Gore-Tex durchgesetzt, die selbst keine Nässe annehmen, Schweiß aber nach außen weiterleiten. Am besten kleidet man sich nach dem bewährten Zwiebelprinzip, um sich bei Bedarf „entblättern" zu können.

Trotz Schweiß darf die Hose auch nach Stunden nicht reiben, für den Notfall sollte man im Troßfahrzeug eine Ersatzhose parat haben. Distanzausstatter führen leichte, an Knie und Schritt gepolsterte Reithosen aus künstlichem Material, die die Bewegungsfreiheit beim Laufen kaum einschränken.

Viele Reiter scheuern sich auf langen Strecken die Innenseiten der Knie auf, weshalb sie unter der Hose Leggings anziehen, um die natürliche Reibung zwischen die Materialien zu verlagern. Wem das nicht ausreicht, der kann zwischen Legging und Reithose Knieschoner aus Angora (Sanitätshaus) tragen. Achten Sie auch auf

Der Regenponcho läßt dem Reiter im Gegensatz zum Wachsmantel ausreichend Bewegungsfreiheit.

passende Wäsche - kneifende Unterhosen können den schönsten Ritt verderben.

Der Regenschutz sollte Ihre Beweglichkeit ebenfalls nicht einschränken. Wachsmäntel sind relativ schwer und eignen sich nur für Reiter, die auf das Laufen verzichten. Wenn sie weit genug geschnitten sind, schützen sie wie große Bundeswehrcapes auch den Sattel vor Nässe. Bei schnellen Eintagesritten sollten Sie leichteren Gore-Tex-Jacken den Vorzug geben, da das Sattelzeug nach dem Ritt ausreichend Zeit zum Trocknen hat.

Auf internationalen Ritten besteht Helmpflicht. Aus Sicherheitsgründen sollten Sie auch sonst nicht darauf verzichten, da er Sie zum Beispiel auf der Nachtstrecke vor tiefhängenden Ästen schützt. Es gibt heute zahlreiche Anbieter leichter Reithelme, die relativ angenehm zu tragen sind. Eine Kopfbedeckung kann auch als Regen- und Sonnenschutz fungieren, denn die Gefahr eines Sonnenstichs darf bei langen Ritten nicht unterschätzt werden.

Besondere Bedeutung hat Ihr Schuhwerk. Reitstiefel sind unflexibel und fördern zudem Wadenkrämpfe. Ihre Schuhe sollten bequem und leicht sein sowie über den Knöchel reichen, um diesem ausreichend Stabilität zu geben. Dünne Profilsohlen eignen sich zum Laufen, starke hingegen fördern die Unfallgefahr im Falle eines Sturzes. Da Sie in den Steigbügeln stehen, muß die Sohle so fest sein, daß sie sich nicht durchtritt. Turnschuhe sind deshalb nur begrenzt geeignet. Achten Sie darauf, daß die Schuhe nirgends drücken und Sie sich darin richtig wohl fühlen.

Am beliebtesten sind leichte Gore-Tex-Trekkingschuhe, die in Outdoor- oder Sportgeschäften erhältlich sind. Doch auch viele Hersteller von Reitschuhen haben heute geeignete Modelle im Programm, die den Bedürfnissen des Streckenreiters entsprechen.

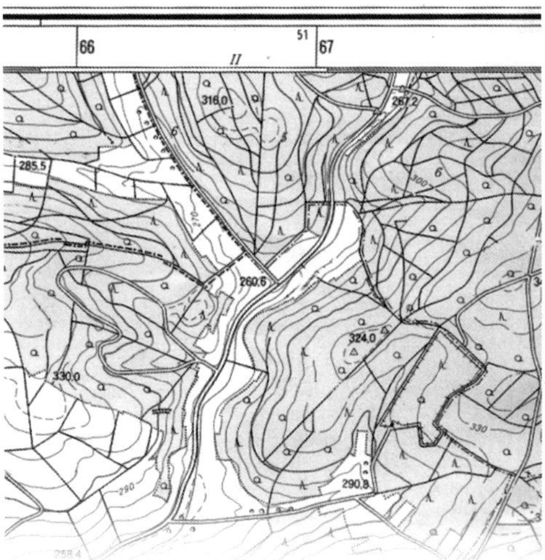

DIE AUSBILDUNG

Häufig kann man lesen, daß Pferd und Reiter keine besondere Ausbildung benötigen würden, um Distanzen zu reiten. Ich möchte mich dieser Meinung nicht anschließen, da sich mit zunehmendem Niveau der Ausbildung auch Körpergefühl und Balance von Pferd und Reiter verbessern. Ein geradeaus rennendes, steifes Pferd wird früher oder später an Verschleißerscheinungen leiden, ein ungelenker Reiter auch das beste Pferd behindern. Eine solide Grundausbildung ist also unbedingt erforderlich.

DIE REITWEISE

Es gibt keine guten und schlechten Reitweisen, sondern nur gute und schlechte Reiterei. Gute Reiterei zeichnet sich auch dadurch aus, sich selbst immer wieder in Frage zu stellen. Die Art der Reitweise ist für den Distanzreiter sekundär, wenn die Qualität stimmt - egal, ob Sie western, englisch, klassisch, franko-iberisch oder in der leichten Reitweise reiten.

DIE GRUNDAUSBILDUNG

Auch bei einem zukünftigen Distanzpferd darf die Grundausbildung nicht vernachlässigt werden. Das heißt nicht, daß Sie nun Lektionen der Klasse M absolvieren müssen, sondern vielmehr die Basis guten Reitens gegeben sein muß. Die Ziele der guten Grundausbildung sind eigentlich in allen Reitweisen gleich.

Das Pferd lernt ausgeglichen mit flachen, gelösten Gängen im Takt zu gehen, damit es später auch über lange Strecken seinen Rhythmus findet. Durch gelöstes Vorwärtsgehen bewegt es sich in seinem natürlichen Gleichgewicht, in der Balance. Dadurch ist es in der Lage, die Schubkraft seiner Hinterhand zu nutzen und seine Hinterbeine weit unter seinen Körper zu setzen. Die ausreichende und auch später nie zu vernachlässigende Gymnastizierung fördert zudem die Fähigkeit, daß die Hinterhand mehr Gewicht trägt, die Bewegungen geschmeidiger werden und sich die Wendigkeit verbessert. Die Hilfen-

gebung ist auf ein Minimum an vor allem Gewichts- und Schenkelhilfen reduziert, um dem Reiter die Verständigung zu vereinfachen. Der losgelassene Rücken ermöglicht dem Reiter einen weichen Sitz in der Bewegung. Ein weiterer Aspekt ist für den Streckenreiter von Bedeutung: das Pferd muß auf der Linie stabil werden, sowohl in der Wendung als auch beim Geradeausreiten. Nur ein so ausgebildetes Pferd wird in der Lage sein, über Jahre hinweg Ausdauerbelastungen ohne Schaden zu überstehen.

Anlehnung - ja oder nein?

In der Reiterei wird sehr viel darüber diskutiert, ob ein nicht versammeltes Pferd auf Dauer seine Vorhand ruiniert. Wir müssen uns an dieser Stelle der Diskussion nicht anschließen, da es schlichtweg unmöglich ist, ein Pferd über lange Strecken versammelt zu reiten. Von Bedeutung sind zum Verständnis die unterschiedlichen Ziele, die Kathrin und Reinhold Tigges in ihrem Buch „Besser reiten in natürlicher Balance" so treffend formulieren: „Die Dressur will letztendlich immer noch „Reitkunst" sein als klassisches Ballett, das Vorwärtsreitsystem „Reitsport" als moderne Leichtathletik."

Wir Distanzreiter zählen unbestritten zu den Athleten, wobei auch die versammelte Dressurarbeit im klassischen Sinne zur Gymnastizierung des Distanzpferdes beiträgt. Ich möchte hier keine Mißverständnisse aufkommen lassen: nichts gegen gute klassische Dressur, die als Reitkunst verstanden werden will! Auch ein in der Dressur hervorragend ausgebildetes Pferd wird in der Lage sein, Distanzritte zu absolvieren. Es gibt zahlreiche Beispiele von erfolgreichen Distanzreitern, die ihre Pferde in der Ausbildung bis zur Perfektion fördern.

Erfüllt das Distanzpferd die Anforderungen der soliden und oben beschriebenen Grundausbildung, so kann es auch lange Strecken in natürlicher Selbsthaltung bewältigen, ohne seine Extre-

Der maximale Versammlungsgrad, den ein Pferd über lange Distanzen gehen kann. Die Reiterin steht mit langem, vielleicht minimal zu langem Bein und aufrechtem Oberkörper im Schwebesitz in den Bügeln. So ist Distanzreiten für Pferd und Reiter gesund.

mitäten zu überfordern - Tausende von Distanz- und Wanderreitpferden beweisen es. Unter der natürlichen Selbsthaltung ist das Reiten in der Balance mit geringer Anlehnung oder am losen Zügel zu verstehen. Das Pferd muß immer die Möglichkeit haben, seinen Hals als Balancierstange zu nutzen - sowohl bei auftretenden Geländeschwierigkeiten als auch bei Tempoverstärkungen, die es gemäß seiner Natur mit erhöhter natürlicher Aufrichtung bewältigt. Die lose Verbindung zum Pferdemaul ermöglicht ihm außerdem, sich zwischendurch auch im Trab vorwärts-abwärts zu strecken, um seine Rücken- und Halsmuskulatur zu entlasten.

DER SITZ

Ein schlechter Sitz wird sich auf langen Strecken durch reiterliche oder körperliche Probleme bemerkbar machen. Kein noch so guter Sattel wird dies auszugleichen wissen. Als Reiter ist es sehr schwierig, eigene Sitzfehler zu erkennen. Regelmäßiger Reitunterricht ist deshalb von unschätzbarem Wert.

Der von Distanzreitern bevorzugte Sitz ist der Schwebesitz, bei dem der Reiter in den Bügeln steht und der somit wesentlich weniger Energie als das Leichttraben erfordert. Deshalb ist es nicht der Hintern, sondern vor allem Rücken, Schultern, Beine und Fußsohlen, die bei langen Ritten schmerzen können. Im Schwebesitz ist die richtige Bügellänge von besonderer Bedeutung. Ist sie zu kurz oder zu lang, kann der Reiter die Bewegung mit Knöchel, Knie und Hüfte aufgrund einer zu starken oder geringen Winke-

Hier sind Gelenkschmerzen vorprogrammiert: die durchgestreckten Knie und Knöchel ermöglichen keinerlei Stoßdämpferwirkung.

lung nicht optimal abfangen, bei einer Dauerbelastung treten dann primär Muskel- und Gelenkprobleme auf. Der häufigste Fehler sind die wegen zu langer Bügel sogar durchgestreckten Gelenke: der Reiter steht quasi auf den Zehenspitzen, wodurch sich die gesamte Beinmuskulatur verspannt. Nur ein tiefer Absatz ermöglicht eine Federung der Gelenke! Auch ein übertriebener Knieschluß, wie er in der deutschen Reitweise gelehrt wird, macht diese Stoßdämpferfunktion der Gelenke zunichte. Seien Sie sich darüber im klaren, daß sich jedes bei Ihnen auftretende Problem unwillkürlich auf Ihr Pferd überträgt, da Sie Ihr Pferd nicht mehr entlasten sondern ihm vielmehr zur Last werden.

Auch im Schwebesitz muß der Reiter mit dem Schwerpunkt im Einklang sein, wodurch die Vorhand weniger belastet wird. Dazu hält er den Oberkörper ohne Hohlkreuz nahezu senkrecht, allenfalls darf dieser geringgradig vor dem Lot des Schwerpunktes des Pferdes sein. Schon allein die Kopfhaltung kann über die Wirbelsäule die gesamte Körperhaltung beeinflussen. Wird der Kopf - unverkrampft - gerade und erhoben gehalten, bleiben auch Hals-, Schulter- und Rückenmuskulatur relativ locker. Eine etwas erhöhte Handhaltung forciert diesen lockeren Sitz. Würde sich der Reiter zu sehr vorbeugen, wie es häufig der Fall ist, so bringt er nicht nur mehr Gewicht auf die Vorhand des Pferdes, sondern verspannt zudem seine Rücken- und Schultermuskulatur.

Im Schwebesitz wird das Pferd durch minimale Gewichtshilfen gelenkt. Der Blick des Reiters sowie das leichte Drehen des Oberkörpers in die gewünschte Richtung genügt einem gut ausgebildeten Pferd, um einen Richtungswechsel einzuschlagen. Pferde in fortgeschrittenem Ausbildungsstadium können auch einhändig mit Neck-Reining geritten werden, bei dem das Pferd dem am äußeren Hals anliegenden Zügel weicht.

In der Bewegung ist der Schwerpunkt des Pferdes nicht fixiert, sondern verändert sich ständig in der Dynamik. Deshalb müssen auch Sie dynamisch mit der Bewegung gehen, sich in Ihr Pferd, in seine Bewegung „einfühlen". Die Energie für eine schonende Fortbewegung kann nur im Einklang von Pferd und Reiter genutzt werden.

Jede Ausdauerbelastung ist geprägt von stereotypen Bewegungsabläufen. Wenn sich Ihr Pferd unter Ihnen streckt, verschafft es sich Erleichterung. Machen Sie es ihm nach, strecken Sie sich während des Reitens, machen Sie Gymnastik, bewegen Sie Ihre Zehen, seien Sie sich Ihres gesamten Körpers bewußt und sortieren Sie auch unterwegs immer wieder Ihre Knochen aufs neue. Nur so können Sie auf langen Strecken Verspannungen verhindern.

Flexibilität ist ein nicht zu vernachlässigendes Trainingsziel des Distanzpferdes. Das Pferd muß auch daran gewöhnt werden, aus den unterschiedlichsten Quellen und Behältern Wasser aufzunehmen.

DIE BEZIEHUNG VON PFERD UND REITER ZUEINANDER

Eine noch so gute Grundausbildung, ein noch so intensives Training, ein noch so erfahrener Reiter werden nichts nutzen, wenn das Wichtigste fehlt: der „Draht" zueinander. Dies ist der Grund, weshalb auch gute Reiter auf guten Pferden scheitern können - Distanzritte lassen sich nur miteinander erfolgreich absolvieren. Pferd und Reiter müssen deshalb zueinander Vertrauen haben, das der Reiter niemals mißbrauchen darf. Im Idealfall wachsen Pferd und Reiter auf Streckenritten zusammen, lernen sich wesentlich besser kennen, als dies der tägliche Einstundenritt zu schaffen vermag.

DIE GEWÖHNUNG DES PFERDES

Verantwortungsvolle Reiter trainieren ihre Pferde sowohl physisch als auch mental. Führen Sie Ihr Pferd behutsam an die Wettkampfatmosphäre heran. Fremde Pferde, Fahnen, Fahrzeuge und nicht zuletzt Ihre eigene Anspannung bedürfen einer gewissen Routine, an die man die Tiere gewöhnen muß.

Nur gelassene und ausgeglichene Pferde können den Streß und die ständig wechselnden Situationen verkraften, Flexibilität ist gefragt. Denn jede unnötige Aufregung vergeudet Kraft, die Ihnen unter Umständen auf den letzten Kilometern fehlen kann.

DIE MACHT DER GEWOHNHEIT

Gelassenheit kann man durch einen möglichst interessanten Alltag sowie mit Abwechslung in den Anforderungen trainieren. Reiten Sie mit Freunden, unternehmen Sie Tagestouren und Wanderritte oder gymnastizieren Sie mit Dressur und Springen. Eben alles, was Sie und Ihr Pferd flexibel macht. Verladen Sie nicht nur zu Wettkämpfen, sondern auch, um vielleicht einfach nur Freunde zu besuchen. Dann artet Training nicht zum monotonen Kilometerfressen aus, das auch das beste Distanzpferd sauer machen kann.

Das Pferd muß lernen, sich in den Pausen sofort zu erholen, sich ungeachtet jeden Rummels zu entspannen. Gute Distanzpferde schalten im Stop sofort auf „Erholen". Nur so kann die Energie zur Bewältigung der Strecke genutzt werden.

Strenge Futterzeiten können auf Ritten unmöglich eingehalten werden, weshalb Ihr Pferd immer und überall fressen und saufen muß - auch aus fremden und andersfarbigen Eimern! Die ersten Male wird sich die Aufregung Ihres Pferdes sicher auf seinen Appetit auswirken. Gewöhnen Sie Ihr Pferd auf Trainingsritten dran, Wasser aus den unterschiedlichsten Quellen zu trinken. Reiten Sie an Brunnen, Bäche und Gewässer, fragen Sie unterwegs mal bei einem Bauern oder in einer Gastwirtschaft nach einem Eimer Wasser.

REITEN IN DER GRUPPE

Um Ihr Pferd an die Gesellschaft fremder Pferde zu gewöhnen, sollten Sie bereits zuhause ab und zu mit anderen Reitern ins Gelände gehen. Dabei muß Ihr Pferd auch lernen, in der Gruppe jeden Platz zu akzeptieren. Sie werden auf einem Ritt auf wenig Verständnis Ihrer Mitreiter stoßen, wenn Ihr Pferd nicht mal vorne gehen kann.

Bei einem gemeinsamen Ausritt können Sie üben, sich von der Gruppe zu entfernen oder sich gegenseitig zu überholen. Denn mit einem Kleber werden Sie auf einem Distanzritt ganz sicher Probleme bekommen.

Den Paddock muß ein Distanzpferd als zweites Zuhause betrachten. Nur dann wird es sich dort auch optimal entspannen können.

Variierende Tageszeiten

Je nach Länge des Distanzrittes starten Sie mehr oder minder früh am Morgen, weshalb man das Pferd zuhause daran gewöhnen muß, zu den unterschiedlichsten Tageszeiten geritten zu werden. Pferde sind Gewohnheitstiere - wenn Sie es jeden Tag zur gleichen Zeit bewegen, wird es unter Umständen die ungewohnte Tageszeit übellaunig aufnehmen.

Beziehen Sie den Biorhythmus Ihres Pferdes in den Tagesablauf mit ein. Mittags können Sie Ihr Pferd unter Umständen weniger fordern als in den Morgenstunden. Passen Sie die Anforderungen der Laune des Pferdes an, um es nicht sauer zu machen. Pferde sind auch nur Menschen.

Die Übernachtung mit dem Pferd im Camp

Distanzreiten ist ein sehr naturnaher Sport, weshalb sich der Veranstaltungsort meist auf eine einfache Wiese beschränkt. Selten stehen Boxen zur Verfügung. Ihr Pferd muß deshalb den Paddock aus Elektrodraht akzeptieren, den Sie selbst mitbringen müssen.

Der Paddock hat den Vorteil, daß sich Ihr Pferd vor und nach dem Ritt bewegen kann, Muskelverspannungen oder angelaufene Beine also erst gar nicht auftreten. Es kann den Trubel des Camps ungehindert verfolgen, was es als Neuling sicher auch sehr interessiert tun wird. Seien Sie nicht überrascht, wenn Ihr Pferd in fremder Umgebung plötzlich sehr anhänglich wird - es ist dann nämlich ganz einfach froh, ein bekanntes Gesicht zu sehen. Stellen Sie es nicht einfach im Paddock ab, sondern schenken Sie ihm die nötige Aufmerksamkeit, damit es sich wohl fühlt. Regelmäßige Kontrollen gehören ebenfalls dazu.

Die Ausbildung im Gelände

Jeder Distanzritt ist ein Geländeritt, der mehr oder minder viele Anforderungen an Pferd und Reiter stellt. Steilhänge, Wasserdurchquerungen, unwegsames Gelände, Straßenübergänge etc. können in jede Strecke integriert sein, weshalb Sie Ihr Pferd im Rahmen seiner Ausbildung an alle Eventualitäten gewöhnen müssen.

WEITERE GRUNDKENNTNISSE DES REITERS

Abgesehen von den reiterlichen Fähigkeiten, müssen Sie als Distanzreiter weitere Kenntnisse rund um das Geländereiten besitzen.

Erste Hilfe

Was tun, wenn sich Ihr Pferd mitten im Wald verletzt, der nächste Stop aber noch 10 km entfernt ist? Sie sollten also die Grundkenntnisse der Erste-Hilfe-Maßnahmen für Pferd und Reiter beherrschen, um auf böse Überraschungen vorbereitet zu sein. Die Erste-Hilfe läßt sich nicht theoretisch abhandeln, praktische Übungen sind dazu unbedingt erforderlich. Es ist also ratsam, das Angebot an Seminaren zu nutzen, da die Kenntnisse sowohl für das Pferd als auch für Reiter lebensrettend sein können. Dort werden Sie auch die wichtigsten Verbände üben können. Die allgemein übliche Einstellung „Das passiert mir nicht“ funktioniert leider nur bis zum ersten Notfall.

Dann ist es vor allem wichtig, daß Sie Ruhe bewahren. Gebrauchen Sie Ihren gesunden Menschenverstand und brechen Sie nicht in Hysterie aus, die weder Ihnen noch anderen hilft. Ihre Ruhe wird sich auch auf andere Beteiligte übertragen. Zeit für Emotionen finden Sie später noch genug.

Kompass und Kartenkunde

Auch auf markierten Ritten ist in Zweifelsfällen immer die Streckenkarte maßgeblich, da Passanten oder aber extreme Witterungsbedingungen die Markierungen entfernt haben könnten. Die Grundkenntnisse des Kartenlesens sollten Sie also beherrschen. Anhand der Streckenkarte werden Sie auch einiges über den Rittverlauf erfahren. Zum Beispiel, wann Straßenüberquerungen oder Auf- und Abstiege Zeit kosten werden.

Wer einen nicht markierten Kartenritt reiten möchte, der sollte auch im Trab keine Orientierungsschwierigkeiten haben.

Nehmen Sie deshalb auch auf weiteren Trainingsritten eine Karte mit, um die Orientierung zu üben. An Kartenritte sollte man sich nur wagen, wenn man sich den Umgang mit Karte und Kompaß auch im flotteren Tempo zutraut.

Kartenlesen kann man nur durch das Üben und den ständigen Vergleich von Landschaft und Karte lernen. Manchmal helfen auch gemeinsame Trainingsritte mit einem erfahrenen Reiter, der Sie unterwegs die Bedeutung der vielen kleinen Orientierungspunkte lehren kann.

KARTENMATERIAL

Geritten wird nach topographischen Karten im Maßstab 1: 50 000 (2 cm = 1 km) oder 1: 25 000 (4 cm = 1 km). Letztere sind detaillierter, bedeuten aber in der Praxis auch eine größere Anzahl von Karten. Topographische Karten erhalten Sie im Buchhandel oder direkt bei den Landesvermessungsämtern.

ORIENTIERUNGSHILFEN

Gute Orientierungspunkte auf der Karte sind einzelne Bäume, Lichtungen, Waldränder, Hochspannungsleitungen, Ortschaften, Kapellen oder Wegkreuze, Gefälle, Gewässer und Brücken. Ist Ihnen ein Symbol unbekannt, können Sie seine Bedeutung in der Legende nachlesen.

HÖHENLINIEN

Auf der topographischen Karte können Sie anhand der braun eingezeichneten Höhenlinien die Geländeformation erkennen, ob die Strecke viele Steigungen oder nur leichte Hügel aufweist. Je näher die Höhenlinien beieinander liegen, desto steiler ist der Anstieg. Jede durchgezogene dünne Höhenlinie bedeutet eine Höhendifferenz von 10 Metern. Dies ist eventuell für Ihre Zeitplanung auf dem Ritt wichtig, wenn Sie Zeittore erreichen müssen. Kletterpartien kosten zum Beispiel Zeit, die später auf der Ebene wieder wettgemacht werden muß.

WEGE

Auch über die Wegequalität kann man in der Karte lesen. Der unbefestigte Weg ist im allgemeinen als einfache schwarze Linie dargestellt. Zwei parallel verlaufende Linien, von denen eine gestrichelt ist, bedeuten einen befestigten Weg, meist Schotter oder Splitt. Zwei schwarz durchgezogene, parallel verlaufende Linien sind meist ein Hinweis auf asphaltierte Wege.

GEWÄSSER

Für den Distanzreiter sind außerdem die Tränkmöglichkeiten von Bedeutung. Auch Brunnen sind in der Karte eingezeichnet. Die Überquerung von Gewässern läßt auf das Erreichen der solchen hoffen, ist aber keine Gewähr, da Sumpf, tiefe Gräben oder Zäune das Anreiten verhindern können.

DAS AUSRICHTEN DER KARTE

Wie man die Karte beim Reiten selbst hält, ist Geschmacksache. Viele Reiter richten die Karte durch das häufige Drehen so aus, daß sie sie immer in die Richtung des Weges halten. Dadurch muß man bei der Wahrnehmung einzelner Orientierungspunkte nicht umdenken, da diese immer auf der „richtigen" Seite sind. Unerfahrene Reiter können aber beim Drehen der Karte schnell den Überblick verlieren. Dann ist es manchmal einfacher, die feste Position der Karte beizubehalten. Es ist ferner sehr hilfreich, immer den Daumen auf der Karte nahe der Stelle zu haben, wo man sich gerade befindet. Die unnötige Sucherei auf der Karte entfällt dann.

DAS EINNORDEN DER KARTE

Unter dem Einnorden der Karte versteht man, daß man sie gemäß dem Gelände durch das Drehen ausrichtet. Das Bild der Karte stimmt also mit dem der Landschaft überein. Nur so können Sie von Ihrem Standpunkt aus die richtigen Wege wählen. Auch die Himmelsrichtungen lassen sich dann einfach bestimmen - der obere Kartenrand zeigt immer in den Norden. Im Uhrzeigersinn folgen dann Osten, Süden und

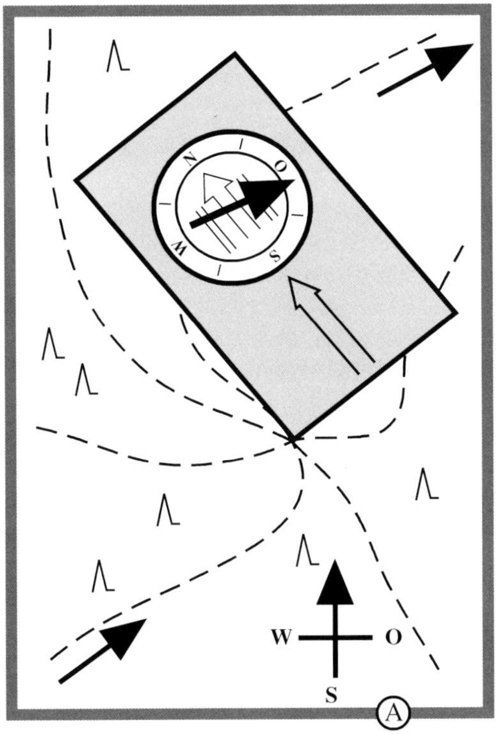

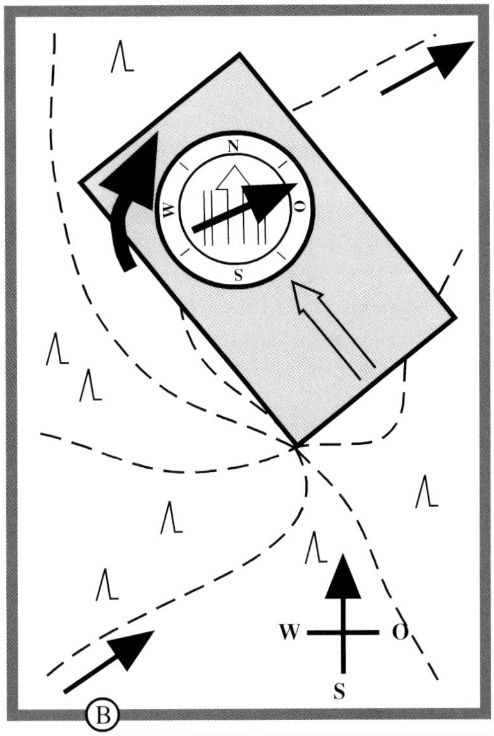

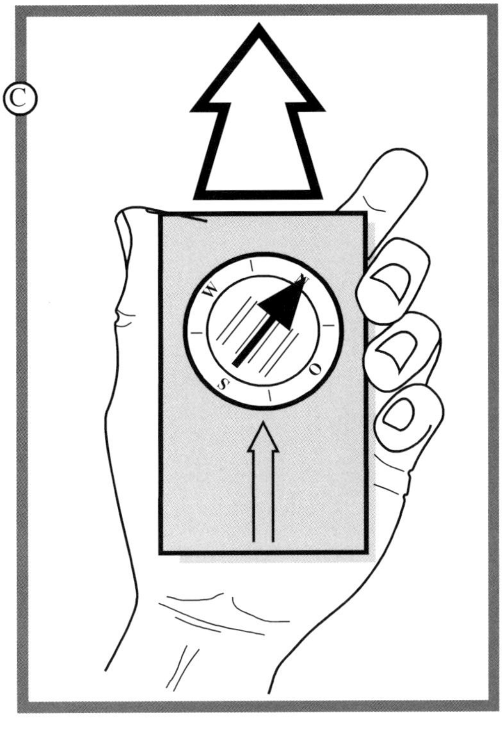

DAS BESTIMMEN DER MARSCHRICHTUNG

Mit dem Bestimmen der Marschrichtung kann man im Zweifel den richtigen Weg ausfindig machen.

***A)** Legen Sie den Rand Ihres Kompasses parallel zum Richtungspfeil vom Standpunkt aus an den gewünschten Weg. Beachten sie dabei die Richtung der ersten Meter des Weges, eine spätere Biegung oder ein Richtungswechsel ist nun zweitrangig.*

***B)** Drehen Sie nun des Ring des Kompasses so, daß die Nordmarkierung auf dem Ring zum oberen (Nord-)Kartenrand zeigt.*

***C)** Nehmen Sie den Kompaß von der Karte und drehen Sie sich selbst so lange, bis die Nadel des Kompasses mit der Nordmarkierung des Ringes übereinstimmt. Der parallel zum Kompaßrand verlaufende Richtungspfeil zeigt nun in die bestimmte Marschrichtung und weist Ihnen den Weg.*

Westen. Wer sich das nicht merken kann, nutzt die Eselsbrücke „Nie ohne Seife Waschen".

Das Bestimmen der Marschrichtung

Jeder kennt die Situation. Man steht an einer Wegespinne, aber nur vier Wege sind in der Karte eingezeichnet. Nun können Sie den richtigen Weg erraten, oder ihn mit dem Kompaß bestimmen. Dies kann Ihnen unter Umständen mehr Zeit sparen, als drauflos zu reiten, um später den Irrtum festzustellen.

Die Technik klingt komplizierter, als sie eigentlich ist. Ihre Karte müssen Sie dazu nicht ausrichten, sondern legen sie am besten auf den Boden.

A) Legen Sie den Rand Ihres Kompasses parallel zum Richtungspfeil vom Standpunkt aus an den gewünschten Weg. Beachten Sie dabei die Richtung der ersten Meter des Weges, eine spätere Biegung oder Richtungswechsel ist jetzt nicht wichtig.

B) Drehen Sie nun den Ring des Kompasses so, daß die Nordmarkierung auf dem Ring zum oberen (Nord-) Kartenrand zeigt.

C) Nehmen Sie den Kompaß von der Karte und drehen Sie sich so lange, bis die Nadel des Kompasses mit der Nordmarkierung des Ringes übereinstimmt. Der parallel zum Kompaßrand verlaufende Richtungspfeil zeigt nun in die bestimmte Marschrichtung und weist Ihnen den Weg.

Der Umgang mit dem Kompass

Der Kompaß ist ein Präzisionsgerät, das auch auf metallische Gegenstände reagiert. Von großen Metallgegenständen (Autos, Metallgeländer, Brücken) sowie Hochspannungsleitungen müssen Sie ausreichend Abstand wahren, damit er seine Dienste leisten kann. Auch Ihre Uhr kann die Nadel bereits ablenken.

STRASSENVERKEHRS-ORDNUNG

Im Straßenverkehr müssen Sie sich als Reiter auch bei Distanzritten an die StVO halten. Nur dann wird im Schadensfall Ihre Versicherung einspringen.

Im Verkehr dürfen Pferde nur von geeigneten Personen begleitet werden, die ausreichend auf sie einwirken können. Reiterliches Können und Wissen, die entsprechende Konstitution sowie eine gute Grunderziehung des Pferdes sind demnach Voraussetzung.

Auf Reiter geht die StVO im § 28 Abs. 2 Satz 1 ein: „Für Reiter, Führer von Pferden ... gelten die für den gesamten Fahrverkehr einheitlich bestehenden Verkehrsregeln und Anordnungen sinngemäß."

Der Reiter gilt als nicht vorfahrtsberechtigtes Fahrzeug und muß die äußerste rechte Straßenseite nutzen. Seitenstreifen, Straßengraben oder -böschung sind tabu, außer, die Verkehrslage erfordert dies und der Seitenstreifen wird nicht beschädigt. Gehwege und Fahrradwege sind für Reiter verboten. Der Reiter zählt zu den „langsamen Fahrzeugen" und muß laut § 41 Abs. 3 b, wenn rechts von der Fahrbahn eine durchgezogene weiße Linie eingezeichnet ist, neben der ausreichend Platz bleibt, rechts von der Linie bleiben.

Auf langen Strecken werden Sie oftmals in die Dunkelheit geraten. Nach § 28 Abs. 2 Satz 2 muß der Reiter im Straßenverkehr eine ausreichende Beleuchtung tragen: eine nicht blendende, nach vorn und hinten gut sichtbare Leuchte mit weißem oder gelbem Licht. Eine Taschenlampe erfüllt diese Bedingungen nicht. Zulässig ist die nach hinten rot und vorne weiß leuchtende Stiefelleuchte aus dem Pferdesportfachhandel, die auf der dem Verkehr zugewandten Seite angebracht wird. Da die Leuchten aber nur ein schwaches Licht von sich geben, sollten Sie sich um Ihrer eigenen Sicherheit willen zusätzlich schützen. Reflektierende Gamaschen und Bauarbeiterwesten mit reflektierenden Streifen werden

Auch auf einem Distanzritt gelten für Pferd und Reiter die Vorschriften der StVO. Sie müssen zum Beispiel immer den rechten Fahrbahnrand benutzen.

vom Autofahrer meist wesentlich früher wahrgenommen.

Ein rundes weißes Verkehrsschild mit rotem Rand (Durchfahrt verboten) gilt zwar für Fahrzeuge aller Art, nicht aber für Tiere und damit auch nicht für Reiter, wohl aber für Kutschen. Ist in der Mitte ein Pferd abgebildet, ist der Weg für Reiter ausdrücklich gesperrt. Ein rundes blaues Schild mit weißem Pferd bedeutet, daß dieser Weg von Reitern genutzt werden darf, im Zweifelsfall sogar genutzt werden muß.

GESETZE

Die Reitregelung im Gelände ist Ländersache und wird sehr unterschiedlich gehandhabt. Zwar bewegen Sie sich als Teilnehmer bei Distanzritten auf einer vom Veranstalter vorgegebenen Strecke, doch sollten Sie sich bei der Rittbesprechung über die örtlichen Regelungen informieren. Nur so können Sie Unklarheiten beseitigen.

Um die zunehmende Intoleranz gegenüber Reitern und die damit verbundenen Reitverbote nicht zu fördern, sollte man sich auf einem Ritt so umsichtig wie möglich verhalten. Das heißt sowohl Rücksicht walten zu lassen gegenüber anderen Erholungssuchenden als auch die Vermeidung von Flurschäden.

HAFTUNG

Das Pferd muß für eine Teilnahme an einem Distanzritt haftpflichtversichert sein, auch der Reiter sollte sicherheitshalber über eine solche Versicherung verfügen. Denn im Schadensfall wird der Reiter zur Rechenschaft gezogen.

Die Veranstaltungen des VDD sind über die FN als Mitglied im Deutschen Sportbund zwar versichert, dies ist aber kein Freibrief für ein Fehlverhalten der Reiter.

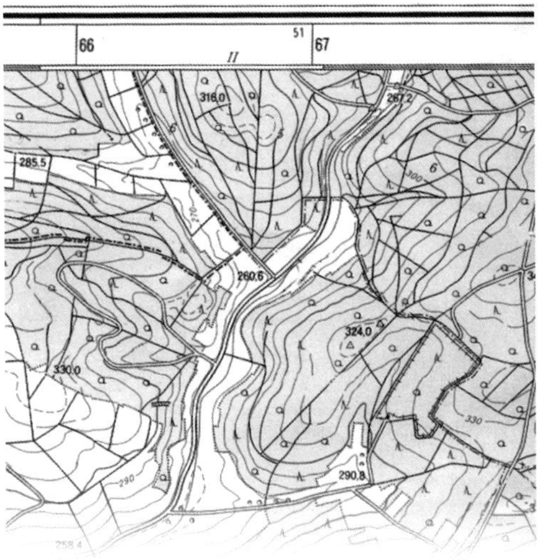

DIE FÜTTERUNG

Die Fütterung des Pferdes ist eine Wissenschaft für sich. Während früher das Auge des Futtermeisters für die ausgewogene Ernährung des Pferdes zuständig war, ist man heute dazu übergegangen, den Nährstoffgehalt anhand von Tabellen zu überprüfen. Um etwas Mathematik kommen Sie also nicht umhin, wollen Sie die optimale Fütterung gewährleisten. Eine gute Kontrollmöglichkeit bieten auch Computerprogramme, die viele Faktoren wie zum Beispiel Leistung und Haltung exakt berücksichtigen.

MASSGEBLICHE FAKTOREN EINER AUSGEWOGENEN FÜTTERUNG

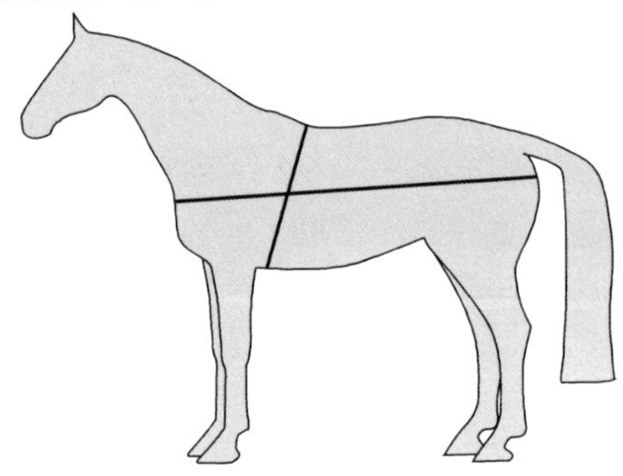

Steht keine Viehwaage zur Verfügung, kann man das Lebendgewicht des Pferdes aus Brustumfang und Körperlänge in etwa errechnen.
Dabei verwendet man folgende Formel:

$$\frac{\text{Brustumfang (cm)} \times \text{Körperlänge (cm)}}{11\,900}$$

(Mit freundlicher Genehmigung von Helmut Meyer, „Pferdefütterung", Blackwell Wissenschaftsverlag Berlin-Wien 1995)

Die Fütterung des Pferdes ist von vielen Kriterien abhängig:

- Dem Gewicht des Pferdes, das man mit Hilfe der nebenstehenden Illustration in etwa ermitteln kann. Bei optimalem Futterzustand sollen die Rippen nicht zu sehen, aber zu fühlen sein.
- Der Nutzung des Pferdes, weshalb die Einteilung der Fütterung in Erhaltungsbedarf sowie den Bedarf bei leichter, mittlerer und schwerer Arbeit geläufig ist.

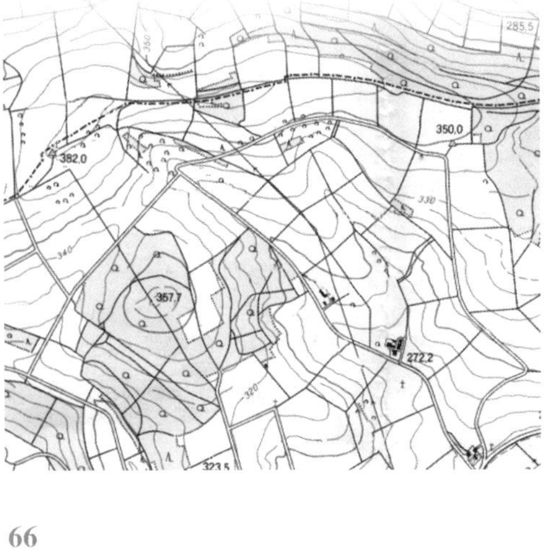

Keine noch so ausgeklügelte Mischung kann das wichtigste und natürlichste Futtermittel ersetzen: Gras. Es versorgt das Pferd nicht nur mit vielen Mineralstoffen, sondern enthält auch Wasser. Es ist also dringend notwendig, das Pferd unterwegs möglichst häufig grasen zu lassen.

• Den rassespezifischen Anforderungen - Extensivrassen brauchen zum Beispiel weniger Energie als vollblütige Pferde.
• Der Haltung, da robust gehaltene Pferde mehr Energie als Stallpferde benötigen.
• Den klimatischen Bedingungen, weil kalte Außentemperaturen mehr Energie für den Wärmehaushalt erfordern.
• Der Qualität des Futters, das ausreichend Nährstoffe enthalten sollte.
• Dem Gesundheitszustand, der Futterverwertung und der psychischen Streßanfälligkeit.

DIE VERDAUUNGSORGANE UND DIE DARAUS RESULTIERENDEN KONSEQUENZEN

In freier Natur verbringt das Pferd täglich bis zu 16 Stunden mit der Nahrungsaufnahme, da sein kleiner Magen nur ein Fassungsvermögen von etwa 15-20 l hat. Ein- und Ausgang des Magens befinden sich an seiner Oberseite, weshalb das Futter nur gering vermischt wird. Im Magen werden leichtverdauliche Kohlenhydrate (Zucker und Stärke) und teilweise Proteine, im folgenden Dünndarm zusätzlich Fett verdaut. In Blinddarm und Dickdarm hingegen spalten Bakterien die schwerverdauliche Zellulose auf.

Aufgrund der Anatomie ergeben sich für die Pferdefütterung folgende Faustregeln:

• Wegen des kleinen Magens sollte die Kraftfuttermenge pro Mahlzeit 0,5l/100 kg Lebendgewicht nicht überschreiten, um eine Überladung des Magens mit dem damit verbundenen Kolikrisiko zu vermeiden.

• Zwar wird Wasser in einem separaten Kanal durch den Magen geleitet, doch können während oder nach der Kraftfuttergabe aufgenommene größere Mengen das Futter unverdaut in den Dünndarm spülen (Kolikgefahr). Sicherheitshalber sollte deshalb immer vor dem Kraftfutter gtränkt werden.

• Das Pferd ist naturgemäß ein Pflanzen-, kein Körnerfresser, das auf rohfaserreiches Futter angewiesen ist. Eine lange Freßdauer trägt außerdem zum psychischen Wohlbefinden bei. Die tägliche Rauhfuttermenge sollte mindestens 0,5 kg/100 kg Lebendgewicht betragen, der Rohfasergehalt der Fütterung von Distanzpferden etwa 25 % der Gesamtmenge ausmachen.

• Mit dem Anstieg der Futtermengen müssen diese auf mehrere Mahlzeiten verteilt werden. Man geht davon aus, daß bei bis zu 4 kg Kraftfutter zwei, ab 7 kg mindestens vier Mahlzeiten eingehalten werden sollten. Bei Futterpausen von mehr als 12 Stunden reduziert sich die Zahl der Mikroorganismen in den Verdauungsorganen, die Verdauung erfolgt daher bei erneuter Futteraufnahme nur langsam. Die Fütterung von Heu vor der Kraftfutteraufnahme kann sich deshalb positiv auf die Normalisierung der Flora auswirken.

• Vor Belastung sollte Kraftfutter mindestens 2-4 Stunden vorher, nach Belastung frühestens nach 2-4 Stunden gefüttert werden, um eine optimale Verdauung zu garantieren. Denn das Blut wird im Körper so verteilt, daß es immer dort ist, wo es benötigt wird. Wird das Pferd nach der Futteraufnahme stark belastet, so würde das Blut der Muskulatur zur Verfügung gestellt werden. Da das Blut nun im Verdauungstrakt fehlt, kommt es zu Fehlfunktionen, die zu Koliken führen können. Andererseits ist der Verdauungstrakt nach der Belastung mit Blut unterversorgt und könnte größere Kraftfuttermengen nicht verdauen.

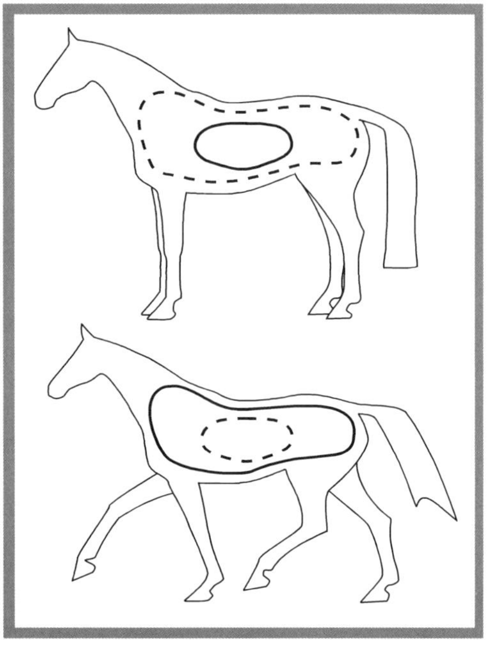

Die Blutverteilung im Körper

Die Bedeutung der Blutverteilung im Pferdekörper ist für den Distanzreiter zum Verständnis der Fütterungspraxis besonders wichtig. Vereinfacht ausgedrückt passiert im Körper folgendes:
Nach dem Fressen wird in der Ruhe das Blut für die Funktion des Verdauungsapparates benötigt. Als Fluchttier kann das Pferd bei Gefahr Kapillargefäße in der Muskulatur öffnen, um binnen kurzer Zeit maximale Leistung zu erbringen. Die Muskeldurchblutung kann bei Arbeit um das Zehnfache zunehmen. Um sie ausreichend zu versorgen, wird das Blut unter anderem von dem Verdauungsapparat abgezogen. Kraftfutter könnte dann nicht mehr optimal verdaut werden. Die Folge: Kolikgefahr. Deshalb ist es besonders wichtig, größere Mengen Kraftfutter bereits Stunden vor und nach starker Belastung zu reichen.

• Eine Futterumstellung muß immer über mehrere Tage hinweg geschehen, damit sich die zur Verdauung notwendigen Bakterien „umstellen" können. Geben Sie deshalb auf Ritten keinesfalls ungewohnte Futtermittel, sondern bingen Sie Ihre eigenen mit.

• Jedes Futter muß einem hohen Qualitätsstandard entsprechen.

DIE ENERGIEGEWINNUNG

Die verfügbare Energie einzelner Futtermittel wird in verdaulicher Energie (vE), Proteine in verdaulichem Rohprotein (vRp) ausgedrückt. Nur diese Werte stehen dem Pferd also tatsächlich zur Verfügung. Der Energiebedarf wächst mit Intensität und Länge der Belastung bis zum Dreifachen des Erhaltungsbedarfs, der Bedarf an Proteinen jedoch nur geringfügig.

Der Energiegewinnung dienen vor allem Kohlenhydrate, die aus Zucker, Stärke und Zellulose bestehen. Während Zucker und Stärke größtenteils im Dünndarm verdaut werden, wird Zellulose von den Bakterien im Blind- und Dickdarm zersetzt. Die daraus gewonnene Energie ist also erst später nutzbar. Eine Unterversorgung mit Kohlenhydraten führt aufgrund des Energiemangels zu einem Leistungsabfall, ein Überschuß wird im Körper als Depotfett angelegt.

Auch Fette sind Energiequellen, die im Dünndarm verdaut werden. Da das Pferd jedoch aufgrund der fehlenden Gallenblase wenig Gallensaft produzieren kann, sollte die Menge 5 % des Futters nicht überschreiten. Größere Mengen können die Verdauungsprozesse in Magen, Dünn- und Dickdarm beeinträchtigen. Fette lassen sich dem Pferd gut in Form von Pflanzenöl verabreichen. Bei der Fütterung von Fetten ist deren geringer Schmelzpunkt von Bedeutung, der unter 35° C liegen sollte. Besonders geeignet sind deshalb Sonnenblumen-, Mais- oder Distelöl.

Eiweiß ist ein Baustoff, den das Pferd zur Bildung von Muskeln, Blutzellen etc. benötigt und nur begrenzt zur Energiegewinnung herangezogen wird. Eiweiße bestehen aus Aminosäuren, die bei der Verdauung zum Aufbau körpereigener Eiweiße dienen. Essentielle Aminosäuren müssen mit der Nahrung zugeführt werden. Sowohl ein Überschuß als auch eine Unterversorgung kann die Leistung des Pferdes beeinträchtigen, ein Eiweißüberschuß sogar schwerwiegende Schäden verursachen.

Bereits vor einem Distanzritt muß das Pferd über ein ausreichendes Fettdepot verfügen, das bei Belastung zur Energiegewinnung herangezogen wird.

DER BEDARF AN VERDAULICHER ENERGIE UND VERDAULICHEM ROHPROTEIN

Gewicht	**leichte Arbeit**		**mittlere Arbeit**		**schwere Arbeit**		**sehr schwere Arbeit**	
kg	vE (MJ)	vRp (g)	vE (MJ)	vRp (g)	vE (MJ)	vRp (g)	vE (MJ)	vRp (g)
300	43-54	215-270	54-65	270-325	65-86	325-430	über 86	430
400	54-67	270-335	67-81	335-405	81-107	405-535	über 107	535
500	64-80	320-400	80-96	400-480	96-127	480-635	über 127	635
600	73-91	365-455	91-109	455-545	109-145	545-725	über 145	725

(mit freundlicher Genehmigung von Helmut Meyer; aus seinem Buch „Pferdefütterung“, Blackwell Wissenschaftsverlag Berlin-Wien 1995)

Ein erfolgreiches Hundertmeilenpferd in einem guten Futterzustand. Ihm wurden bereits vor dem Ritt ausreichend Energiereserven angefüttert.

MENGENELEMENTE

Kalzium, Phosphor, Magnesium, Natrium, Kalium, Chlor und Schwefel sind für das Pferd lebensnotwendig. Teilweise werden sie bei Belastung durch Schweiß abgegeben, weshalb man bereits vor dem Ritt eine optimale Versorgung gewährleisten sollte. Richtwerte sind der Tabelle zu entnehmen.

NATRIUM UND CHLOR

Sie zählen zu den Elektrolyten, die für die Regulierung des Wasserhaushaltes zuständig sind und bei starker Schweißbildung verloren gehen. Eine Unterversorgung kann zum Leistungsabfall, bei Belastung zur Dehydratation beitragen. Die Natriumversorgung wird durch einen - auch auf der Weide - jederzeit zugänglichen Salzleckstein gewährleistet. Wenn Ihr Pferd den Leckstein nicht annimmt, können Sie auch Bruchstücke in den Trog legen, damit es während des Fressens daran lecken muß. Da auch Rüben und eingeweichte Rübenschnitzel viel Natrium enthalten, bietet sich dieses Futter zur Versorgung auf dem Ritt an.

EMPFOHLENE MINERALVERSORGUNG g/TAG

	Lebendgewicht 200 kg						**Lebendgewicht 400 kg**						**Lebendgewicht 600 kg**					
	Ca	P	Mg	Na	K	Cl	Ca	P	Mg	Na	K	Cl	Ca	P	Mg	Na	K	Cl
Erhaltung	10	6	4	4	10	16	20	12	8	8	20	32	30	18	12	12	30	48
geringe Arbeit	10	6	4	9	13	24	21	12	8	18	27	48	31	18	13	27	39	73
mittlere Arbeit	11	6	4	14	16	33	21	12	9	29	32	65	32	18	13	43	48	98
schwere Arbeit	11	6	5	28	24	55	23	12	11	56	48	109	34	19	15	85	72	164

(mit freundlicher Genehmigung von Helmut Meyer; aus seinem Buch „Pferdefütterung", Blackwell Wissenschaftsverlag Berlin-Wien 1995)

KALZIUM UND PHOSPHOR

Beide Elemente sind für den Knochenbau, die Blutgerinnung, die Muskelfunktion und den Energiestoffwechsel von Bedeutung. Ideal ist ein Kalzium-Phosphor-Verhältnis von 2:1.

Bei einer Unterversorgung von Kalzium wird dieses dem Knochen entzogen, was auf Dauer nicht nur Knochenveränderungen, sondern bei Belastung auch Frakturen und Sehnenabrisse fördern kann. Eine starke Überdosierung wiederum wirkt sich negativ auf die Muskulatur aus. Muskelkrämpfe können die Folge sein.

Die konventionelle Heu-Hafer- oder Hafer-Grasfütterung ist für das optimale Kalzium-Phosphor-Verhältnis nicht ausreichend.

MAGNESIUM

Magnesium ist vorwiegend für den Muskelstoffwechsel notwendig und wird nur geringfügig über Schweiß abgegeben. Es ist vor allem in Getreide enthalten. Ein Mangel kann bei Belastung zu Muskelzittern und zu einer leichten Erregbarkeit führen. Geringe Mengen von Magnesium kann man Pferden auf dem Ritt zum Beispiel auch durch die Fütterung von Bananen zuführen, die außerdem sehr vitaminreich sind.

KALIUM

Kalium sorgt für ein gute Durchblutung der Muskulatur und geht ebenfalls bei starkem Schwitzen verloren. Eine Unterversorgung führt deshalb zu Freßunlust und Muskelproblemen.

DIE GABE VON ELEKTROLYTEN

Einen Überschuß an Elektrolyten kann man zwar vor dem Start nicht anfüttern, im Vorfeld aber dennoch für den ausgewogenen Haushalt sorgen. Auf natürliche Weise kann man auf dem Ritt Elektrolyte über Futtermittel wie eben Rübenschnitzel verabreichen. Auch in Gras sind viele Elektrolyte enthalten, weshalb das Pferd in den Stops Gelegenheit zum Grasen bekommen sollte. Der Verdauungstrakt benötigt zum Aufschließen der Elektrolyte Wasser, weshalb zusätzliche Elektrolyte immer nur in Wasser gelöst verabreicht werden dürfen. Würde man

So bitte nicht!!! Elektrolyte dürfen immer nur mit viel Wasser verabreicht werden, um keine negative Wirkung zu erzielen. Wenn Sie Ihrem Pferd auf einem Ritt Elektrolyte geben wollen, dann gewöhnen Sie es bitte bereits im Vorfeld an die freiwillige Aufnahme im Tränkwasser.

Elektrolyte ohne Wasser geben, müßte dies aus anderen Körperfunktionen abgezogen werden, wo es später wiederum fehlen würden. Leidet der Körper ohnehin unter aktutem Wassermangel, so kann er dies nicht. Verdauungsstörungen wären die Folge. Lassen Sie Ihr Pferd deshalb vor der Verabreichung der Elektrolyte ausreichend saufen, um Schäden zu verhindern.

Auf einem heißen, langen Ritt, bei dem ein Pferd sehr viel Schweiß verliert, kann man bei Bedarf auch Elektrolyte zuführen. Es wird dazu im allgemeinen folgende Mischung empfohlen.

10 mg NaCl
4 mg KCl
0,5 mg CaCl 2
0,24 mg MgCl 2

Davon gibt man 9 g auf einen Liter Wasser. Diese Mischung kann man bei rechtzeitiger Gewöhnung dem Tränkwasser oder dem nassen Futter beifügen. Ist ein starker Schweißverlust zu erwarten, kann man auch der letzten Mahlzeit vor dem Ritt etwas Salz zugeben.

SPURENELEMENTE

Während fast alle Spurenelemente bei ausgewogener Fütterung ausreichend zur Verfügung stehen, kann bei selenarmen Böden eine Unterversorgung mit diesem Spurenelement gegeben sein. Auch die Konservierungsart der Futtermittel spielt dabei eine entscheidende Rolle, da bei der Trocknung unter Hitze der Gehalt abnimmt.

Selenmangel kann nicht nur Skelett- und Herzmuskelveränderungen, sondern bei Belastung auch zu Muskelproblemen führen. Gerade bei Pferden, die zu Kreuzverschlag neigen, haben sich kombinierte Selen- und Vitamin E-Gaben positiv ausgewirkt. Bei einer Überdosierung von Selen muß hingegen mit Vergiftungserscheinungen gerechnet werden. Der Tagesbedarf eines Pferdes wird im allgemeinen pro Kilogramm Lebendgewicht mit 2,5 µg Selen angegeben.

VITAMINE

Auch der Vitaminbedarf eines Pferdes ist von dessen Nutzung abhängig. Jeder Vitaminmangel kann zu Schäden führen.

Anhand der Tabelle können Sie ersehen, ob der Vitamingehalt Ihres Mineralfutters ausreichend ist.

Besondere Berücksichtigung bei Distanzpferden verdienen Vitamin E und Vitamin B. Vitamin E ist für die Funktion der Herz- und Skelettmuskulatur unerläßlich. Eine Unterversorgung verringert die Antikörperbildung und kann Muskelprobleme verursachen. Wie bei den Spurenelementen schon erwähnt, haben sich deshalb Vitamin E-Gaben mit Selen bewährt. Bei der erhöhten Fütterung von Fetten steigt der Bedarf an Vitamin E an.

Vitamin B_1 spielt beim Kohlenhydratstoffwechsel eine wichtige Rolle, da bei einer Unterversorgung die Abfallprodukte Brenztraubensäure und Milchsäure nicht abgebaut werden können. Diese entstehen aber gerade bei starker Belastung, weshalb Leistungspferde eine höhere Dosierung des Vitamins benötigen. Als natürlicher Vitamin B-Lieferant eignet sich Bierhefe. Eine Überdosierung der B-Vitamine wird vom Pferd toleriert. Vorsichtig sollte man hingegen mit einer Überdosierung der fettlöslichen Vitamine A, D, E und K sein, die unter Umständen gesundheitliche Schäden verursachen kann.

WASSER

Je nach Alter besteht der Pferdekörper aus 50-80 % Wasser. Bei starkem Schweißverlust verliert das Pferd enorme Mengen, ab etwa 6-8 % des Gesamtwasserhaushaltes kann es bereits zu Problemen kommen. Deshalb muß das Pferd vor, während und nach dem Ritt so oft und so viel wie möglich Wasser zu sich nehmen. Wieviel Wasser ein Pferd normalerweise benötigt, ist von der Belastung, also der Schweißbildung, der Fütterung und den Außentemperaturen abhängig. Die Zahlen können zwischen 20 und 50 Litern schwanken, da das Pferd auch durch Futter wie Gras Wasser zu sich nimmt.

Dem Pferd sollte immer sauberes, frisches Wasser zur Verfügung stehen. Verunreinigungen könnten es von der Wasseraufnahme abhalten.

Säuft ein Pferd auf einem Ritt schlecht, kann

EMPFOHLENE VITAMINVERSORGUNG BEI ERHALTUNG UND ARBEIT

Vitamin A	IE/kg Gewicht	75
Vitamin D	IE/kg Gewicht	5-10
Vitamin E	mg/kg Gewicht	1-2 (Hochleistung bis 4)
Vitamin B_1	mg/kg Futter-Trockensubstanz	3 (Hochleistung bis 5)
Vitamin B_2	mg/kg Futter-Trockensubstanz	2,5
Biotin	mg/kg Futter-Trockensubstanz	0,05

(mit freundlicher Genehmigung von Helmut Meyer; aus seinem Buch „Pferdefütterung", Blackwell Wissenschaftsverlag Berlin-Wien 1995)

Wasser gilt für das Distanzpferd als das Lebenselexier, da Dehydratation eine der größten Gefahren ist. Tränken Sie es deshalb unterwegs so oft wie möglich.

man dem Futter etwas Salz zufügen, um das Durstgefühl zu steigern. Salzhaltiges Wasser hingegen wird von den meisten Pferden verschmäht.

Größere Mengen kalten Wassers können bei Belastung die Magenschleimhaut reizen und Krämpfe verursachen, weshalb man in den Stops angewärmtes Wasser oder öfters kleinere Mengen reichen sollte.

Das Futter wird während des Rittes immer gut angefeuchtet, um den Wasserhaushalt so wenig wie möglich zusätzlich zu belasten.

DIE VERDAULICHKEIT DER FUTTERMITTEL

Von einer hohen Verdaulichkeit spricht man, wenn die Nährstoffe schnell verfügbar sind, sie also bereits im Dünndarm zerlegt und zur Energiegewinnung herangezogen werden können.

Bei der Fütterung während des Rittes sollte man deshalb leichtverdauliche Futtermittel wählen. Die im Hafer enthaltene Stärke wird zum Beispiel vermehrt im Dünndarm abgebaut, die von Mais und Gerste hingegen größtenteils im Dickdarm. Die thermische Aufbereitung von Futtermitteln kann zu deren besseren Verdaulichkeit beitragen. Diese Behandlung findet man deshalb häufig in komplexen Leistungsfuttermitteln.

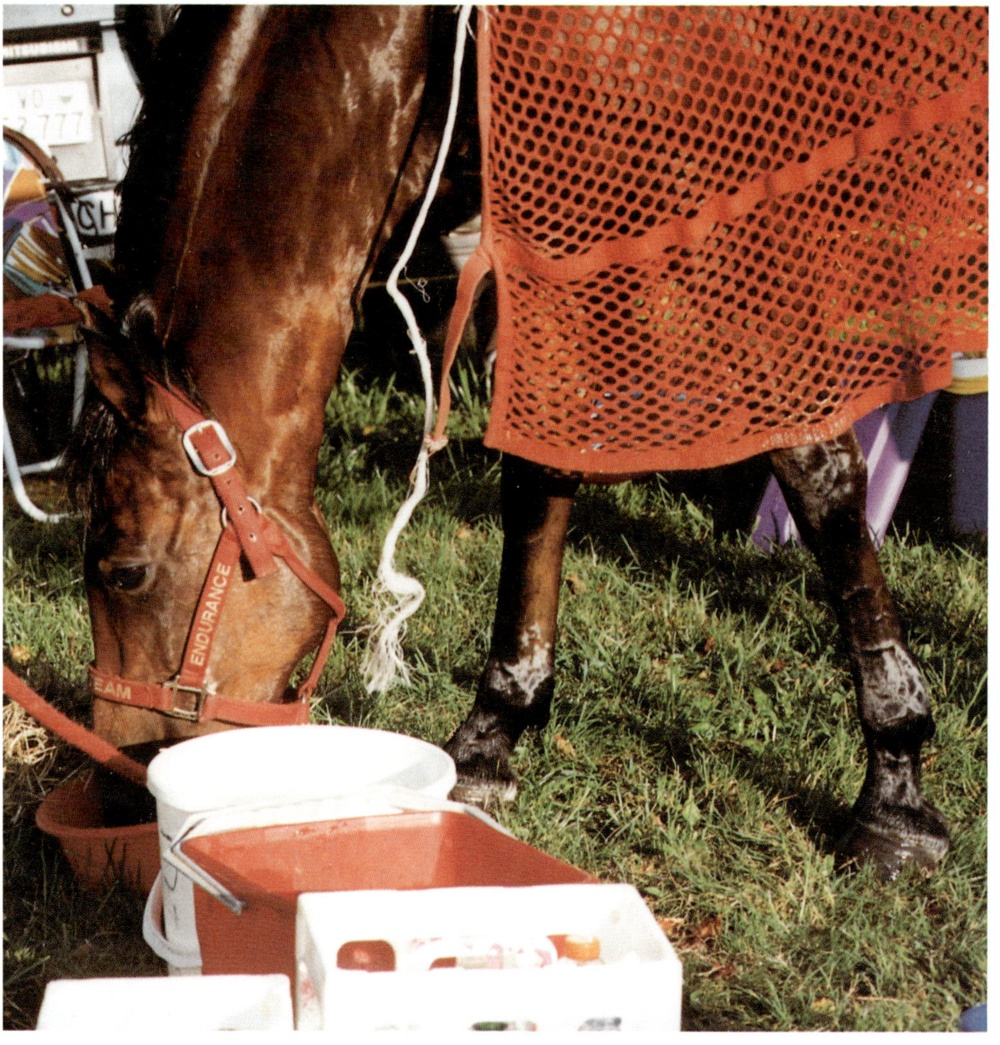

Erfahrenen Distanzpferden kann man mehrere Futtermittel anbieten - sie suchen sich das Futter selbst aus, das sie benötigen.

Der hohe Rohfasergehalt des Rauhfutters gilt als schwerer verdaulich. Dennoch ist eine Rauhfuttergabe vor und während des Rittes nicht zu vernachlässigen, da Rauhfutter in den Verdauungsorganen als wichtiger Wasserspeicher fungiert und für die Funktion des Verdauungstraktes notwendig ist.

DIE PROBLEMATIK DER FÜTTERUNG EINES DISTANZPFERDES

Da der Energiebedarf bei starker Belastung bis auf das Dreifache des Erhaltungsumsatzes ansteigt, könnte man der Meinung sein „viel bringt viel“. Leider hat die Sache einen entscheidenden Haken. Auch bei anstrengender Arbeit kann ein Pferd maximal etwa 2,5 % Trockensubstanz seines Körpergewichtes aufnehmen - die Menge des zu verabreichenden trockenen Fut-

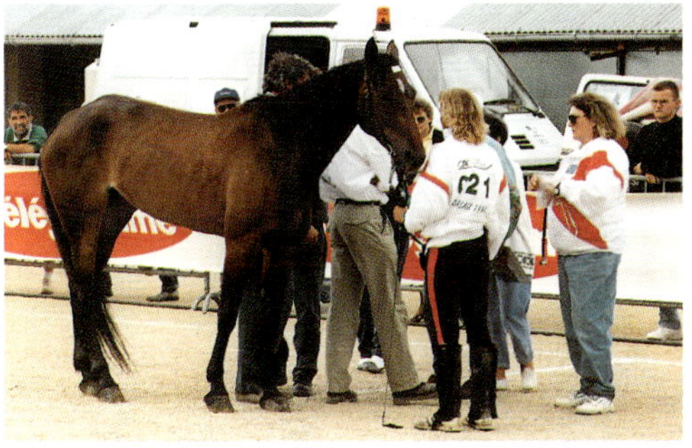

Dieses Hundertmeilenpferd hatte keine ausreichenden Energiereserven. Es ist bereits in einer schlechten Konstitution an den Start gegangen - die ungünstigste Voraussetzung. Ein trainierter Zustand darf niemals mit einem mageren Pferd verwechselt werden!

ters ist also begrenzt. Man wird bei extremer Beanspruchung nicht umhin kommen, den exakten Bedarf anhand von Futtermitteltabellen oder per Computer zu errechnen.

Einen Großteil der Fütterung macht bei Hochleistung das Rauhfutter aus, das pro 100 kg Lebendgewicht etwa 1-1,5 kg täglich betragen sollte. Deshalb muß der restliche Anteil, das Kraftfutter, sehr energiereich sein. Hier bieten sich vor allem energiereiche Mischfutter kombiniert mit Getreidefütterung an. Bei den meisten Futtermitteln wäre damit aber auch ein Eiweißüberschuß verbunden, weshalb man zur Steigerung der Energie Fette verfüttern kann. Je nach Art des Fettes werden pro Tag bis zu 2 g/1 kg Lebendgewicht vertragen, das jedoch über die Mahlzeiten verteilt werden muß. In Fachkreisen ist es umstritten, welche Mengen Fett ein Pferd wegen der fehlenden Gallenblase überhaupt auf einmal verdauen kann. Wer diesbezüglich sichergehen möchte, kann das Öl auch über das Heu geben, wodurch es über einen längeren Zeitraum aufgenommen wird. Bei Fettfütterung sei nochmals auf den erhöhten Vitamin E-Bedarf verwiesen. Der Mineral- und Vitaminbedarf kann zusätzlich durch ein entsprechendes Mineralfutter gedeckt werden.

Auch eingeweichte Rübenschnitzel können eine gute Futterergänzung sein, da sie viel Energie und Rohfaser, aber nur wenig Eiweiß enthalten. Streß kann sich bei Distanzpferden auch auf den Appetit auswirken. Ihr Pferd muß also im Training lernen, immer und überall Futter aufzunehmen. Schlechten Essern mischt man Karotten und Äpfel ins Futter, die außerdem Vitamine und Wasser enthalten. Hastige Esser hingegen können zu Koliken neigen, wenn das Futter schlecht gekaut in dem Magen landet - ihnen gibt man das Futter deshalb vorsichtshalber in kleinen Portionen oder mischt etwas Rauhfutter zu.

Ein Pferd in einem schlechten Futterzustand startet auf einem Distanzritt unter den denkbar schlechtesten Voraussetzungen. Nicht während des Rittes, sondern im Vorfeld sollten die Energie- und Kohlenhydratreserven gefüllt, der Elektrolythaushalt in Ordnung sein. Unterwegs lassen sich nur große Verluste etwas ausgleichen, ein genereller Mangel aber nicht beheben.

DIE FÜTTERUNG DES PFERDES UNTERWEGS

In Kürze nochmals die wesentlichen Grundlagen für die Fütterung während des Rittes. Auf langen Ritten müssen Pferde in den Stops Gelegenheit zum Fressen erhalten. Rauhfutter wie Gras und Heu ist die Grundlage für die Funktion des Verdauungsapparates. Gras enthält zudem Wasser und Elektolyte. Manche Reiter sind der Ansicht, daß Kraftfutter nicht unbedingt notwendig wäre, die Verdauung sogar unnötig belasten würde. International hingegen ist man von der Notwendigkeit des Kraftfutters auf langen Strecken überzeugt, ich selbst schließe mich dieser Meinung an. Wenn Sie unterwegs Kraftfutter reichen möchten, sollten Sie angefeuchtete, leichtverdauliche Futtermittel wählen. Geben Sie dann jedoch nur kleine Mengen kontinuierlich vom ersten Stop an. Karotten und Äpfel versorgen das Pferd zusätzlich mit Wasser. Erfahrenen Pferden kann man auch mehrere Futtermittel zur Auswahl hinstellen - sie suchen sich selbst aus, was sie fressen möchten.

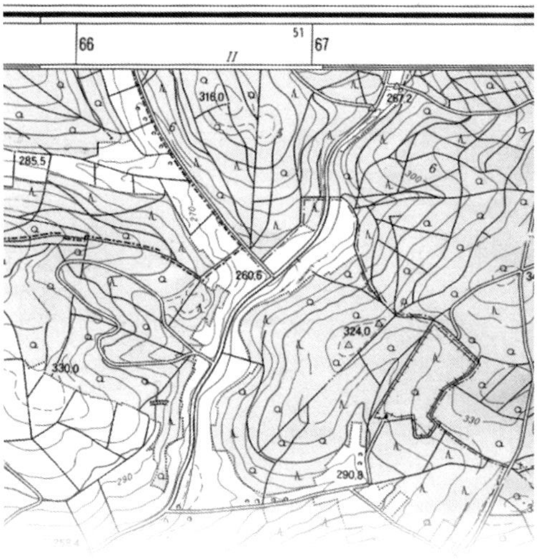

DIE VORBEREITUNG

So mancher Distanzritt wurde bereits Monate vor dem eigentlichen Veranstaltungstermin gewonnen - durch eine gründliche Vorbereitung von Pferd und Reiter. Denn für den Erfolg eines Rittes sind längst nicht nur Training und Ausbildung, sondern auch umfangreiche Planung und Vorbereitung maßgeblich.

DER HUF - PFLEGE UND SCHUTZ

Der Huf und seine Pflege ist allein ein buchfüllendes Thema, das hier trotz seiner Bedeutung nur gestreift werden kann. Es sollte die Aufgabe eines jeden Pferdehalters sein, sich selbst zu diesem Thema anhand von Kursen und Literatur fortzubilden. Nur so können Sie auch ein Urteil über die Qualität eines Beschlages fällen.

HUFPFLEGE

„Ohne Huf kein Pferd" sagt ein altes Sprichwort, weshalb uns die Gesundheit der Hufe besonders am Herzen liegen sollte. Denn gerade Ausdauerbelastung und längere Beschlagsperioden können sich auf die Hornqualität negativ auswirken.

An guter Hufpflege kommt ein Distanzreiter also nicht vorbei. Sie beinhaltet die regelmäßige Korrektur durch einen erfahrenen Hufschmied, der Turnus sollte 6-8 Wochen nicht überschreiten. Wer sich mit dem Thema ausführlicher beschäftigt hat, kann auch zwischendurch zur Raspel greifen.

Um die Elastizität der Hornqualität zu erhalten, ist vor allem Feuchtigkeit notwendig, da die verschiedenen Hufbereiche zwischen 16 und 42% Wasser enthalten. Die Hornqualität artgerecht gehaltener Pferde ist im allgemeinen kein Problem - der Huf wird durch Morgentau oder Matsch an der Tränke ausreichend mit Feuchtigkeit versorgt, weicht aber durch trockene Flächen auch nicht zu sehr auf. Ganz anders sieht es bei der Stallhaltung aus, bei der das Pferd auf einer trockenen, mit Kot verschmutzten Einstreu steht. Das regelmäßige Abwaschen

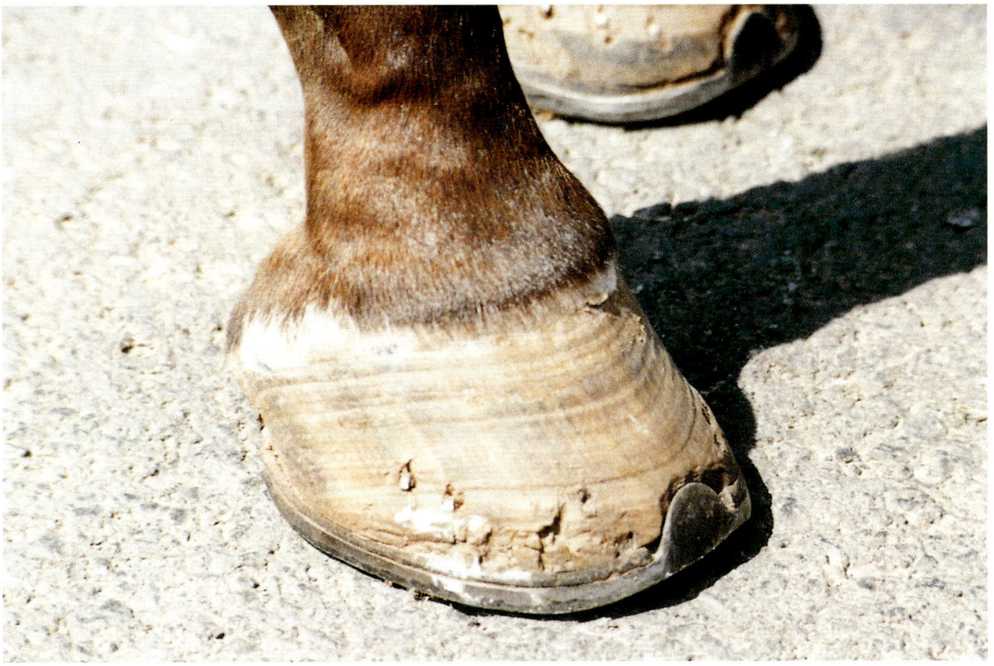

Ständige Beschläge können das Hufhorn auf Dauer schädigen.

des Mistes ist dann Pflicht. Auf das Einfetten der Hufe können Sie getrost verzichten.

Die Hufqualität ist aber auch von der ausgewogenen Fütterung abhängig. Langfristige Gelatine-Zink-Mischungen oder zusätzliche Biotin-Gaben können zum Beispiel schlechtes Hufhorn auf Dauer verbessern.

Zur Hufpflege gehört ferner die regelmäßige Hufkontrolle - sowohl beim Reiten als auch auf der Weide, da eingetretene Steine, Tannenzapfen aber auch Kronkorken und Dosendeckel den Huf verletzen können. Ein Beispiel soll die Notwendigkeit verdeutlichen. Das Pferd eines erfahrenen Reiters wurde auf einem Ritt wegen Lahmheit aus der Wertung genommen. Per Transporter wieder am Startplatz angelangt, stellte der Reiter fest, daß sich das Pferd lediglich einen Schenkel des Eisens verbogen hatte - Dummheit oder Fahrlässigkeit? Bevor Sie unterwegs wegen einer Taktunregelmäßigkeit Ihres Pferdes einen Nervenzusammenbruch erleiden, werfen sie lieber einen Blick unter die Füße Ihres Pferdes.

BARFUSS - JA ODER NEIN?

Der gesündeste Weg zu guten Hufen ist der Verzicht auf einen Beschlag. Nur dann kann der Hufmechanismus in vollem Umfang funktionieren. Wie wichtig er ist, wurde bereits beim Exterieur besprochen. Auch Pferde mit nicht so gutem Horn können zum Barfußpferd umgestellt werden - allerdings nur über einen langen Zeitraum, in dem Sie Ihrem Pferd weder Trainings- noch Distanzritte zumuten können.

Die Erfahrung hat gezeigt, daß Barfußpferde ohne weiteres, wenn auch begrenzt, selbst auf langen Strecken eingesetzt werden können. Begrenzt deshalb, weil Sie die Ritte dann nach Geläuf, Witterung und Jahreszeit auswählen müssen. Viele Veranstalter geben sich Mühe, bestmögliche Wege zu finden, andere betrachten wiederum Schotterpisten als die ideale Distanzstrecke - Sie sollten also wissen, welches Geläuf Sie erwartet. Auch muß man sich darüber im klaren sein, daß mit einem Barfußpferd die Anzahl der Ritte eingeschränkt werden muß.

Generell kann man also sagen, daß bestimmte Ritte durchaus unbeschlagen absolviert werden können.

Dieses Pferd läuft nicht wegen, sondern trotz des Beschlages. Die Zehen sind zu lang, die Stellung zu flach und die Schenkel zu eng und zu kurz. Eine unnötige Belastung für Knochen, Sehnen und Bänder.

Wer sein Pferd jedoch mehr fordern möchte oder Ungewißheiten über das Geläuf bestehen, der sollte auf einen Hufschutz nicht verzichten. Doch muß es wirklich immer Eisen sein?

Anforderungen an einen Hufschutz

Ein Hufschutz soll die übermäßige Abnutzung des Hufhorns verhindern, ohne die Hufstellung zu beeinflussen und den Hufmechanismus übermäßig einzuschränken. Er muß - kurz gesagt - dem Distanzpferd das Laufen erleichtern, weshalb man bezüglich der Qualität eines Schutzes keine Kompromisse eingehen darf.

Die Beschlagsperioden müssen exakt auf Veranstaltungstermine abgepaßt werden - das Pferd sollte mindestens 10 Tage Zeit gehabt haben, um den neuen Beschlag „einzulaufen". Andererseits sollte er auch nicht älter als 4-5 Wochen sein, da eine lange Zehe das Abrollen erschwert und Sehnenprobleme provoziert werden.

Da jeder Beschlag den Hufmechanismus mehr oder minder stark einschränkt, sollten Sie Ihrem Pferd Beschlagspausen gönnen - dann kann sich das Hufhorn wieder etwas erholen. Die Winterpause bietet dazu die ideale Gelegenheit. Andernfalls müssen Sie damit rechnen, daß sich das Hufhorn im Laufe der Jahre bei starker Beanspruchung so verschlechtert, daß Sie eine längere Pause einlegen müssen. Denn bis sich der Huf komplett erneuert hat, vergeht ein ganzes Jahr.

Eisen

Der traditionsreichste Hufschutz ist der Eisenbeschlag, auch wenn alternative Beschläge stark im Kommen sind.

Kunststoffplatten unter den Eisen sollen die Sohlen vor Prellungen schützen. Dadurch werden aber die Sohlen so verweichlicht, daß das Pferd nach Abnahme der Platten noch empfindlicher geht als zuvor. Zudem schränken sie wegen der Rutschgefahr die Trittsicherheit ein - die meisten Distanzreiter lehnen sie deshalb ab. Hier ist die Platte während des Rittes verrutscht und muß von einem Schmied wieder gerichtet werden.

VOR- UND NACHTEILE

Eisen haben eine lange Lebensdauer und bieten selbst auf steinigem Boden einen guten Schutz. Bei korrekter Ausführung kann das Eisen für viele Pferde durchaus der ideale Beschlag sein. Dennoch sollte man sich der Nachteile des Eisens bewußt sein.

Als starres Material läßt das Eisen den Hufmechanismus nur eingeschränkt zu. Die Durchblutung des gesamten Beines wird deshalb ebenfalls verringert, die Hornqualität kann sich auf Dauer verschlechtern. Das Horn der beweglichen Trachten (Hufmechanismus) nutzt sich auf dem Metall stärker als das an der Zehe ab. Die Folge ist bei überfälligem Beschlag eine veränderte Hufachse, die vor allem die tiefe Beugesehne überanstrengen kann.

Das Aufbrennen des Eisens auf den Huf trocknet das Horn aus und kann es spröde machen, weshalb das Horn an den Wänden ausbrechen kann.

Beim Eisen erhöht sich die durch das Auffußen verursachte Vibration wegen der Eigenschwingung des Materials bis um das Vierfache und wird ungehindert auf Sehnen und Gelenke weitergegeben. Ein klammer Gang auf hartem Boden kann die Konsequenz sein.

Als weiterer Nachteil wird das rücksichtslose Aufsetzen der Hufe empfunden, da die Fühligkeit eingeschränkt ist. Diese als Vorteil beschriebene Eigenschaft wird jedem Reiter bei weiterer Überlegung zu denken geben. Ein Barfußpferd spürt zum Beispiel einen Stein und wird das Bein nicht voll belasten. Dadurch schont es letztendlich auch seine Gelenke. Jeder verhinderte Tastsinn der Hufe kann sich also früher oder später negativ auf die Knochen, Sehnen und Bänder auswirken.

Der letzte Nachteil des Eisenbeschlages ist derselbe wie bei vielen alternativen Beschlagsformen: das Nageln. Jeder Nagel verdrängt Horn und schwächt die Wand.

ANFORDERUNGEN AN EINEN GUTEN (EISEN-) BESCHLAG

Das Eisen sollte generell dem Huf angepaßt werden, um weder die Bewegungsmechanik noch die natürliche Hufachse zu verändern. Eine gute Zehenrichtung erleichtert außerdem das Abrollen des Hufes.

Nach Armin Kaspar sind unter anderem folgende Punkte wichtig („Hufkurs für Reiter“, Franckh-Kosmos-Verlag):

• Bis zur weitesten Stelle des Hufes soll das Eisen vorne genau dem Tragrand angepaßt sein.
• Im hinteren Bereich hingegen orientiert sich der Beschlag an dem Kronrand. Bei Belastung und durch das Wachstum wird so ein Herausragen des Tragrandes über das Eisen vermieden. (Ein alter Schmied meinte einmal zu mir: „Eine Maus muß darauf herumlaufen können.“- Anmerkung der Autorin)
• Die Schenkelenden sind lang genug, daß die Trachten gut unterstützt werden und trotz des Hufwachstums der Bereich der Hufrolle gut entlastet wird.
• Die Seitenaufzüge sollen vor der weitesten Stelle des Hufes sein, um den Hufmechanismus nicht zu behindern. (Bei Pferden mit langer Zehe kann man auch an den Vorderhufen statt des mittigen Aufzuges zwei Seitenaufzüge anbringen. - Anmerkung der Autorin)
• Damit sich die Trachten auf dem Eisen nicht übermäßig abnutzen, werden die Schenkelenden ab dem letzten Nagelloch blank poliert.
• Große Nägel schädigen das Horn mehr als kleine. Alle Nägel müssen vor der weitesten Stelle des Hufes sitzen.
• Die Sohle wird mit dem Messer nur von losem Horn befreit, nicht jedoch zurückgeschnitten. So bleiben Tragfähigkeit und Schutzfunktion erhalten.
• Die Eckstreben dürfen nicht dünner geschnitten werden.
• Die Hufachse darf nicht gebrochen sein.

ZUSÄTZLICHE AUSSTATTUNG

Stollen verändern auf hartem Boden den Stellungswinkel, weshalb Sie besser darauf verzichten sollten. Allenfalls können Sie kleine Widiastifte verwenden, um die Griffigkeit des Beschlages zu erhöhen. In der Herdenhaltung steigt damit jedoch auch immer die Verletzungsgefahr.

Kunststoffplatten unter dem Eisen sollen auf steinigem Geläuf die Hufsohle schützen. Der dabei entstehende Hohlraum zwischen Sohle und Platte muß ausgepolstert werden. Dieser Beschlag hat allerdings auch Nachteile. An den Huf gelangt keine Luft, die Gefahr von Strahlfäule ist gegeben. Da Sohle und Strahl weniger gereizt und durchblutet werden, wird sich die Hornqualität verschlechtern und das Pferd nach Abnahme der Platten noch fühliger gehen als zuvor. Durch die plane Fläche wird außerdem die Griffigkeit des Hufes verschlechtert - das Pferd kann auf steinigem Boden vermehrt rutschen.

ALTERNATIVE BESCHLÄGE

KUNSTSTOFFBESCHLAG - DER TURNSCHUH FÜRS PFERD

Was also tun, wenn das Eisen nicht optimal, ein Hufschutz aber notwendig ist? Not macht erfinderisch. Die Lösung heißt Kunststoffbeschlag, auch Plastiks genannt. Ein vorwiegend auf französischen Trabrennbahnen eingesetztes Modell wurde inzwischen von mehreren Distanzreitern verbessert.

Das Vorurteil gegenüber Kunststoffbeschlägen begründet sich auf der mangelnden Gleitfähigkeit des Hufes. Hochgeschwindigkeitsaufnahmen haben indessen längst bewiesen, daß das barfuß laufende Pferd den Huf nicht gleitend, sondern senkrecht aufsetzt. Mit der Videokamera läßt sich diese Feststellung bestätigen. Zudem ist jeder klare Hufabdruck unseres Pferdes ein weiteres Indiz gegen diese These.

Eine kleine Auswahl von alternativen Beschlägen, die von Streckenreitern verwendet werden.
Von links nach rechts:
Reine Kunststoffbeschläge: LAFO, Sagimex, Trotters. PP-Plast Beschläge, in die an der Zehe ein halbmondförmiges Eisen eingearbeitet werden kann. Aluminiumeisen mit Kunststoffummantelung: Öllöv, Nail-Shus.
Die aufgeführten Beschläge erheben keinen Anspruch auf Vollständigkeit.

VOR- UND NACHTEILE DES KUNSTSTOFFBESCHLAGES

Die Vorteile liegen klar auf der Hand:

- Wegen des im Vergleich zum Eisen dreimal geringeren Eigengewichtes wird der Bewegungsapparat weniger belastet, das Pferd ermüdet langsamer.
- Auf hartem Boden werden Stöße im Vergleich zum Eisen bis zu 90 % reduziert.
- Das Material ist flexibel, weshalb der Hufmechanismus nahezu ungestört arbeiten kann. Meist genügen 4 kleine Nägel, bei großen Hufen werden 5-6 Nägel empfohlen.
- Die Trachten nutzen sich auf dem Kunststoff nicht ab.
- Die breiten Schenkel schützen die Sohle vor Druckstellen und passen sich der Sohlenwölbung an. Sohle und Strahl tragen und werden deshalb gut durchblutet. Der Tastsinn des Hufes wird eingeschränkt erhalten.
- Bei den meisten Kunststoffbeschlägen sind keine Nagellöcher vorgegeben, was einen erhöhten Aufwand beim Verarbeiten darstellt. Die Nägel können jedoch optimal plaziert werden.
- Alle Kunststoffbeschläge werden kalt verarbeitet. Das Austrocknen des Hufes durch das Aufbrennen entfällt.
- Ins Profil eingearbeitete Rillen verhindern das Rutschen des Hufes.

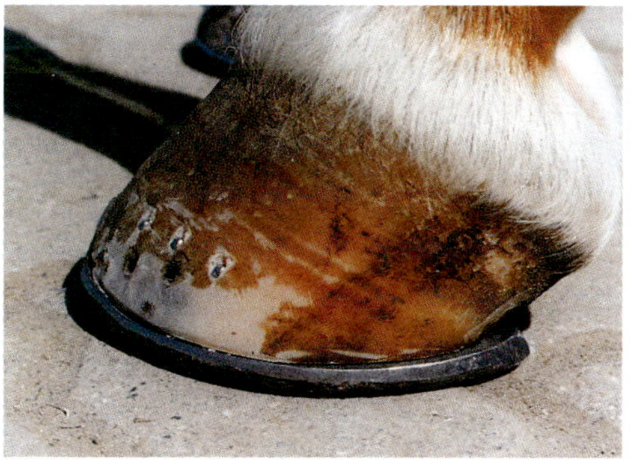

So soll ein guter Eisenbeschlag aussehen - die Schenkel weit und lang genug, um die Trachten zu unterstützen.

Natürlich haben Kunststoffbeschläge auch Nachteile. Sie verlangen eine optimale Vorbereitung des Hufes, da sie kalt aufgenagelt werden. Je nach Geläuf sind sie nicht so lange haltbar wie Eisen.

Noch ein Tip: Wegen des Aufzuges muß der Beschlag an der Zehe etwas zurückgesetzt werden, um sie nicht künstlich zu verlängern. Dazu schneidet man mit dem Messer eine kleine Kerbe in die Zehenwand.

Mischformen von Eisen und Kunststoff

Inzwischen gibt es die verschiedensten Varianten, die sich auch auf langen Strecken bewährt haben. Das Eisen sollte im Kunststoff nach Möglichkeit immer nur im Zehenbereich eingearbeitet sein, um den Hufmechanismus nicht einzuschränken.

Andere Eisen haben einen Kunststoffmantel, der Stöße und Schwingungen absorbiert sowie die Trachten weniger abnutzen läßt. Doch Vorsicht - bei manchen Modellen wurde bei Dauerbelastung bemängelt, daß sich der Kunststoff an den Trachten bis auf den Eisenkern auflöste - eine noch stärkere Abnutzung der Trachten wäre die fatale Folge.

Zu den Mischformen zählen auch die Dallmer Hufschuhe, die nicht genagelt, sondern geklebt werden. Da sie jedoch fest am Huf angebracht werden, sind sie nicht den traditionellen Hufschuhen zuzuordnen.

Hufschuhe

Sie haben den Vorteil, daß man sie nur dann verwendet, wenn man sie wirklich benötigt - also zum Reiten. Die Voraussetzung dazu ist jedoch immer ein korrekter, runder Huf, da die Schuhe sonst schlecht halten. Bei den verschiedenen Modellen sollte man darauf achten, daß sich an der Innenseite keine ungeschützten Nieten etc. befinden, die die Glasurschicht des Hornes beschädigen können.

Fazit

Es gibt keinen guten oder schlechten Hufschutz, sondern lediglich guten und schlechten Beschlag. Mit welchem Hufschutz Ihr Pferd am besten läuft, können Sie - leider - nur ausprobieren.

Gute, gesunde Hufe sind eine der wichtigsten Voraussetzungen für Ihr Distanzpferd. Schieben Sie einen schlechten Beschlag nicht Ihrem Schmied in die Schuhe - als Besitzer sind Sie dafür verantwortlich! Notfalls sollten Sie die Konsequenzen ziehen und den Schmied wechseln.

DER TRANSPORT

Ist der Distanzritt nicht gleich bei Ihnen um die Ecke, muß Ihr Pferd zum Veranstaltungsort transportiert werden. Die meisten Distanzpferde fahren deshalb im Jahr meist mehr Kilometer als sie geritten werden. Auf dem Ritt muß es allein aus Sicherheitsgründen zu jeder Tages- und Nachtzeit anstandslos in den Hänger gehen. Macht Ihr Pferd beim Verladen Schwierigkeiten, sollten Sie sich eventuell den Rat eines erfahrenen Trainers holen, der in seine Trickkiste greifen kann.

Ein unerfahrenes Pferd sollte man langsam an längere Fahrtstrecken gewöhnen, die Gesellschaft eines routinierten Kollegen wird ihm dabei helfen.

Wenn ich die Fahrweise mancher Reiter betrachte, wundere ich mich immer wieder, daß deren Pferde freiwillig in den Hänger steigen. Fahren Sie Ihr Pferd so, als ob Sie rohe Eier transportieren würden, bremsen Sie langsam, fahren Sie gemächlich in die Kurven und fahren Sie vor allem vorausschauend - nicht alle Verkehrsteilnehmer verhalten sich gegenüber einem Tiertransporter rücksichtsvoll.

Schon aus Sicherheitsgründen sollte ein Pferd auch bei kurzen Transporten gut „eingepackt" werden.

DIE AUSSTATTUNG DES TRANSPORTERS

Es ist selbstverständlich, daß ein häufig eingesetzter Pferdeanhänger funktionstüchtig sein muß und technisch dem neuesten Stand entsprechen sollte. Führen Sie ein Ersatzrad mit entsprechendem Radkreuz mit. Eine Panne hat man meist dann, wenn man am wenigsten damit rechnet.

Um Verletzungen zu vermeiden, sollten im Innenraum alle Ecken, Kanten und Schrauben abgeschliffene Rundungen haben sowie Brust- und Heckstützen abgepolstert sein. Bei kleinen Pferden müssen die Stützen entsprechend niedriger angebracht sein.

Manche Pferde fühlen sich in einem Hänger mit loser Gummitrennwand wohler, weil sie ihre Beine weiter auseinanderstellen können. Auf Transportgamaschen darf dann aber niemals verzichtet werden, da sich die Pferde gegenseitig auf die Kronränder treten könnten. Eine lose Trennwand ist dann von Nachteil, wenn Sie im Pferdehänger auf der freien Seite Gegenstände wie Futter und Eimer mitnehmen möchten, da diese in Kurven auf die Seite des Pferdes rutschen und Panik verursachen könnten. Entweder zurrt man alle Gegenstände fest oder rüstet den Hänger bei Bedarf mit einer festen Holzplatte nach, die auf der freien Seite angebracht wird.

Der Boden bedarf ständiger Kontrolle, da das Faulen des Holzes oft schleichend vor sich geht. Ein Gummibelag erleichtert das Säubern des Hängers, muß aber in ungenutztem Zustand, wenn er nicht luft- und wasserdicht verlegt wurde, hochgeklappt werden, um dem Holz Luftzufuhr zu ermöglichen.

Viele Distanzreiter haben ihre Pferdehänger zweckmäßig um- und ausgerüstet. Sinnvoll sind:

- Eine Anbindevorrichtung an der rechten äußeren Längsseite, an der man eventuell auch Decken zum Trocknen aufhängen kann.
- Rohre oder Kästen über dem Radlauf für E-Zaun-Material, Trensen, Decken oder Schmiedewerkzeug.
- Befestigungen für Besen, Mistboy etc.

Achten Sie jedoch bei baulichen Veränderungen darauf, daß diese die Bestimmungen des TÜV erfüllen und sich zum Beispiel durch auf der Deichsel angebrachte Kästen die Stützlast nicht verändert.

Lange Fahrten bedeuten für Ihr Pferd eine ständige Erschütterung, die unter Umständen sogar zu Hufrehe führen kann. Auf eine Einstreu mit Spänen darf deshalb nicht verzichtet werden. Dadurch erhalten Sohle und Strahl Bodenkontakt, Erschütterungen werden abgefangen und dem Pferd außerdem das Strahlen erleichtert.

LANGE FAHRTEN

Transportieren Sie Ihr Pferd mit dem Ziel, es in bestmöglicher Verfassung zum Startplatz zu bringen. Nur so kann es die von Ihnen erwartete Leistung erbringen.

Jede Fahrt bedeutet für Pferde Streß, für das eine mehr, für das andere weniger. Wenn Sie sich nicht sicher sind, wie Ihr Pferd eine lange Fahrt verkraften wird, sollten Sie für weite Strecken eine Übernachtung einplanen. Manchmal wird die Empfehlung ausgesprochen, dem Pferd nach einer gewissen Anzahl von Stunden etwas Bewegung zu verschaffen. Ob Ihr Pferd dies benötigt, werden Sie nur selbst herausfinden können. Gestalten Sie ihm die Fahrt so angenehm wie möglich:

- Eine Einstreu mindert die Erschütterung.
- Ein gefülltes Heunetz beschäftigt Ihr Pferd auch über lange Fahrten.
- Je nach Witterung sollten Sie Ihrem Pferd in regelmäßigen Abständen Wasser anbieten.
- Wählen Sie staufreie Strecken und Tageszeiten, um die Fahrtzeit nicht unnötig zu verlängern.
- Wählen Sie primär Autobahnstrecken. Sie sind wegen der geringeren Kurvenanzahl für das Pferd einfacher und angenehmer auszubalancieren.
- Fahren Sie je nach Witterung lieber in den kühleren Morgen- oder Abendstunden, da die Hitze im Hänger Ihrem Pferd stark zusetzen kann.
- Binden Sie es so sicher an, daß es sich mit Kopf und Hals gut ausbalancieren, aber nicht im Strick verfangen kann.
- Transportieren Sie Ihr Pferd aus Sicherheitsgründen immer mit Transportgamaschen und Decke, da Zugluft zu Erkältungen führen kann. Bei Hitze kann dann schon eine dünne Fliegendecke mit einem Tuch über den Nieren genügen, bei Kälte müssen entsprechend dickere Decken gewählt werden. Alternativ zu den Gamaschen können Sie die Röhren bis über die Fesselköpfe auch mit untergelegten Polstern bandagieren und die Kronränder mit Sprungglocken schützen.
- Fahren Sie so rechtzeitig los, daß sich das Pferd vor dem Start ausreichend erholen kann.
- Nach einer langen Fahrt bewegt man das Pferd leicht, damit sich Steifheiten lösen können.

DIE BETREUUNG - JA ODER NEIN?

Während man bei kürzeren Strecken zur Not auch ohne Betreuung auskommt - bei Distanzreitern Troß, Groom oder Crew genannt - empfehlen sich auf längeren Strecken helfende Hände. Der ideale Troß hat ein Gemüt wie ein Meerschweinchen und ist immer zur Stelle. Per Karte eilt er von Stop zu Stop, fährt auch zwischendurch immer wieder die Strecke an, um seinem Team den Ritt so angenehm wie möglich zu gestalten. Daß er es dabei dem Reiter nie recht machen kann, versteht sich von selbst. Ein dickes Fell ist also anzuraten.

Der Troß hält in den Stops all das bereit, was

Pferd und Reiter brauchen könnten. Waschwasser, Tränkwasser, Verpflegung für Roß und Reiter, Decken, Beschlagswerkzeug und eben alles, was das Reiterherz begehrt. Zugegeben, ein guter Troß hat etwas von einem modernen Sklaven, ist aber Gold wert. Daß er trotz „erschwerter Arbeitsbedingungen" immer wieder mitfährt, kann nur bedeuten, daß es doch irgendwie Spaß machen muß.

Idealerweise ist das Troßfahrzeug mit zwei Personen besetzt, da die Anstrengung eines langen Troßtages nicht unterschätzt werden darf. Der Beifahrer übernimmt dann die Aufgabe des Kartenlesens.

Betreuer können dem Reiter den Ritt enorm erleichtern. Dennoch ziehen es manche Reiter vor, die Strecke auch ohne Begleitung zu bewältigen.

Viele Reiter betrachten den Ritt ohne Troß als Herausforderung, sie haben den Ehrgeiz, die Strecke auch ohne die Hilfe anderer zu bewältigen. Sollten Sie keinen Troß haben, können Sie auch die Betreuer anderer Reiter bitten, Ihnen die wichtigsten Sachen (Wasserkanister, Eimer, Decke und Futter) zu den Stops mitzunehmen und - falls sie den Stop vor Ihrem Eintreffen schon wieder verlassen, dort zu deponieren. Dann ist es jedoch ratsam, die Kanister deutlich mit Ihrem Namen zu beschriften.

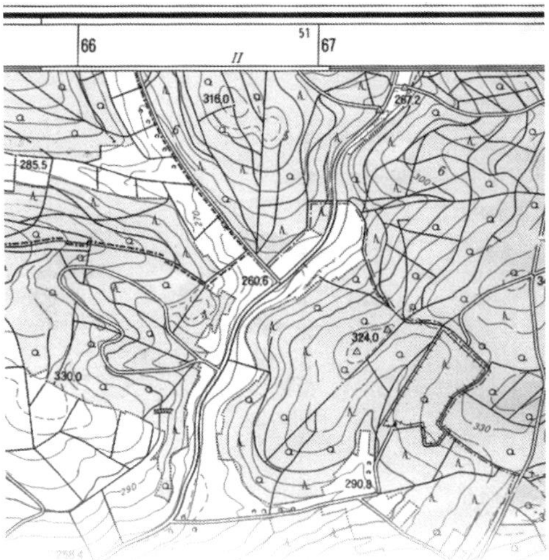

DAS TRAINING DES PFERDES

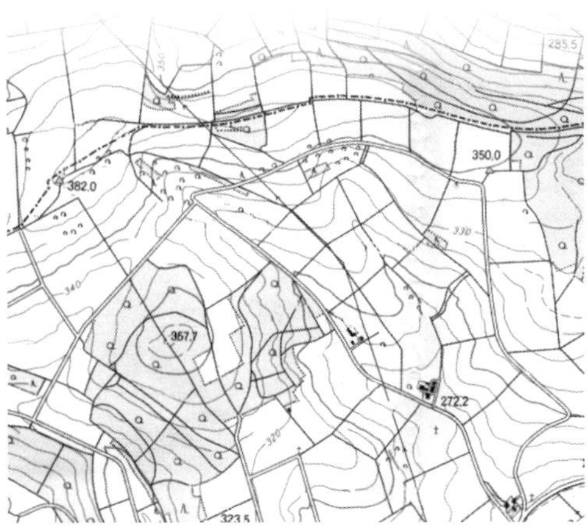

Fragen Sie zehn erfolgreiche Distanzreiter nach deren Trainingsmodi, und Sie werden zehn unterschiedliche Antworten erhalten. Aus diesem Grund muß ich all diejenigen enttäuschen, die eine konkrete Anleitung erwarten. Es gibt kein Patentrezept, kein richtig oder falsch, um Pferde zu trainieren. Der langjährige konstante, nicht einmalige Erfolg, ist alleinige Aussage über die Fruchtbarkeit des Trainings - und für nur dieses Pferd.

Viele Distanzreiter haben Probleme mit dem Aufbau ihres Nachwuchspferdes. Die Rückschläge sind häufig Zeichen einer Überforderung, da sie ihren Pferden oftmals nicht ausreichend Zeit lassen.

Mit unserem ersten Distanzpferd sind wir auf den Ritten über uns selbst hinausgewachsen, gemeinsam haben wir über immer längere Strecken Erfahrungen gesammelt und verarbeitet. Wir sind unserem Jungpferd also im Kopf schon um Jahre voraus, haben meist viel zu hohe Ansprüche.

Jedes Distanzpferd ist ein Individuum mit eigenen Bedürfnissen, das auch ein individuelles Training benötigt. Was bei dem einen Pferd gut funktioniert, kann bei dem anderen Schaden verursachen. Es bedarf daher der Fähigkeit des Reiters, in sein Pferd hineinzuhorchen, zu fühlen, ob alles seine Richtigkeit hat. Eigene oder wettkampfmäßige „Testritte" zeigen Ihnen, ob Sie damit richtig gelegen haben.

Man muß sich bewußt sein, daß jedes Pferd eine natürliche Leistungsgrenze hat, bei dem einen ist sie vielleicht bei 80 km erreicht, bei dem anderen bei 160 km. Wo die Grenze Ihres Pferdes liegt, werden Sie erst im Laufe des Trainings erkennen können.

Trotz der Individualität gibt es natürlich Erfahrungswerte, Meßmöglichkeiten sowie bestimmte Trainingstaktiken, die vor allem aus dem Humanbereich übernommen wurden.

DAS TRAININGSZIEL

Das eigentliche Trainingsziel läßt sich in drei Bereiche unterteilen:
1. Die Entwicklung des Pferdes bis zum Maximum seiner individuellen und natürlichen Grenzen, damit es gemäß seiner Konstitution die optimale Leistung erbringen kann, ohne Schaden zu nehmen.
2. Die Leistungsfähigkeit über viele Jahre zu erhalten.
3. Die maximale Leistungsfähigkeit zum richtigen Zeitpunkt zu erhalten.
Damit sind im Grunde die Ziele von Aufbau-, Erhaltungs- und Intensivtraining definiert. Was in der Theorie jedoch so einfach klingt, ist in der Praxis ein weiter Weg.

GRUNDPRINZIPIEN

Biologische Grundlagen

Um das Training so effektiv wie nur möglich zu gestalten, sollte man zumindest die einfachsten physischen Vorgänge im Körper begreifen.

Der Pferdekörper besteht aus Billionen von Zellen, die Energie verbrauchen und Abfallprodukte abgeben. Belastete Zellen werden während des Trainings verbraucht und widerstandsfähiger aufgebaut. Sie arbeiten bezüglich der Energiegewinnung effektiver. Daraus resultiert auch, daß aufgrund der verbesserten Durchblutung und der Zunahme der roten Blutkörperchen mehr Sauerstoff die Zellen erreicht, das Herzschlagvolumen zunimmt und die Lungenkapazität steigt. Die Puls- und Atemwerte sowie die Regenerationszeit verringern sich.

Ein gezieltes Training ruft also durch dosierte Reize eine Reihe von veränderlichen Prozessen im Organismus hervor. Dabei paßt sich der Körper im Laufe der Zeit an die Herausforderung an. Zu schwache Reize haben keinen Trainingseffekt, zu starke können hingegen sogar zu einem Leistungsabfall führen - der goldene Mittelweg ist wiederum gefragt.

Der Faktor Zeit in Relation zu den einzelnen Körperteilen

Da sich Zellen ständig erneuern, ist jeder Körperteil - vom Muskel bis zum Knochen - einem veränderlichen Prozeß unterworfen. Je besser die Durchblutung, desto schneller die Veränderung und die Effizienz des Trainings.

Muskeln zählen wegen der starken Durchblutung zu den schnell trainierbaren Geweben. Sie sind binnen relativ kurzer Zeit, in etwa drei Monaten, aufzubauen. Die harmonische optische Erscheinung eines muskulösen Pferdes darf nicht darüber hinwegtäuschen, daß Sehnen, Bänder, Knorpel und Knochen deshalb noch längst keiner größeren Belastung gewachsen sind. Denn diese sind sehr gering durchblutet und benötigen bis zur maximalen Leistungsfähigkeit ein Training von bis zu drei Jahren. Jede frühzeitige Überforderung führt unweigerlich zu Schäden.

Umgekehrt bildet sich Muskulatur natürlich auch in kürzeren Zeiträumen zurück, während die trainierte Knochensubstanz, Sehnen und Bänder über längere Zeiträume erhalten bleibt. Aus diesem Grund sind aktiv eingesetzte Distanzpferde auch nach der Winterpause wieder relativ schnell auf ihrem alten Leistungsniveau.

Die Freisetzung der Energie im Muskel - aerober und anaerober Bereich

Durch die Kontraktion des Muskels wird die Bewegung meist über eine Sehne auf den Knochen übertragen, wodurch Bewegung ermöglicht wird. Jede Bewegung erfordert aber Energie. Im Muskel wird dazu chemische Energie in mechanische Energie umgewandelt. Als Energieträger fungiert das ATP (Adenosintriphosphat), das bei Verstoffwechselung von Kohlenhydraten, Fetten und Proteinen gebildet wird. Per Abspaltung eines Phosphatrestes wird das ATP zum ADP (Adenosindiphosphat) umgewandelt, wodurch Energie freigesetzt wird.

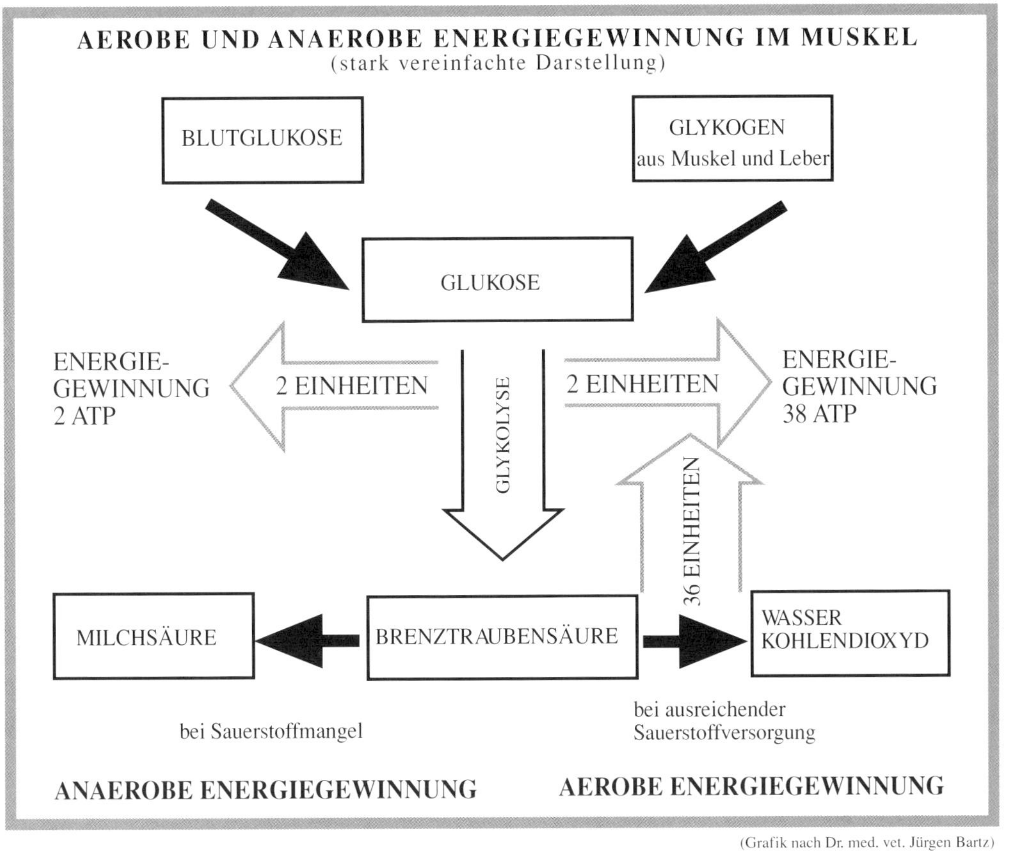

(Grafik nach Dr. med. vet. Jürgen Bartz)

Der aerobe Stoffwechsel ist ein langsamer Umwandlungsprozeß, bei dem Sauerstoffaufnahme und - abgabe in einem Gleichgewicht sind. Das rote Blutkörperchen transportiert den durch die Lunge eingeatmeten Sauerstoff in die Muskelzelle, wo er mit Hilfe von Glukose (aus dem Blut), Glykogen (aus dem Muskel) und Körperfett umgewandelt wird. Dabei entsteht Energie in Form von ATP. Die Zahl der Einheiten beträgt im aeroben Bereich 38 ATP pro Mol Glukose. Die Energie wird zur Umwandlung in Bewegung benötigt. Als Abfallprodukt fällt Kohlendioxyd an, das von dem Blut wieder abtransportiert wird. Jede Energieumwandlung erzeugt aber auch Hitze, wodurch sich die Muskeln erwärmen. Das erhitzte Blut kühlt sich auf seinem Weg zur Körperoberfläche, der Haut, wieder ab.

Beim anaeroben Stoffwechsel im Zuge schwerer Arbeit (zum Beispiel Sprints) kann das Blut nicht ausreichend Sauerstoff in die Muskelzellen transportieren. Es entsteht eine Sauerstoffschuld. Die Brenztraubensäure wird bei Sauerstoffmangel in Milchsäure umgewandelt, die sich in der Leber anhäuft. Dabei entstehen nicht nur weitaus weniger Energieeinheiten als beim aeroben Stoffwechsel (2 ATP), es steigt durch die Milchsäure auch die Gefahr von Muskelkater. Milchsäure kann wiederum nur in Verbindung mit Sauerstoff abgebaut werden, weshalb dem Abkühlen nach erbrachter Leistung durch leichte Bewegung eine so große Bedeutung beigemessen wird. Die Grafik verdeutlicht diesen Prozeß.

Der anaerobe Stoffwechsel ist also weitaus uneffektiver sowie wegen der entstehenden Milchsäure auch bis zu einem gewissen Grad gefährlich. Die Muskulatur arbeitet binnen weniger Sekunden unkoordiniert, wodurch Ermüdungserscheinungen auftreten und Verletzungen provoziert werden. Durch die Übersäuerung sind die Muskelfasern weniger elastisch, weshalb bei weiterer Belastung Faserrisse entstehen, deren Heilung kleine Vernarbungen hinterlassen, die wiederum die Leistungsfähigkeit reduzieren. Die Humanphysiologen gehen teilweise davon aus, daß nicht die Übersäuerung, sondern eben die Mikrotraumen die Ursache des Muskelkaters ist. Tiermediziner mögen sich mit dieser Theorie nicht anfreunden, da somit die Ursachen des Kreuzverschlages nicht erklärt werden könnten. Wie dem auch immer sei - Muskelkater benötigt also zur Heilung leichte, entspannende Bewegung und Wärme. Um eine vermehrte Laktatbildung zu vermeiden, ist es das Ziel, die Grenze des aeroben Stoffwechsels durch entsprechendes Training so weit wie möglich nach oben zu verschieben.

TRAININGSHÄUFIGKEIT, -UMFANG UND -INTENSITÄT

Der Organismus kann sich nur ständig wiederholenden Reizen anpassen. Deshalb sind während des Aufbautrainings kleine, aber regelmäßige Trainingseinheiten effektiver als eine einmalige große. Täglich eine Stunde Training ist also mit weitaus weniger Gefahren verbunden als einmal in der Woche fünf Stunden. Analog sind zwei Trainingseinheiten täglich besser als eine lange.

Die Anforderungen können immer erst dann gesteigert werden, wenn das Pferd in der Lage ist, sie gut zu absolvieren. So werden die Ansprüche langsam, aber stetig gesteigert. Dies sollte nicht linear, sondern in Phasen geschehen, da jeder Bereich des Organismus eine bestimmte Zeit benötigt, dem Reiz durch Anpassung zu folgen. So werden Defizite beseitigt und die Belastungsgrenzen ausgebaut.

Ist das Pferd der Beanspruchung nicht gewachsen, was von physischen Problemen oder aber auch mit Appetitlosigkeit, Unlust oder schlechter Laune begleitet sein kann, muß man im Training wieder ein bis zwei Schritte zurückgehen. Deshalb kann das Festhalten an starren Trainingsplänen so fatale Folgen haben. Schäden werden meist durch eine zu intensive, weniger durch eine andauernde, langsame Belastung hervorgerufen.

Das Grundprinzip des Trainingsaufbaus basiert also in der Reihenfolge auf Häufigkeit, Umfang und Intensität. Unter Häufigkeit wird die regelmäßige Wiederholung, unter Umfang die Streckenlänge sowie die Dauer und unter Intensität der Grad der Anstrengung verstanden.

DIE BEDEUTUNG DER GANGARTEN

Der Schritt ist gerade zu Beginn des Trainings die wichtigste Gangart, da das Risiko einer Überforderung sehr gering ist. Er dient zur Kräftigung von Knochen, Sehnen und Bändern sowie der Entspannung und Aufwärmung. Eine positive Wirkung wird jedoch nur erzielt, wenn der Schritt zügig ist. Wünschenswert ist ein Schritt bis zu Tempo 8 (8 Minuten pro Kilometer).

Der Trab ist die eigentliche Distanzgangart, die außer Sehnen, Knochen und Bändern auch das Herz Kreislaufsystem und die Muskulatur fördert. Die Temposteigerung ist erst mit zunehmender Ausdauer möglich. Der Galopp sollte zur Förderung der Lungenkapazität nicht vernachlässigt werden.

Häufig streiten sich Distanzreiter darüber, ob Trab oder Galopp besser für lange Strecken geeignet wären. Die Gangart ist aber letztendlich individuell von der Veranlagung des Pferdes abhängig. Es ist also zweitrangig, welche Gangart Sie reiten. Viel wichtiger ist es, auf Wettbewerben die zu wählen, in der Sie Ihr Pferd trainiert haben.

AUFWÄRMEN UND ABKÜHLEN

Das Pferd gleicht in kaltem Zustand einem Motor, der langsam warm werden muß, um seine Betriebstemperatur, sprich also seine optimale Effizienz bei geringem Energieverbrauch zu erlangen. Der Verzicht von Aufwärmphasen

Auch wenn auf langen Strecken die pferdeschonendste Gangart der Trab ist, können Galoppassagen zur Abwechslung und zur Lockerung der Muskeln beitragen. Manche Pferde wählen auch von Natur aus lieber den Galopp. Wichtig ist vor allem, daß Gangart und Tempo trainiert wurden.

fördert vor allem Muskel- und Sehnenverletzungen. Kein Wunder also, daß zu Beginn der Arbeit auch die meisten Verletzungen auftreten. Deshalb sollten Sie weder im Training noch auf Wettbewerben darauf verzichten.

Dabei passiert folgendes:

Sauerstoffversorgung und Temperatur im Muskel nehmen zu, Steifheiten und Verspannungen lösen sich. Analog steigt auch die Körpertemperatur. Die Gelenke werden geschmiert und in ihrer Beweglichkeit gefördert, die Verletzungsgefahr verringert sich zunehmend.

Dem eigentlichen Aufwärmen kann ein vorangehendes Dehnen und Stretchen des Pferdes nach der Tellington-Methode sinnvoll sein. Die Beine werden nach vorne und hinten gestreckt, die Gelenke leicht bewegt. Kopf und Hals werden gebogen, die Wirbelsäule durch die Arbeit an der Schweifrübe beeinflußt. Es ist von großer Bedeutung, alle Körperteile nur so weit zu dehnen, wie es dem Pferd angenehm ist. Niemals darf über Widerstände hinweg gearbeitet werden. Diese Übungen machen viele Pferde, die daran gewöhnt sind, gerne mit. Mein alter Wallach bittet mich regelrecht jedesmal vor dem Hufeauskratzen, seine Vorderbeine zu strecken. Häufig nimmt er die Bewegung zum Anlaß, seine Wirbelsäule wie ein Hund genüßlich durchzudrücken, indem er sein Gewicht mit gestreckten Vorderbeinen auf die Hinterhand verlagert.

Die Aufwärmarbeit beginnt im gemächlichen Schritt, erst nach ein paar Minuten sollten Sie ein normales Tempo verlangen. Leichte Trabpassagen können den Schritt auflockern. Fordern Sie in den ersten 10-15 Minuten keine engen Wendungen im Trab, da die Gelenkschmiere noch nicht voll funktionstüchtig sein wird.

Je kälter die Witterung, desto länger sollte die Aufwärmphase sein. Bei Ritten bis zu 80 Kilometern Länge sollte Ihr Pferd bereits vor dem Start optimal aufgewärmt sein, bei längeren Rit-

Wenn wie hier auf einem schnellen, internationalen Ritt im Vet-Gate die Pulswerte mit Wasser schnell gesenkt werden sollen, empfiehlt es sich, das Pferd dabei in leichter Bewegung zu halten, um im Extremfall nicht durch die mangelnde Blutzirkulation die Muskulatur zu schädigen. Dennoch muß die Hinterhandmuskulatur mit einer Decke warm gehalten werden.

ten können Sie bei Bedarf auch noch die ersten Kilometer mit in das Programm einfließen lassen. Beachten Sie aber, daß sich das Verletzungsrisiko durch die Aufregung eines Massenstarts zudem erhöht. Haben Sie ein heftiges Pferd, sollte es immer vor dem Start seine „Betriebstemperatur" erlangt haben. Es sollte dann locker und entspannt gehen und warm sein, ohne zu schwitzen.

Auch nach den Stops auf der Strecke ist Ihr Pferd nicht sofort wieder voll einsatzbereit. Reiten Sie deshalb auch hier in den ersten Minuten ein mäßiges Tempo.

Beim Abkühlen passiert im Organismus der umgekehrte Ablauf. Durch gemächliche Schrittarbeit wird die Durchblutung der Muskulatur verringert, die Temperatur und Herztätigkeit sinken auf den Normalwert. Dabei wird auch Milchsäure abgebaut und etwaigen Schwellungen der Gliedmaßen vorgebeugt. Zum Abkühlen zählt auch, daß man nach dem Ritt sein Pferd nicht anbindet oder in eine enge Box sperrt. Es benötigt gerade jetzt die Möglichkeit, sich auf einer Weide oder im Paddock zu bewegen. Fehlen dazu die Voraussetzungen, so können Sie auch mit ihm gemächlich spazierengehen, es hier und dort grasen lassen, damit es sich optimal entspannt.

Abkühlen heißt nicht, es im Ziel eimerweise mit kaltem Wasser zu übergießen, da Sie dann allenfalls Muskelkrämpfe oder einen Kreislaufschock riskieren. Falls Sie Wasser zum Kühlen benutzen, dann müssen Sie gleichzeitig für eine gute Blutzirkulation durch Bewegung sorgen.

Schwitzt Ihr Pferd nach, so hat es nicht ausreichend Körpertemperatur abgegeben, die Abkühlung war also ungenügend.

DAS MASS DES TRAININGSZUSTANDES

DER ALLGEMEINZUSTAND

Bestes Indiz für ein trainiertes Pferd ist seine gute Gesamtkonstitution. Glänzendes Fell, guter Futterzustand, fester Kot, Spaß an der Arbeit, Vorwärtsdrang, gesunder Appetit, Ausgeglichenheit und klare Beine zeigen Ihnen, daß alles im grünen Bereich ist. Wer sein Pferd gut kennt, wird an einem dieser Faktoren sofort erkennen können, wenn etwas nicht stimmt.

DIE BEDEUTUNG DER PAT-WERTE

Während die Belastbarkeit des Bewegungsapparates nicht meßbar ist, kann man die Kondition überprüfen. Die Puls-, Atem- und Temperaturwerte gelten als die beste Kontrollmöglichkeit der Fitneß. Diese Werte steigen während der Arbeit an und sinken im Normalfall in den Pausen wieder auf Erholwerte zurück. Bei Puls und Atem spricht man deshalb von Ruhewert, Laufwert (während der Belastung) und Erholwert. Der Ruhewert ist jedoch immer ein relativer Wert, da sich das Pferd während der Untersuchung nie in wirklicher Ruhe befindet.

In relativer Ruhe hat das Pferd einen Puls von etwa 28-44 Schlägen pro Minute. Bei schwerer Arbeit kann der Puls auf über 200 ansteigen, ein Wert zwischen 100 und 160 gilt als durchschnittlicher Laufwert. Bei einem gut trainierten Pferd sollten die Eingangswerte in der Pause ungeachtet deren Höhe so schnell wie möglich wieder auf einen Erholwert von etwa 64 sinken. Bei gut trainierten Pferden kann das binnen weniger Minuten geschehen. Sinkt der Puls nur sehr langsam oder bleibt er gar über 20 Minuten lang erhöht stehen, dann sind dies Zeichen einer Überforderung. Bei Wettkämpfen muß Ihr Pferd binnen 20 Minuten den Grenzwert von 64 erreicht oder unterschritten haben, sonst folgt unweigerlich der Ausschluß.

Die Herzfrequenz bei verschiedenen Gangarten

(nach Dr. med vet. Juliette Mallison)

Gangart	Geschwindigkeit ca.-Werte m/min	Herzfrequenz Maximalwerte pro Minute
relative Ruhe		40 (24-48)
Schritt	100-125 m/min	80
Trab normal	230 m/min	120
Trab schnell	300 m/min	140
Galopp langsam	350 m/min	160
Galopp schnell	500 m/min	200
Renngalopp	500-1000 m/min	200-250

Die Werte sind ungefähre Angaben, da sie auch vom Schwierigkeitsgrad der Strecke und des Geläufs abhängig sind.

Im Training können Ihnen also die Pulswerte Aufschluß über die Fitneß Ihres Pferdes geben. Die gemessenen Werte sollten vergleichbar sein, weshalb man zum Beispiel immer am gleichen Punkt einer Trainingsstrecke, am besten nach einem anstrengenden Stück wie einer Steigung, die Werte nimmt. Mit zunehmender Kondition werden sowohl die Werte der ersten Messung niedriger als auch die Regenerationszeit verkürzt sein.

Von einer Bewertung der Atemwerte wird wegen ihrer relativen Aussagekraft abgesehen. Bestimmte Rassen oder auch einzelne Pferde neigen zur Kurzatmigkeit, die sich durch hohe Werte bemerkbar macht, ohne daß die Leistungsfähigkeit beeinträchtigt ist. Die relativen Ruhewerte des Pferdes liegen bei etwa 10-24 Atemzügen. Bei manchen Pferden kann es durchaus üblich sein, daß Puls und Atem in etwa gleich hoch sind. Erhöhte Atemwerte müssen jedoch immer in der Pause auf ein normales Maß zurückgehen.

Einige Pferde beginnen nach einer starken Anstrengung zu „hecheln", also sehr schnell kurz zu atmen. Es gleicht so eine durch eine enorme Anstrengung entstandene Sauerstoffschuld aus. Eine Wertumkehr (Atemwerte höher als Pulswerte) ist also erst dann ernst zu nehmen, wenn sie auch bei den Erholwerten auftritt.

Dr. med. vet. B.C.Throgmorton schrieb dazu

vor langer Zeit in einem in der „Freizeit im Sattel“ (Sammelband „So macht man Pferde fit“, FS-Verlag) veröffentlichten Artikel:

„Gefährlicher ist eine Wertumkehr von 2:1. Es hat sich herausgestellt, daß eine ständige Wertumkehr diesen Grades oder mehr mit beträchtlichem Mangel an Kondition - oder einem Herzfehler zusammenhängt. Ein Pferd, das nach geringer Wertumkehr innerhalb von 10 Minuten zu Normalwerten zurückkehrt, ist weder unkonditioniert noch übermüdet, sondern kurz vor der Kontrolle hart herangenommen worden.“

Und weiter:

„Dr. S.H.Roberts hat eine Verhältnisliste für PA-Werte aufgestellt:

	Puls	Atmung	Verhältnis
Normal	48	12	4:1
Leichte Arbeit	60	30	2:1
Mittlere Arbeit	70	70	1:1
Schwere Arbeit	80	120	1:1,5 (Umkehr)
Erschöpfung	80	160	1:2 (Umkehr)

Als Arbeitsgrundlage ausreichend, hat diese Liste doch entscheidende Nachteile. Sie macht nämlich die Bedeutung des Verhältnisses bei unterschiedlicher Zahlenhöhe nicht klar. 1:1 ist mit den Werten 40/40 nicht gefährlich, bei 100/100 aber sehr gefährlich! Eine Wertumkehr von P 48/A 52 ist milde und ungefährlich; bei P 90/A 94 muß aufgemerkt werden; P 90/A 140 ist alarmierend und Anzeichen für äußersten Streß.“

Zur Beurteilung der PA-Werte müssen also immer mehrere Faktoren berücksichtigt werden: die Höhe der Werte, das Verhältnis zueinander sowie das Maß der vorangegangenen Anstrengung. Sie müssen ein Gefühl für die Werte Ihres Pferdes entwickeln, um eventuelle Abweichungen erkennen zu können.

Die Normalrektaltemperatur des Pferdes liegt in der Regel zwischen 37,5-38,5° C und kann bei anstrengender Arbeit bis zu 40° C ansteigen. Werte über dieser Temperatur sind Zeichen einer Überanstrengung, die Arbeit muß zurückgenommen werden. Ab 42° C kann es sogar gefährlich

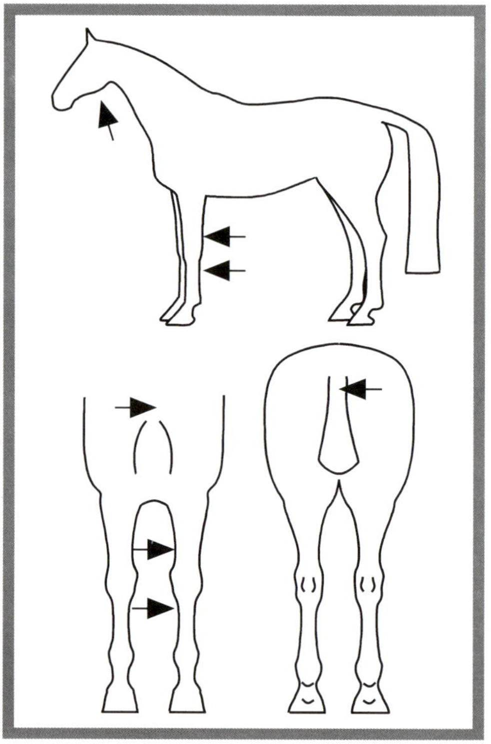

DAS MESSEN DES PULSES

An folgenden Körperteilen kann man unter leichtem Druck mit Zeige- und Mittelfinger den Puls des Pferdes fühlen:
- zwischen den Ganaschen
- an den Innenseiten der Vorderbeine ober- und unterhalb des Karpalgelenkes
- an der seitlichen Unterseite der Schweifrübe.
Sehen hingegen kann man den Puls meist sogar am Halsansatz über der Brust.

werden, da die Gefahr eines Hitzschlages oder eines Kreislaufversagens gegeben sein kann.

Das Messen der Pulswerte

Auch ohne Stethoskop kann man den Puls des Pferdes an folgenden Körperteilen mit leichtem Druck zweier Finger fühlen: am Kehlgang, ober- und unterhalb der Innenseite des Karpalgelenkes, in der Mitte der Brust und unterhalb der Schweifrübe. Zählen Sie die Schläge 15-30 Sekunden lang und multiplizieren Sie sie mal vier, bzw. mal zwei. Achten Sie beim Messen auf eine natürliche Kopfhaltung des Pferdes, da ein gesenkter Kopf die Pulswerte erhöhen könnte.

Ein elektronisches Pulsmeßgerät ist eine teure, aber aufschlußreiche Anschaffung, da Sie auch beim Reiten eine ständige Kontrolle haben. Viele Reiter verzichten unterwegs auf das Gerät, sondern befestigen es an einem elastischen Deckengurt, den sie nur in den Stops anlegen. Das Pulsmeßgerät muß aber während der Tierarztuntersuchung abgenommen werden.

Blutanalysen mit Laktatmessungen

Für den Laien ist diese Meßmöglichkeit nicht durchführbar, dennoch soll sie der Vollständigkeit halber nicht fehlen. Per Blutuntersuchung können nach dem Ritt die Laktatwerte gemessen werden, die als Abfallprodukt des anaeroben Stoffwechsels anfallen. Sind erhöhte Laktatwerte festzustellen, heißt es nichts anderes, als daß das Pferd zu schnell geritten wurde, um im effektiveren aeroben Bereich zu bleiben. Dann findet zum Beispiel auch keine Fettverbrennung statt, die außerdem den Glykogenvorräten zur Energiegewinnung dient.

Derzeit werden weitere Tests durchgeführt, um zu erforschen, inwieweit sich durch Blutanalysen und Laktatmessungen Rückschlüsse auf den Trainingszustand des Pferdes ziehen lassen.

DIE TRAININGSPYRAMIDE

Das Grundtraining

Das Grundtraining soll die Basis schaffen für ein Distanzpferd. Die Ziele sind die Kräftigung von Bewegungsapparat und Herz-Kreislaufsystem sowie die Förderung von Lauffreude und Routine. Ihr Pferd muß lernen, über lange Zeiträume gerne unter dem Sattel zu gehen. Es gewinnt dadurch auch an Durchhaltevermögen, die wichtigste Voraussetzung für seine spätere Karriere. In der Vollblutzucht gilt: Ein Pferd galoppiert mit seiner Lunge, hält durch mit seinem Herzen und gewinnt mit seinem Charakter. Dies trifft auch für ein Distanzpferd zu.

Auch das Grundtraining kann nicht nach einem bestimmten Programm ablaufen, sondern muß individuell auf das Pferd abgestimmt werden. Dabei ist für die Ausdauer die regelmäßige, langsame und sich in der Länge steigernde Arbeit von Bedeutung, weniger die Intensität. Zeigt das Pferd während des Trainings zunehmende Unlust, müssen Sie die Arbeit vielleicht abwechslungsreicher gestalten. Ich betone nochmals: keine Trainingsform darf in monotones Kilometerfressen ausarten, da Ihr Pferd unweigerlich sauer werden würde.

In der Praxis bedeutet das Grundtraining nichts anderes, als daß man das Pferd zunehmender Belastung aussetzt. Ist es dieser Aufgabe gewachsen, können Sie auf dieser Stufe keinen weiteren Trainingszuwachs erreichen. Sie müssen die Anforderungen steigern. Das Basistraining fördert bis zu einem gewissen Umfang auch die Muskelkoordination, die außer Flexibilität, Schnell- und Ausdauerkraft von Bedeutung ist.

Je nach dem Ausgangsstadium, ob es sich also um ein junges Pferd, das gerade seine Grundausbildung absolviert hat, oder um ein regelmäßig gerittenes Pferd handelt, kann das Grundtraining zwischen drei Monaten und einem Jahr dauern. In diesem Zeitraum wäre es verfrüht, an Ritten teilzunehmen. Denken Sie an Sehnen, Bänder und Knochen...

Schritt ist zu Beginn des Trainings die wichtigste Gangart, mit der sich vor allem weniger durchblutete Gewebe wie Knochen, Sehnen und Bänder aufbauen lassen.

Gerade im Grundtraining wachsen Pferd und Reiter mit ihren Aufgaben. Beginnen Sie mit Schrittausritten, bei denen Sie in Phasen versuchen, das Tempo zu erhöhen. Lockern Sie die Schrittpassagen mit Trabreprisen auf, deren Länge Sie allmählich und langsam steigern. Ein schnelles Trabtempo ist jetzt zweitrangig, Ihr Pferd soll vielmehr lernen, über immer längere Zeiträume im gleichmäßigen Rhythmus durchzuhalten. Ist der Grundstein dazu gelegt, wird es von sich aus ein höheres Tempo anbieten, bzw. Ihrer Aufforderung willig folgen. Die Amerikaner nennen diese Basisarbeit Long Slow Distance work (LSD). Beginnen Sie mit durchgehenden Trablängen von 5 Minuten und steigern Sie diese über die Monate bis zu vielleicht einer Stunde. Später können Sie anspruchsvolleres Terrain wählen - zum Beispiel das Training in den Bergen oder auf schwierigem Geläuf. Wer bewußt unterschiedliche Bodenverhältnisse nutzt, fördert eine dosierte Reizung des Bewegungsapparates.

Dieses sich steigernde Ausdauertraining variiert man mit Dressurarbeit, um die Gymnastizierung des Pferdes zu erhalten und um andere Muskelgruppen anzusprechen. Dies steigert Elastizität und Beweglichkeit, ist aber auch mental von Bedeutung.

Messen Sie bereits im Grundtraining regelmäßig die Werte Ihres Pferdes. Wenn Sie die Länge der Strecke kennen, werden Sie auch ein Gefühl für Geschwindigkeiten bekommen. Sie wissen dann, welches Tempo es im schnellen Schritt, im Jog (sehr langsamer Trab), im Trab und im Canter läuft.

Das Aufbautraining

Während des Grundtrainings wird sich Ihr Pferd verändert haben - es ist muskulöser geworden und hat überschüssiges Fett verloren. Ziel des Aufbautrainings ist es, eine für das Pferd adäquat gute Leistungsbereitschaft zu erlangen. Langfristig betrachtet benötigt Ihr Pferd dazu mindestens ein weiteres Jahr, kurzfristig werden Sie es über einige Monate hinweg auf kürzere Ritte vorbereiten können. Es wäre nun physiologisch unsinnig, Ihrem Pferd über einen Zeitraum von insgesamt drei Jahren eine konstante Leistungssteigerung abzuverlangen. Es benötigt Ruhepausen, in denen es sowohl mental als auch physisch die Aufgaben verdauen kann. Ein Vorwärts werden Sie nur getreu dem Motto „drei Schritte nach vorn, zwei zurück" erhalten.

Mit dem Aufbautraining kann man gezielt sowohl die Ausdauer als auch die Leistungskapazität des gesamten Organismus steigern. Dazu forciert man vor allem die Intensität des Trainings.

Das Ausdauertraining

Ziel des Ausdauertrainings ist es, möglichst lange Strecken in gleichmäßigem Tempo zurückzulegen. Sie erhöhen schrittweise die Anzahl der Passagen als auch deren Länge und fordern erst dann Ihr Pferd dazu auf, ein schnelleres Tempo zu laufen. Anhand der PA-Werte werden Sie sehen, wie lange Sie die Strecken ausdehnen dürfen, ohne Ihr Pferd zu überfordern. Bietet Ihnen Ihr Pferd ein höheres Tempo an, dann verzichten Sie vorerst darauf, die Phase zu verlängern, sondern erhöhen Sie das Tempo und wenn das keine Probleme bereitet, anschließend die Länge der Strecke.

Das Ausdauertraining findet im aeroben Bereich statt und stabilisiert somit das gesamte Sauerstoff-Energiesystem. Es ist der wichtigste Bestandteil im Training eines Distanzpferdes, das im Wettkampf zur effektiven Nutzung seiner Energien im aeroben Bereich arbeitet.

Bringen Sie auch in das Ausdauertraining Abwechslung, indem Sie zum Beispiel Galoppassagen und Geländeschwierigkeiten integrieren.

Als Ausdauersportler arbeitet das Distanzpferd im aeroben Bereich. Nur dann kann es lange Strecken so locker wie hier und ohne Schaden zurücklegen.

DAS INTERVALLTRAINING

Das Intervalltraining bietet die Voraussetzung, auf kurzen Strecken mehr Leistung von Ihrem Pferd zu verlangen, ohne es zu überfordern. Kurzzeitig arbeitet man dazu auch im anaeroben Bereich. Es darf jedoch nur angewendet werden, wenn das Pferd über eine solide Grundkondition verfügt. Bei dem Intervalltraining wechseln Phasen starker Belastung (zum Beispiel 10 Minuten starker Trab oder ein Puls über 150) mit denen der Erholung ab (zügiger Schritt). Die zweite Phase der Belastung beginnt, bevor sich das Pferd von der ersten richtig erholt hat, wenn der Puls auf etwa 100 gefallen ist. Dazu ist die ständige Kontrolle der Werte notwendig. Die Belastungsphasen müssen dennoch die maximale Leistungsgrenze meiden, damit sich der Organismus langsam entwickeln kann. Zur Normalisierung benötigt der Stoffwechsel Zeit, weshalb ein Intervalltraining nicht täglich, sondern höchstens alle 3-4 Tage durchgeführt werden darf.

Durch das Intervalltraining lassen sich nicht nur PA-Werte, Herz-Kreislaufsystem und Lungenkapazität steigern, sondern auch der aerobe Stoffwechsel nach oben verschieben. Auch wenn deshalb diese Technik für Langstreckenpferde von Bedeutung sein kann, ist es als alleinige Trainingsform ungenügend. Intervalltraining kann immer nur als Ergänzung zum Ausdauertraining fungieren, es keinesfalls ersetzen. Setzen Sie es sehr vorsichtig ein, um das Pferd nicht zu überfordern.

DAS INTENSIVTRAINING

Als Intensivtraining wird die gezielte Vorbereitung auf einen Ritt verstanden. Trainingshäufigkeit und Intensität können unter Berücksichtigung der Rittverhältnisse (Geläuf, Geländeformation) erhöht werden.

Das Intensivtraining ist nun nicht nur für Hochleistungspferde geeignet, sondern muß wie Grund- und Aufbautraining immer in Relation zum Leistungsstand und dem Ziel betrachtet werden. Auch für einen 50 km langen Ritt können Sie Ihr Pferd, das aufgrund seines Alters und/oder Leistungsstandes noch keinen längeren Ritt gehen kann, intensiv vorbereiten.

In der Woche vor der Veranstaltung können Sie keine sich positiv auf den Ritt auswirkende Leistungssteigerung erreichen. Ihr Pferd muß nun Energien sammeln, um fit zu sein. Fordern Sie deshalb nicht zu viel, gönnen Sie ihm lieber Spazierritte oder auch zwei bis drei Pausentage.

NACHWIRKENDE TRAININGSFORMEN

DAS ERHALTUNGSTRAINING

Da ein Leistungszuwachs immer schwerer zu erzielen ist, als ihn zu erhalten, kann man die Anforderungen dezimieren, sobald man die erwünschte Fitneß erreicht hat. Das Ausdauertraining kann nun häufiger mit gemütlichen, normalen Ausritten abwechseln. Zwei bis drei Trainingsritte pro Woche werden nun genügen, um einen Leistungsabfall zu verhindern. Das Pferd sollte aber ausreichend Möglichkeit haben sich zu bewegen. Der beste Ort ist dazu die Weide im Herdenverband. Sicherheitshalber sollten Sie dennoch regelmäßig die PA-Werte überprüfen, um einen eventuellen Leistungsabfall frühzeitig zu erkennen.

DAS ABTRAINIEREN

Das Abtrainieren am Saisonende hat den Sinn, den Organismus über einen Zeitraum von mehreren Wochen wieder zu einer normalen Funktionstüchtigkeit bei verringerter Fütterung zurückzuführen. Dazu wird man die Leistungsanforderungen schrittweise dezimieren. Die anschließende Ruhepause bereitet dem Pferd dann auch mental weniger Probleme.

DIE WINTERPAUSE

Die Erfahrung hat gezeigt, daß Pferde, die das gesamte Jahr über auf einem sehr hohen Leistungsniveau gearbeitet wurden, im Folgejahr Leistungseinbußen zu verzeichnen hatten. Sie waren einfach ausgepowert.

Physiologisch scheint eine harte Winterarbeit

Wer ein robust gehaltenes Pferd auch im Winter reiten möchte, kann mit einer Teilschur die durch das Winterfell bedingte starke Schweißbildung reduzieren. Allerdings muß es dann immer Zugang zu einem wetterfesten und zugsicheren Unterstand haben und sollte sorgfältig beobachtet werden. Bei schlechtem Wetter kann es dann notwendig sein, daß man es mit einer Neuseelanddecke schützt.

auch nicht sinnvoll. Während des Haarwechsels ist der Organismus geschwächt, das Winterfell, vor allem das artgerecht gehaltener Pferde, verhindert einen optimalen Wärmeaustausch. Ein Teil der Energie wird ohnehin zur Wärmegewinnung benötigt.

Des weiteren benötigt das Pferd physisch und psychisch nach einer anstrengenden Saison eine Ruhephase, um ausreichend regenerieren zu können. Ein Leistungsabfall wird generell nach einer Ruhephase von zwei Wochen auftreten, binnen zwei Monaten sind Muskel- und Kreislaufkondition verloren. Wer also seinem Pferd absolute Weideruhe gönnen möchte, sollte sich mit vier bis sechs Wochen begnügen, um ein Minimum der erworbenen Grundkondition zu erhalten.

Dazu sind gemütliche Winterritte geeignet, die zur Ausgeglichenheit des Pferdes beitragen. Viele Reiter nutzen die Winterpause als Gelegenheit, das Pferd in der Dressurausbildung zu fördern. Winterpause heißt also nicht wegstellen, sondern mäßige Arbeit.

Der Trainingsbeginn im Frühjahr ist von den Witterungsbedingungen und den ersten Rittterminen abhängig. Bei Pferden mit dichtem Winterfell sollten diese nicht zu früh angesetzt werden.

DER FAKTOR GEFÜHL

Weder Trainingsform noch Werte können zweierlei ersetzen: Gefühl und gesunden Menschenverstand! Ehrlicherweise muß ich gestehen, daß mir kein einziger Distanzreiter bekannt ist, der bewußt nach bestimmten Trainingsformen reitet. Sie alle lassen sich von ihrem Gefühl für ihr Pferd leiten. Und haben damit Erfolg.

Die Übergänge von Grund-, Aufbau- und Intensivtraining sind gleitend und bauen über einen langen Zeitraum aufeinander auf. Der Weg ist weit, eine Abkürzung gibt es nicht, wenn Ihr Pferd keinen Schaden erleiden soll. Bis Ihr Pferd ohne Beeinträchtigung seiner Gesundheit lange Strecken bewältigen kann, vergehen zwei bis drei Jahre.

BESONDERE BEDINGUNGEN

WITTERUNG UND KLIMA

Es gibt Pferde, die mit bestimmten Witterungsbedingungen schlechter zurecht kommen. Bei einem Ritt in strömendem Regen siegte ich einmal mit einem unserer Pferde mit absoluten Spitzenwerten. Zwei Wochen später wurden wir auf einem Ritt wegen Nichtregeneration eliminiert. Gleiches Pferd, gleiches Training, anderes Wetter. Es war heiß und trocken. Dieses Beispiel soll zeigen, daß jedes Pferd Stärken und Schwächen besitzt. Die Ihres Pferdes werden Sie im Laufe des Trainings kennenlernen, doch nur dann, wenn Sie Ihr Pferd auch unter verschiedenen Bedingungen reiten.

BERGE

Das Training in den Bergen kann effektiver als das im Flachland sein, da es mehr Energie benötigt und bestimmte Muskelgruppen stärker gefordert sind. Wer vor seiner Haustüre die Möglichkeit hat, sollte deshalb Klettern in sein Trainingsprogramm integrieren. Zur Bewältigung von Bergdistanzen ist ein gewisses Maß an Bergarbeit unbedingt erforderlich.

Es ist sehr umstritten, in welchem Tempo Berge bewältigt werden sollen. Viele Reiter

Kein Pferd ist gleich - jedes hat bei bestimmten Witterungsbedingungen Stärken und Schwächen. Die Ihres Pferdes werden Sie nur herausfinden, wenn Sie es auch im Training unter allen Bedingungen reiten.

sitzen an Steigungen ab, um ihr Pferd zu schonen. Allerdings nutzt es Ihrem Pferd wenig, wenn Sie am Gipfel vollkommen erschöpft sind und die nächsten Kilometer wie ein Sack Kartoffeln auf Ihrem Pferd zurücklegen. Sie müssen also selbst beurteilen können, ob Sie dazu in der Lage sind oder nicht. Etwas einfacher können Sie es beiden machen, wenn Sie die aus den USA stammende Methode nutzen: das Tailing. Dazu läßt sich der Reiter vom Pferd den Berg hochziehen, indem er sich am Schweif festhält. Um unangenehme Überraschungen zu vermeiden, sollten Sie per dünnem Führstrick eine Verbindung zum Pferdekopf bewahren. Das Pferd muß langsam an diese Technik gewöhnt werden, indem Sie zum Beispiel zu Beginn etwas am Schweif ziehen, ohne ihm weh zu tun. Diese Methode hat den Vorteil, daß man das Pferd in der Vorwärtsbewegung nicht behindert, erklimmt es doch wesentlich geschickter und schneller steile Anstiege.

Auch das Bergabreiten ruft immer wieder Diskussionen hervor. Während man in den USA den schnellen Trab gebraucht, da der Energieverbrauch in Relation zu der zurückgelegten Strecke gering ist, reiten die meisten Europäer Schritt. Sie argumentieren mit dem Risiko der Überlastung der Vorderbeine. Sicher haben beide Argumente ihre Berechtigung. Viele Reiter wählen deshalb den Kompromiß. Sie steigen ab und laufen nebenher, wodurch die Belastung der Vorderbeine zumindest um das Reitergewicht verringert wird.

BÖDEN

Harte Böden belasten Knochen und Gelenke, tiefe hingegen Sehnen und Bänder. Die logische Konsequenz ist es, das Pferd auf möglichst verschiedenen Bodenbeschaffenheiten zu trainieren, um die Vielfältigkeit der Reize auszuschöpfen.

TRAININGSRITTE

WETTKÄMPFE

Um Ihr Pferd an das Geschehen auf einem Distanzritt zu gewöhnen, beginnen Sie - immer analog zum Leistungsstand - mit kurzen oder mittleren Strecken und können von Jahr zu Jahr längere Distanzen wählen. Wie lange es dauert, bis Sie an Ihrem ersten Ritt teilnehmen können, ist vom Trainingsstand abhängig. Alter, Allgemeinzustand, Trainingsdauer sowie Kondition sind weitere Faktoren. Hält Ihr Pferd zum Beispiel im Training gut 1-2 Stunden Trab mit ruhigen Werten durch, dann können Sie es probieren.

Viele Langstreckenreiter beziehen kleinere Distanzritte bewußt in ihren Trainingsplan mit ein. Ist Ihr Pferd fit, so können Sie als Vorbereitung für einen 80 km langen Ritt vier Wochen vor dem Termin einen 50 km-Ritt reiten. Lassen Sie sich dann aber nicht zu einer schnelleren Geschwindigkeit verführen, sondern wählen Sie das Tempo, das Sie auch auf der langen Strecke reiten. Übertreiben Sie jedoch die Anzahl der Ritte nicht, denn jeder Ritt bedeutet ein gewisses Maß von Streß.

Wanderritte

Gerade im Frühjahr bieten sich Wanderritte als hervorragende Trainingsmöglichkeit an. Sie sind auch als Ausdauertraining zu betrachten, da Sie lange Strecken in Schritt und Trab zurücklegen. Andererseits gewöhnt sich Ihr Pferd ohne die Hektik eines Wettkampfes daran, über viele Stunden gefordert zu werden. Unterwegs wird es lernen, mit unterschiedlichen Situationen fertig zu werden und die Nacht in fremder Umgebung zu verbringen. Auch Sie selbst werden Zeit und Muße haben, ihm allerhand Neues zu zeigen.

TRAINING DER PSYCHE

Das mentale Training

Gehen Sie auf einen großen Distanzritt, und Sie werden verschiedene Pferdetypen sehen. Hochleistungspferde, die wie Mähren ihren toten Blick auf den Boden richten, ausgemergelt vom bloßen Kilometerfressen. Kein Mensch kann mir erzählen, daß diese Pferde Spaß an ihrem Job hätten. Und Sie werden andere Distanzpferde sehen, die munter und fröhlich mit gespitzten Ohren neugierig das Geschehen beobachten. So soll es sein. Beide Pferde sind physisch in der Lage, Höchstleistungen zu vollbringen. Das eine tut es, weil es sein Reiter dazu „zwingt", das andere, weil es Spaß daran hat.

Ein wichtiges Trainingsziel muß deshalb sein, das Pferd auch mental auf die Anforderungen vorzubereiten, stets den Spaß an der Arbeit zu erhalten. Temperamentvolle Pferde müssen lernen, mit Streß fertig zu werden. Bei robusteren Naturen ist es hingegen häufig schwieriger, die Lauffreude zu erhalten.

Unterschiedliche Böden müssen bereits in das Training integriert werden, um alle Gewebe über einen langen Zeitraum daran zu gewöhnen.

Das Zauberwort Abwechslung

Versuchen Sie alles, um Monotonie im Pferdealltag zu verhindern. Reiten Sie nicht immer eine Trainingsstrecke, sondern unterschiedliche Routen. Führen Sie Tagesritte durch, reiten Sie zu oder gemeinsam mit Freunden, üben Sie Trailarbeit, bummeln Sie auch mal gemütlich durchs Gelände oder gehen Sie ganz einfach mit Ihrem Pferd spazieren. Nehmen Sie an Reitkursen teil, springen Sie mit Ihrem Pferd oder arbeiten Sie an Dressurlektionen. Dadurch verbessern Sie nicht nur die Koordination und den Spaß an der Arbeit, sondern auch die geistige Flexibilität. Halten Sie niemals an Ihrem ursprünglichen Plan fest, wenn Sie merken, daß Ihr Pferd heute dazu überhaupt keine Lust hat. Auch Sie müssen dann Flexibilität beweisen.

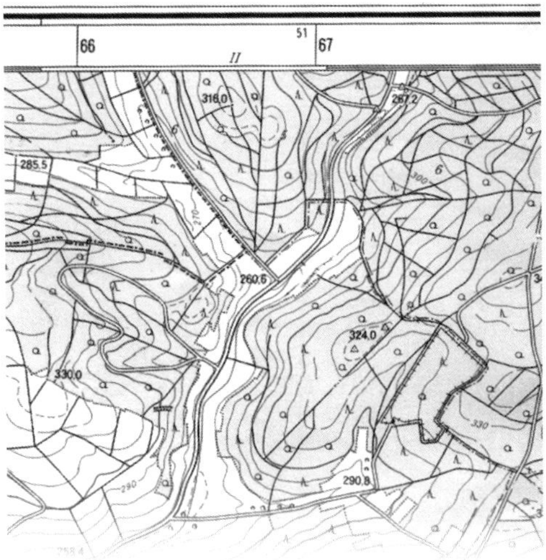

DIE TIERARZTUNTERSUCHUNGEN UND RITTUNTERBRECHUNGEN

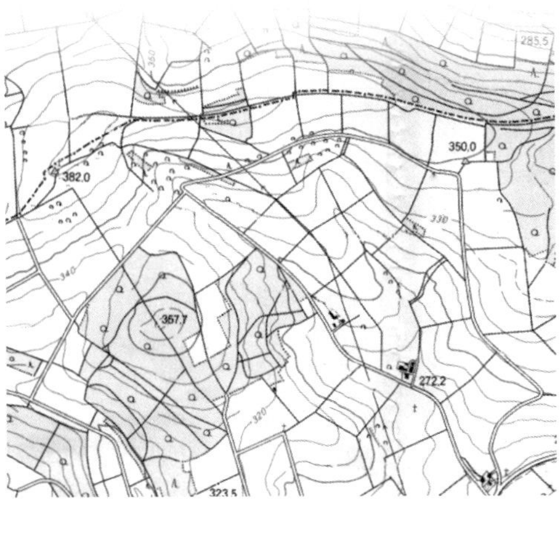

DER TIERARZT - DEIN RICHTER, FREUND UND HELFER

Spielen bei anderen Pferdesportdisziplinen Richter die entscheidende Rolle, so ist beim Distanzreiten der Tierarzt die wichtigste Person. Denn von seinem Urteil und seinem Wissen hängt es ab, ob ein Paar weiter darf oder eben nicht. Was sich in der Theorie so einfach anhört, verlangt in der Praxis ein großes Quantum an Erfahrung. Schließlich gilt es nicht „nur“ Lahmheiten oder zu hohe Pulswerte zu registrieren, sondern bereits im Vorfeld jedes Anzeichen von konditionellen oder konstitutionellen Schwächen zu erkennen, um das Pferd rechtzeitig aus der Wertung zu nehmen. Eine erfahrene Tierärztin sagte einmal, sie könne nur dann mit ihrer Arbeit zufrieden sein, wenn sie während oder nach dem Ritt kein einziges Pferd zu behandeln hätte. Ein hoher Anspruch, da Probleme auch unvermittelt auftreten können.

Daraus resultiert aber, daß der Veterinär nicht nur als Richter, sondern vor allem als Berater fungiert, der den Reitern mit wertvollen Tips zur Seite steht. Auch wenn die letztendliche Verantwortung für das Pferd beim Reiter liegt, trägt auch der Tierarzt ein hohes Maß davon. Schließlich hat er zu entscheiden, wann ein Tier besser aus der Wertung zu nehmen ist - und das geschieht im Interesse von Pferd und Reiter lieber zu früh als zu spät. Anstatt zu grollen, sollten wir Reiter es ihm danken.

Der Alltag des Tierarztes auf einem Ritt sieht dabei nicht gerade entspannt aus: Sehnen, Gurt- und Sattellage abtasten, Gangwerk beurteilen, Veränderungen während des Rittverlaufs erkennen, Verletzungen und Verspannungen registrieren, Pulswerte messen und zudem immer bereit sein, ein Paar aus dem Ritt zu nehmen. Der Grund für eine solche Entscheidung muß keine erkennbare Einzelursache sein, der Allgemeinzustand spielt ebenso eine wesentliche Rolle. Doch auch eine Lahmheit ist nicht immer eindeutig, ein leicht „tickerndes“, das heißt unregel-

Der Tierarzt übt auf einem Ritt einen harten Job aus. Der Reiter sollte ihm seine Aufgabe deshalb erleichtern.

mäßig gehendes Pferd wieder auf die Strecke zu schicken, könnte später böse Folgen haben, während sich andere Pferde auf den ersten Kilometern „einlaufen".

Auf Komfort muß der Tierarzt unterwegs verzichten können, häufig muß er selbst zu den Stops finden, die Reitzeiten abschätzen, wann er wo zu sein hat. Auf langen Ritten oder Mehrtagesveranstaltungen ist er nicht nur Richter, sondern auch Motivator für die Reiter. Und nicht zuletzt muß er im Notfall außer den Vierbeinern auch deren Reiter verarzten. Wer jedoch eine konkrete Diagnose oder die Behandlung seines Pferdes erwartet, wird enttäuscht. Denn diese kann in dem geringen Honorar des Distanz-Vets nicht inbegriffen sein, meist bleibt dazu auch gar keine Zeit. Bei Notfällen sieht die Sache natürlich anders aus. Viele Veranstalter geben deshalb weitere Telefonnummern von Tierärzten in der Umgebung an, die bei Bedarf konsultiert werden können. Behandelt der Distanz-Vet, so werden dem Pferdebesitzer die entstandenen Kosten in Rechnung gestellt.

Tips und Hinweise des Tierarztes sollte man während des Rittes ernst nehmen. Mich selbst wies einmal ein Tierarzt auf eine beginnende Unregelmäßigkeit hin und gab mir den Tip, langsam weiterzumachen. Obwohl ich das Pferd seit bald zehn Jahren ritt und von mir behaupte, ein gutes Gefühl für Unregelmäßigkeiten zu haben, fiel mir bis zu diesem Zeitpunkt nichts auf. Trotzdem ich also sehr vorsichtig weiterritt, begann das Pferd kurze Zeit später - wie vorhergesagt - zu lahmen.

Im Falle einer Eliminierung sollte sich jeder Reiter eingestehen können, daß die scheinbare Ursache des Ausscheidens meist nur die Folge reiterlicher Unvernunft war. Ein zu schnelles Tempo, zu wenig Training oder letztendlich falscher Ehrgeiz sind häufig die wahren Ursachen für das Aus. Der Tierarzt ist nur die Instanz, die uns in unsere Schranken weist und unser Horsemanship, unser Gefühl und Verständnis für unsere vierbeinigen Partner fördert. Denn wer den Tierarzt als Berater akzeptiert, kann von ihm noch viel lernen.

Die Präsentation des Pferdes ist für den ersten Eindruck maßgeblich, den der Tierarzt von dem Pferd gewinnt. Man sollte es deshalb so gut wie möglich zeigen.

DIE PRÄSENTATION DES PFERDES

Bei dem harten Brot der Vets, mit deren Job der Ritt beginnt und endet, sollte ihnen der Reiter die Untersuchung so einfach wie möglich machen.

Das heißt in der Praxis, das Pferd nicht gestreßt vom Hänger zum Tierarzt zu zerren, sondern das geputzte Pferd entspannt und bereits warmgeführt vorzustellen. Das heißt aber auch, sein Pferd so zu erziehen, daß es sich von fremden Personen jederzeit überall berühren und untersuchen läßt, stehen bleibt und am lockeren Strick zu führen ist. Da eingetretene Steine Lahmheiten vortäuschen können, kratzt man direkt vor der Untersuchung die Hufe aus. Auf etwaige Überempfindlichkeiten oder alte Verletzungen weist man den Tierarzt am besten schon vor dem Start hin, damit sie bereits zu Beginn des Rittes in die Check-Karte eingetragen werden können.

Zu den Verfassungskontrollen bei Vor- und Nachuntersuchung wird das Pferd nackt, das heißt ohne Sattel, Gamaschen oder Bandagen vorgeführt. Auf den Rittunterbrechungen wird lediglich bei internationalen Veranstaltungen das Absatteln verlangt. Ob Sie Ihre Gamaschen abnehmen müssen, ist meist vom jeweiligen Tierarzt abhängig.

Die Tierarztkontrollen finden häufig auf engem Raum statt, weshalb aggressive, schlagende Pferde für alle Beteiligten eine Gefahr darstellen können. In der Zone der Untersuchung dürfen sich nur die Personen aufhalten, die dort etwas zu suchen haben - als interessierter Zuschauer hält man sich deshalb am Rande des Geschehens auf. Ganz streng wird dies bei internationalen Ritten gehandhabt, wo in dem Vet-Gate pro Pferd nur eine Person zugelassen ist.

So wird das Pferd korrekt vorgeführt: Am lockeren Strick trabt es im Arbeitstempo auf gerader Linie neben seinem Reiter.

DIE TIERARZTUNTERSUCHUNG

Der Ablauf der Untersuchung

Das korrekte Präsentieren des Pferdes sollte man bereits zuhause geübt haben. Wundern Sie sich bitte nicht, wenn dem korrekten Vorführen in diesem Buch so viel Raum gewidmet wird - auch viele der erfolgreichen Reiter sind dazu nicht in der Lage.

Kommt man nun mit dem Pferd zum Tierarzt, wird es zuerst im Stand untersucht. Hat man das Pferd eingedeckt, um es für die Untersuchung warm zu halten, so müssen jetzt zumindest die Schließen geöffnet sein, so daß der Tierarzt ohne Probleme alle Körperteile kontrollieren kann.

Anschließend wird der Vorführer aufgefordert, sein Pferd an der Hand in der Bewegung zu zeigen. Die Strecke beträgt etwa 50 Meter nach Möglichkeit auf befestigtem Boden. Decken sind nun abzunehmen.

Man führt das Pferd zuerst im Schritt von dem Tierärzteteam weg, wendet und kehrt wieder zurück. Dann folgt der Trab. Verlangt wird das Vorstellen des Pferdes neben dem Führer im Arbeitstempo und in gerader Linie am losen Strick. Eine kurze Führleine, ein hochgehaltener Kopf, extremes Treiben von hinten oder ein zu schnelles oder langsames Tempo kann etwaige Gangunregelmäßigkeiten vertuschen. Erfahrene Tierärzte werten dies als Manipulation und werden Sie energisch auffordern, das Pferd noch einmal zu zeigen. Bei internationalen Ritten erhalten Sie im allgemeinen nur eine einzige Chance, Ihr Pferd vorzustellen.

Die Gerte als Hilfsmittel wird der Tierarzt nur dann akzeptieren, wenn Sie diese als Touchierhilfe einsetzen und das Pferd keine Angst davor hat. Dann würde es nämlich nicht geradeaus laufen, sondern mit der Hinterhand ausweichen. Dies macht eine Beurteilung unmöglich.

Zum Anhalten setzt man idealerweise außer dem Stimmkommando bewußt seine Körpersprache ein. Dazu bringt man den Körper halb schräg vor das Pferd, das dies als bremsendes Signal begreift. Notfalls unterstützt man diese Wirkung mit der Gerte, indem man den Knauf in etwa 70 cm Abstand vor den Kopf des Pferdes hält. Das Antraben und Durchparieren vom Trab zum Halt verbindet man immer mit wenigen Tritten im Schritt, da das Pferd durch abruptes Abbremsen auf dem Asphalt ausrutschen könnte. Traben Sie auch nach der Wendung nicht sofort los, sondern richten Sie Ihr Pferd immer erst gerade - die Belastung des Antrabens in der Wendung ist für die Hinterbeine ungleich größer. In der Wendung hat das Pferd immer innen zu gehen, Sie selbst bestimmen durch Ihren Körper den Radius der Wendung und hindern es so an einem eventuellen Ausbrechen. Es ist nicht korrekt und für den Vorführer sogar gefährlich, das Pferd um sich herumtreten zu lassen.

Das Vorführen im Trab sieht also in Folge so aus: Wendung des Pferdes in die Laufrichtung - geraderichten im Schritt - antraben - durchparieren in den Schritt - wenden - geraderichten im

Schritt - antraben - durchparieren in den Schritt - anhalten. Ist alles in Ordnung, werden Sie nun ein „gut" oder „danke" der Tierärzte hören.

Das korrekte Vorführen des Pferdes ist bei einem Distanzritt von großer Bedeutung, da von dem Ergebnis der Erfolg des Rittes abhängig ist. Der Tierarzt sollte deshalb bereits bei der Voruntersuchung einen guten Eindruck von dem Paar gewinnen.

Die Kriterien der Tierarztuntersuchung

Nachfolgend nun Sinn und Zweck der einzelnen Untersuchungen, die Ihnen Aufschluß über die Gesundheit Ihres Pferdes geben. Sie können sie auch jederzeit selbst als Check durchführen.

Der Gesamteindruck

Die Verfassung des Pferdes sagt dem Tierarzt, in welchem Allgemeinzustand sich das vorgestellte Tier befindet. Einem aufmerksamen Tierarzt entgeht weder der Grad der Müdigkeit noch der Futterzustand. Auch glänzendes Fell kann ein Indiz für die Gesundheit des Pferdes sein. Ein aufmerksamer, munterer Blick läßt während des Rittes auf Reserven schließen. Müde, apathische Pferde zeigen hingegen, daß irgendwas nicht in Ordnung ist. Je nachdem, welchen Eindruck der Tierarzt von Ihrem Pferd hat, trägt er in die Check-Karte unter der Rubrik „Gesamteindruck" „gut", „ohne besonderen Befund" (o.b.B.) oder „schlecht" ein. Nehmen Sie Bemerkungen, Hinweise und Kritik des Tierarztes ernst. Ein Pferd in einer schlechten Verfassung, egal aufgrund welcher Ursachen, hat auf einem Distanzritt nichts zu suchen.

Die Sattellage

Besonders sorgfältig wird der Tierarzt die Sattellage auf Drücke oder Überempfindlichkeiten untersuchen. Dazu tastet er Rückenmuskulatur und Haut ab. Weicht das Pferd auf das Abdrücken aus, so ist dies ein Signal für Verspannungen oder Reizungen. Je nach dem Grad des Nachgebens kann dies ein Grund sein, das

Ein Satteldruck muß sich nicht immer durch offene Hautflächen äußern. Schon eine Rückenempfindlichkeit kann für das Paar das Ende des Rittes bedeuten, weshalb der Tierarzt der Rückenmuskulatur besonders große Aufmerksamkeit widmet.

Pferd aus der Wertung zu nehmen - auch wenn kein offener Satteldruck ersichtlich ist. Fairerweise muß man hinzufügen, daß das Nachgeben immer von der Intensität des Abdrückens abhängig ist. Jeder Mensch kann mit einem gezielten, intensiven und punktuellen Druck ein Pferd zum Nachgeben veranlassen. Analog zur Sattellage werden auch Gurtlage, Kopf und die Bereiche des Vorderzeuges kontrolliert.

Die Muskulatur

Durch das Abtasten der Muskulatur, vor allem der der Hinterhand, kann der Tierarzt Muskelverkrampfungen erkennen. Ist sie locker, dann ist alles in Ordnung. Schlimmstenfalls weicht das Pferd dem Druck. Dann wird es auch bei der Nachuntersuchung aus der Wertung genommen werden, da es in diesem Zustand nicht mehr reittauglich erscheint.

Die Schleimhäute

Ein Blick in das Maul des Pferdes offenbart den Zustand der Schleimhäute. Normalerweise sind sie rosa. Eine blasse Farbe ist ein Hinweis auf eine geringe Durchblutung, eine bläuliche auf akuten Sauerstoffmangel. Sehr rote Schleimhäute hingegen sind Zeichen einer Überanstren-

Die Schleimhäute sind ein inneres Spiegelbild der Verfassung des Pferdes.

gung. In allen Fällen bedeutet dies für Ihr Pferd das Ende des Ritts. Manche Tierärzte kontrollieren auch die kapilläre Rückfüllzeit, indem sie mit einem Finger auf das Zahnfleisch Druck ausüben. Im Normalzustand nimmt der Abdruck aufgrund von Blutdruck und Blutvolumen binnen zwei Sekunden wieder die Farbe seiner Umgebung an. Wird mehr Zeit benötigt, so ist dies ein Indiz für eine mangelnde Durchblutung des peripheren Kreislaufs und ein erstes Signal für ernste Kreislaufprobleme. Denn dann herrscht im Körper eine anormale Blutverteilung, das heißt, das Blut wird nun für wichtigere Funktionen benötigt.

DIE DEHYDRATATION

Die Dehydratation (Austrocknung) kontrolliert der Tierarzt mittels des Hautfaltentests. Dazu zieht er mit zwei Fingern eine Hautfalte heraus. Während man früher den Test am Hals machte, wählt man heute die Schulterpartie, da die stärkere Muskulatur unter der Haut ein rascheres Zurückbilden der Falte fördert. Je länger die Zeit, bis sich die Falte zurückbildet, desto höher die Dehydratation. Das Pferd hat nun einen zu geringen Anteil von Wasser im Körper. Stark dehydrierte Pferde können den Flüssigkeitsverlust nicht mehr allein durch Wasseraufnahme ausgleichen, der Tierarzt wird dem Pferd vermutlich eine Infusion verabreichen.

DIE VERDAUUNGSORGANE

Mit einem Stethoskop werden anhand der Darmgeräusche die Verdauungsorgane kontrolliert. Normale Geräusche weisen darauf hin, daß die Blutverteilung geregelt ist, da der Körper trotz der höheren Durchblutung der Muskulatur in der Lage ist, auch den Verdauungstrakt mit

An dem aufgehaltenen Bein tastet die Tierärztin die Sehnen ab, um Empfindlichkeiten oder Schwellungen erkennen zu können.

ausreichend Blut zu versorgen. Der zunehmende Darmstillstand durch Eindickung der Nahrung oder leichte Krämpfe können Vorboten einer Kolik sein.

DIE TEMPERATUR

Die Temperatur des Pferdes wird, wenn überhaupt, eigentlich nur auf internationalen Ritten oder in Verdachtsfällen gemessen. Ein Temperaturanstieg bis zu 40° C ist während der Arbeit durchaus normal. Pferde mit einer Temperatur über 40° C werden meist sicherheitshalber aus dem Ritt genommen, ab 42° C ist der Zustand als äußerst bedenklich einzustufen.

DIE PULS- UND ATEMWERTE

Die Pulswerte geben Aufschluß über die Regeneration des Pferdes. Dabei sind weniger die Eingangswerte als vielmehr die Erholwerte und die Zeit, bis das Pferd diese erreicht hat, von Bedeutung. Die Intensität und Regelmäßigkeit des Herzschlages lassen außerdem Rückschlüsse auf die Stabilität des Kreislaufes zu. Auch wenn die Atemwerte selbst als Wertungsgrundlage keine Rolle spielen, wird sie der Tierarzt bei auffälliger Atmung registrieren.

DIE EXTREMITÄTEN

Das Abtasten der Beine gibt Aufschluß über den Zustand von Sehnen und Bändern. Erwünscht sind selbstverständlich klare, beim Abtasten deutlich voneinander zu trennende Sehnen. Zudem werden die Extremitäten auf Verletzungen untersucht. Streif- oder Greifwunden werden in die Check-Karte eingetragen. Verletzt sich Ihr Pferd auf einem Ritt, dann sollten Sie vor einer Behandlung Rücksprache mit dem Tierarzt halten.

DIE BEWEGUNG

Das Gangwerk wird durch das Vorführen des Pferdes in Schritt und Trab kontrolliert. Dabei werden vor allem Veränderungen am Gangwerk registriert. Ob Unregelmäßigkeiten zum Außschluß führen, liegt immer im Ermessen des Tierarztes. Es ist müßig, über den Grad der Lahmheit zu diskutieren, da lahm nun einmal lahm ist. Eine leichte Gangunregelmäßigkeit - von Distanzreitern als „Tickern" bezeichnet - kann bereits, muß aber nicht das Ausscheiden bedeuten.

DER RIDGEWAYTROT

Diese Untersuchung ist eine Sonderform, die veränderliche Prozesse in einem sehr frühen Stadium erkennen läßt. Dazu werden die Pulswerte genommen und das Pferd anschließend auf einer etwa 35 Meter langen Strecke hin und zurück getrabt. Exakt 60 Sekunden nach der ersten Messung werden erneut die Pulswerte genommen. Ist das Pferd gesund, bleiben die Werte konstant. Eine Abweichung von etwa vier Schlägen pro Minute wird toleriert. Schnellen jedoch die Werte von zum Beispiel 64 auf 76, so ist der Anstieg mit einem akuten Schmerzzustand zu begründen. Im allgemeinen wird der Tierarzt den Reiter auffordern, sein Pferd nach einer etwa zehnminütigen Pause erneut zum Ridgewaytrot vorzustellen. Ist der Test positiv, kann man davon ausgehen, daß metabolische Probleme zu erwarten sind. Der Tierarzt untersucht das Pferd ausführlich und nimmt es aus der Wertung.

Die Art der Rittunterbrechungen und Tierarztkontrollen

Bei allen Untersuchungen sind Sie als Reiter dafür verantwortlich, daß die Zeiten für die Pausen bzw. zum Nachmessen eingehalten werden. Haben Sie darum selbst einen Blick auf die Uhr und erinnern Sie notfalls Zeitnehmer und PA-Helfer daran, anstatt sich darauf zu verlassen, daß man Sie aufrufen wird.

Die Voruntersuchung

Die erste Untersuchung des Pferdes wird am Tag vor dem Ritt oder am Morgen vor dem Start durchgeführt. Der Tierarzt macht sich ein erstes Bild von dem Pferd und entscheidet dann über die Starterlaubnis. Er kann sie verweigern, wenn er befürchten muß, daß das Pferd auf dem Ritt Schaden erleiden wird oder wenn bereits eine Lahmheit vorliegt.

Kontrollen während des Rittes

Es gibt verschiedene Arten von Rittunterbrechungen, über die man sich vor dem Start informieren sollte. Sie sind auch der Ausschreibung zu entnehmen. Unter Umständen kann nämlich das Tempo vor der Kontrolle für deren Verlauf entscheidend sein.

Bei allen Rittunterbrechungen geben Sie beim Einreiten Ihre Check-Karte an die Zeitnehmer oder die Schreiber des Tierarztes ab und erhalten sie meist erst beim Verlassen des Stops wieder.

Der Stop mit Pause

Die häufigste Kontrolle ist der normale Stop. Die Pausenzeit variiert je nach Gesamtstreckenlänge und der bereits gerittenen Kilometer zwischen etwa 25 und 60 Minuten. Hier werden beim Erreichen des Stops Eingangszeit und Eingangspulswerte festgehalten. Zur Versorgung des Pferdes hat der Reiter nun 20 Minuten Zeit, dann erfolgt die eigentliche Tierarztuntersuchung. Liegen bei der zweiten Messung, die als das Nachmessen geläufig ist, die Pulswerte über 64, erfolgt der Ausschluß des Pferdes. Diese Erholwerte zeigen die tatsächliche Regeneration des Pferdes, die Höhe der Eingangswerte sind meist von dem Schwierigkeitsgrad der Strecke sowie dem Reittempo abhängig und deshalb von geringer Bedeutung. Für sie gibt es deshalb auch keinen Grenzwert.

Wenn Sie Ihr Pferd dem Tierarzt vorstellen, sollten Sie sicher sein, daß es sich nicht gleich aufregen wird. Dieses Pferd ist nach 120 km munter und aufmerksam, aber sehr entspannt.

Die Tierarztuntersuchungen und Rittunterbrechungen

Nach dem Nachmessen kann der Reiter die restliche Zeit der Pause nutzen - die Gesamtpausenlänge abzüglich der 20 Minuten, um sein Pferd zu versorgen oder sich wieder startklar zu machen.

Das Vet-Gate

Auch das Vet-Gate zählt zu den Rittunterbrechungen mit Pause. Sobald Sie das Zeittor passieren, haben Sie auf nationalen Ritten 20 Minuten, auf internationalen 30 Minuten Zeit, Ihr Pferd dem Tierarzt vorzustellen. Es muß dann den Puls von 64 erreicht haben. Die Differenz zwischen dem Passieren des Tores und der Tierarztuntersuchung wird als Reitzeit gewertet. Hat Ihr Pferd bei der ersten Messung einen höheren Puls als 64, erhalten Sie eine Strafzeit, nach der Sie Ihr Pferd erneut vorstellen müssen. Liegen die Werte dann immer noch über dem Grenzwert von 64, erfolgt der Ausschluß. Die Strafzeit wird Ihnen als Reitzeit angelastet.

Bevor Sie nun den Tierarzt auffordern, den Puls Ihres Pferdes zu messen, sollten Sie sich sicher sein, daß der Wert wirklich stabil ist. Zwei Minuten mehr Wartezeit stehen in keinem Verhältnis zu der Strafzeit. Beobachten Sie vor dem Gang zum Tierarzt auch Ihre Umgebung und wählen Sie einen günstigen Zeitpunkt, Ihr Pferd messen zu lassen. Verlassen just in diesem Augenblick alle anderen Pferde wieder den Stop, so ist es naheliegend, daß sich Ihr Pferd aufregen wird und die Pulswerte plötzlich in die Höhe schnellen.

Nach dem Zeitpunkt des Messens, der in Ihre Check-Karte eingetragen wird, beginnt die eigentliche Pausenzeit, die Sie zur Versorgung Ihres Pferdes nutzen.

Der Knackpunkt beim Vet-Gate ist also im Gegensatz zum normalen Stop, daß Ihr Pferd nach Erreichen des Zeittores so schnell wie möglich den Grenzwert erreicht. Es wäre also unvernünftig, das Pferd kurz vor einem Vet-Gate mehr als notwendig zu fordern. Schon viele Reiter haben sich nicht auf der Strecke, sondern in den Vet-Gates ihren Platz erritten.

Der Vet-Check

Der Vet-Check ist eine Rittunterbrechung ohne Pause. Sie dürfen weiterreiten, sobald Ihr Pferd nach Passieren des Zeittores wiederum einen Puls von 64 erreicht hat. Die Zeitdifferenz zwischen dem Passieren des Tores und dem Erreichen der erforderlichen Werte wird als Reitzeit gewertet und darf maximal 20 Minuten, international 30 Minuten betragen. Im Vet-Check wird außerdem eine Gangkontrolle durchgeführt, die je nach Ermessen des Tierarztes mit Reiter oder an der Hand absolviert werden kann.

Die Radarfalle

Die Radarfalle ist eine unangekündigte Kontrolle, die Sie zwar keine Punkte, aber Zeit kosten kann. Meist wird sie nur auf kurzen oder mittleren Distanzen nach anstrengenden Streckenabschnitten eingesetzt, um die Reiter zu einem vernünftigen Tempo zu mahnen. Nach Erreichen der Radarfalle werden die Werte gemessen. Liegen sie unter 72, so darf das Pferd sofort weiter. Ansonsten gilt, daß das Pferd innerhalb von 10 Minuten einen Grenzwert von 72 oder innerhalb von 20 Minuten einen Wert von 64 erreicht haben muß. Liegen die Werte nach 20 Minuten über 64 erfolgt das Aus. Bei einer Radarfalle werden Verfassungs- und Gangkontrollen nur in Verdachtsfällen durchgeführt.

Es ist naheliegend, daß der Reiter sein Tempo drosselt, sobald er eine Radarfalle erblickt.

Der Trot-By

Bei einem Trot-By kontrolliert der Tierarzt die vorbeitrabenden Pferde lediglich auf Unregelmäßigkeiten im Gang, ohne den Ritt zu unterbrechen. Dies kann an der Hand oder unter dem Sattel geschehen.

Der Kontrollpunkt

Kontrollpunkte sind Streckenposten, die weder eine Rittunterbrechung noch eine Tierarztkontrolle beinhalten. Sie dienen lediglich zur Kontrolle, ob die Strecke eingehalten wird.

Die Zieluntersuchung

Im Ziel werden wieder Eingangs- und Erholwerte gemessen und das Pferd auf seine Verfassung überprüft. Bei großen internationalen Ritten wird das Ziel jedoch als eine Art Vet-Gate gehandhabt, in der zwar die Eingangszeit als Zielzeit gewertet wird, der Reiter jedoch das Pferd nur binnen 20 oder 30 Minuten mit dem erreichten Grenzwert von 64 vorstellen muß. Diese Zieluntersuchung gilt dann auch als Nachuntersuchung.

DIE NACHUNTERSUCHUNG

Die wohl wichtigste Kontrolle ist die Nachuntersuchung, bei der Pferde trotz erbrachter Leistung noch aus der Wertung genommen werden können. Maßgebliches Kriterium ist die Reittauglichkeit Ihres Pferdes.

Auch wenn wie bei all den anderen Verfassungskontrollen das Pferd von Kopf bis Fuß untersucht wird, ist die häufigste Ausfallursache die Lahmheit des Pferdes. Bei allen anderen Problemen, wie zum Beispiel einer Überempfindlichkeit des Rückens, liegt es im Ermessen des Tierarztes, ob er Ihr Pferd als reittauglich erklärt. Bei Mehrtagesritten hingegen können bei der Nachuntersuchung, die meist sogleich Voruntersuchung für den neuen Streckenabschnitt ist, verständlicherweise auch kleinste Probleme zum Ausschluß führen.

Weil diese 10 Minuten der Nachuntersuchung darüber entscheiden, ob sich Ihr schweißtreibender Aufwand tatsächlich gelohnt hat, präsentiert man sein Pferd in der bestmöglichen Verfassung. Ein kleiner Muskelkater, leichte Verspannungen können sich zum Beispiel durch das Warmführen des Pferdes von selbst lösen.

DIE UNTERSUCHUNG FÜR DEN KONDITIONSPREIS

Der Konditionspreis stellt für Pferd und Reiter eine besondere Auszeichnung dar. Er wird im allgemeinen unter den zehn erstplazierten Paaren vergeben. Die Ehrung bedeutet, daß der Reiter sein Pferd gut über die Strecke gebracht hat, auch wenn dies nicht in der schnellsten Zeit geschah. Die Tierärzte hatten vor, während und nach dem Ritt Gelegenheit, die Pferde zu beurteilen. Wenn, wie auf internationalen Ritten üblich, die Nachuntersuchung bereits spätestens 30 Minuten nach Zieleinlauf stattfindet, wird über den Konditionspreis dennoch erst am nächsten Tag entschieden, da manche Probleme erst am Folgetag auftreten.

DIE TRANSPORTFREIGABE

Auf langen Ritten ist es üblich, daß im Rahmen der Nachuntersuchung oder der Untersuchung am Folgetag über die Transportfreigabe entschieden wird. Dazu werden alle Pferde vorgestellt, auch diejenigen, die aus der Wertung genommen wurden. Falls eine solche Untersuchung nicht angesetzt ist, sollten Sie, bevor Sie den Veranstaltungsort verlassen, immer den Tierarzt fragen, ob er Bedenken bezüglich eines Transportes hat. Vor allem Pferden mit metabolischen Problemen kann ein frühzeitiger Transport nicht zugemutet werden.

Nach einem harten Ritt ist der Applaus der Tierärzte das größte Lob, das man dem Reiter aussprechen kann.

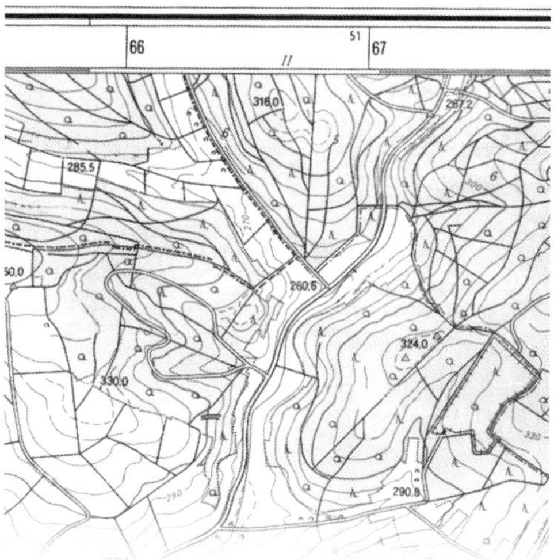

Ritt ist nicht gleich Ritt: Die Distanzdisziplinen

Distanzreiten ist ein Sport für Individualisten. Wen wundert es also, daß dem ambitionierten Reiter verschiedene Disziplinen zur Verfügung stehen. Sie unterscheiden sich nicht nur in Streckenlänge, sondern auch in Markierung und Veranstaltungslänge. Jeder Ritt hat seinen eigenen Charakter, ist geprägt von Region, Veranstalter und Teilnehmerfeld. Die Qualität eines Rittes ist nicht abhängig von den zu erzielenden Reitzeiten, sondern von Geläuf, Landschaftsbild, Schwierigkeitsgrad (z.B. Kletterpartien bei Bergdistanzen) und Atmosphäre. Ein ledigliches Abreiten von Kilometern, um in möglichst kurzer Zeit viel auf den „Tacho" zu bekommen, würde das Distanzreiten zum unattraktiven Sportrennen ohne die Berücksichtigung echter Ausdauerleistungen degradieren. Ein Telefonanruf kann schon im Vorfeld Unklarheiten der Ausschreibung beseitigen und Mißverständnissen vorbeugen. Die Motivation der Veranstalter ist meist grenzenloser Idealismus - mit Distanzritten läßt sich selten Geld verdienen -, sie investieren viel Zeit und mehr oder weniger viel Liebe, um Ihnen einen schönen Ritt zu ermöglichen. Kommen Sie deshalb als Gast, nicht als zahlender Teilnehmer, der diesen Idealismus mit Füßen tritt.

Welche Art von Veranstaltung man bevorzugt, ist nicht zuletzt auch von den sportlichen Zielen und der Leistungsfähigkeit des Pferdes abhängig. Wer zum Beispiel keine Zeit für das Training opfern kann, wird auch keine langen Distanzen reiten können. Nicht jeder Reiter und jedes Pferd werden sich dazu eignen, sportliche Höchstleistungen zu vollbringen. Akzeptieren Sie die Grenzen und haben Sie gemeinsam mit Ihrem Pferd in dem Rahmen Spaß, den es Ihnen anbieten kann.

Die Leistung selbst muß immer in Relation zu den Voraussetzungen betrachtet werden. Für das eine Pferd ist ein langsamer 80er unter Umständen eine größere Leistung als für ein anderes ein Hundertmeiler. Jeder erfolgreich absolvierte Ausdauerritt verdient Respekt.

Die Definitionen der Ritte sind an das nationa-

Distanzritt ist nicht gleich Distanzritt. Viele Differenzierungen gestalten die Szene sehr abwechslungsreich.

le und internationale Reglement gebunden, die einer laufenden Veränderung unterworfen sind. Sie sind deshalb kurz und unverbindlich gehalten. Weitere Informationen können Sie dem aktuellen Reglement entnehmen, das Sie über den VDD beziehen können.

TEMPO BEGRENZT - TEMPO FREI?

Einführungs- und kurze Distanzritte können tempobegrenzt sein. Die Wertung erfolgt nicht nach Zeit, sondern nach Leistungsklassen oder nach Pulswerten und/oder Sonderprüfungen.

Wer die Strecke also schneller als in der Idealzeit absolviert, wird zwar nicht bestraft, erhält aber auch keine Pluspunkte. Allenfalls riskiert man höhere Pulswerte, die sich bei einer Plazierung negativ auswirken können.

Tempo frei bedeutet hingegen eine Wertung nach Zeit, bei der der schnellste Reiter als Sieger hervorgeht. Auf mittleren oder langen Strecken dürfen Zeittore errichtet werden. Diese müssen nach einer bestimmten Zeit erreicht sein, die jedoch nicht schneller als die Höchstzeit der Gesamtstrecke ist.

DIE BEDEUTUNG DER TEMPOANGABEN

T 3, T 5, T 8 sind für Laien böhmische Dörfer. Die Umrechnung ist jedoch einfach. Tempo 5 bedeutet zum Beispiel, daß man 5 Minuten pro Kilometer benötigt, T 8 also 8 Minuten. Die Tabelle ermöglicht einen schnellen Überblick:

TEMPO 3	333 m / Minute	20 km / Stunde
TEMPO 4	250 m / Minute	15 km / Stunde
TEMPO 5	200 m / Minute	12 km / Stunde
TEMPO 6	167 m / Minute	10 km / Stunde
TEMPO 7	145 m / Minute	8,6 km / Stunde
TEMPO 8	125 m / Minute	7,5 km / Stunde

DIE EINTEILUNG DER RITTE NACH STRECKENLÄNGE

EINFÜHRUNGSRITTE

Mindestalter des Pferdes 5 Jahre, Streckenlänge 25-39 km/Tag.

Sie sind mit besonders geringen Distanzen als Schnupperritte für Einsteiger gedacht. Deshalb gibt es meist keine Plazierung, sondern eine Einteilung nach Leistungsklassen. Für Anfänger besonders interessant sind mit Seminaren kombinierte Veranstaltungen.

KURZE DISTANZRITTE

Mindestalter des Pferdes 5 Jahre, Streckenlänge 40-59 km, bei Mehrtagesritten 40-49 km/Tag.

Die Einsteigerritte für Nachwuchspferde und die beste Gelegenheit, ein Gefühl für Streckenlängen zu gewinnen.

Auf langen Ritten ist das Tempo im allgemeinen langsamer als bei kurzen Distanzen. Da bleibt den Reitern ausreichend Zeit, ihre Pferde auf schwierigen Passagen zu führen.

MITTLERE DISTANZRITTE

Mindestalter des Pferdes 6 Jahre, Streckenlänge 60-79 km, bei Mehrtagesritten 50-59 km/Tag.

LANGE DISTANZRITTE

Mindestalter des Pferdes 7 Jahre, Streckenlänge ab 80 km, bei Mehrtagesritten ab 60 km/Tag.

Für viele Reiter und die FEI beginnt das eigentliche Distanzreiten erst ab einer Länge von 80 Kilometern, sie nennen sich Langstreckenreiter. Als Königsdisziplin gilt der Hundertmeiler (160 km), der bei traditionellen Ritten inklusive aller Rittpausen in 24 Stunden beendet sein muß. Lange Strecken sind Leistungssport, an die Sie sich erst nach ausreichender Erfahrung auf kürzeren Distanzen sowie einem mehrjährigen Aufbautraining Ihres Pferdes wagen sollten.

Viele Veranstalter bieten nach einer Mindestkilometerzahl die Möglichkeit an, den Ritt freiwillig in jedem Stop in der Wertung zu beenden. So können Pferd und Reiter behutsam und ohne Risiko an lange Strecken herangeführt werden.

MARKIERT ODER UNMARKIERT?

Das Gros aller Ritte findet auf markierten Strecken statt. Da der Reiter sich nur auf die mehr oder minder gute Markierung konzentrieren muß, werden sie im allgemeinen in schnelleren Tempi zurückgelegt. Der Reiter sollte dennoch immer ein Auge auf die Streckenkarte haben, da diese in Zweifelsfällen verbindlich ist. Bei einem Verritt sind Sie verpflichtet, zu dem Punkt zurückzukehren, an welchem Sie die Strecke verlassen haben.

Kartenritte erfordern etwas mehr Abenteuerlust. Die Strecke ist nicht markiert, sondern muß per topographischer Karte selbst gefunden werden. Im flotten Trab ist dabei das Kartenlesen gar nicht so einfach. Ein Verritt kann wertvolle Zeit kosten. Kartenritte haben meist eine Teilnehmerbegrenzung und zeichnen sich durch ihren romantischen und abenteuerlichen Charakter aus.

MEHRTAGESDISTANZEN

Für viele Reiter das Nonplusultra: eine Mischung aus Abenteuer und Survival, Sport und Urlaub, Horsemanship und Ausdauer. Das

Der Trabweg West vom Elsaß an die Nordsee war mit knapp 1000 Kilometern der bisher längste Mehrtagesritt in Europa. Hinter diesen Reitern liegen zwei Wochen Schweiß, Staub und unvergeßliche Abenteuer.

enge Zusammenleben unter Belastung läßt Pferd und Reiter wahrlich zusammenwachsen. Legendär und unvergessen bleibt Europas längster Distanzritt, der Trabweg West 1990, der vom Elsaß an die Nordsee führte.

Die Anforderungen sind je nach Ausschreibung unterschiedlich. Durch die höhere Gesamtbeanspruchung des Pferdes unterliegen Mehrtagesdistanzen ihren eigenen Gesetzen. Hier erweist es sich, ob Pferd, Reiter und Ausrüstung wahren Dauerbelastungen gewachsen sind. Die Streckenlängen sind nicht mit denen von Eintagesritten zu vergleichen, bei denen sich das Pferd am darauffolgenden Tag erholen kann. Deshalb reichen die Tagesetappen selten über 100 km, meist bewegen sie sich um 60-80 km pro Tag.

Bei langen Ritten ist es häufig möglich, die Tagesetappe nach einer Mindestkilometerzahl in der Wertung zu beenden, weshalb sich diese Ritte auch für junge Pferde eignen. Als Reiter

Abenteuer garantiert: Der Nachtritt oder der Nachtstart auf langen Distanzen übt auf viele Reiter eine besondere Faszination aus.

sollte man gut trainiert sein: Paddock aufbauen, Pferd versorgen, Karten einzeichnen, Vorstellung des Pferdes beim Tierarzt etc. gönnen dem Reiter wenig Pause.

RITTE UNTER BESONDEREN BEDINGUNGEN

Besondere Umstände können den Reiz eines Rittes erhöhen. In begrenzter Anzahl werden zum Beispiel Nachtdistanzen angeboten, bei denen der Reiter die Strecke fast ausschließlich im Dunkeln zurücklegen muß. Pferde sehen in der Dunkelheit besser als Menschen, weshalb weniger das Geläuf als die Orientierung das Problem ist. Dennoch sollte das Pferd im Training vorsichtig an Belastung in der Nacht gewöhnt

Selten ausgeschrieben, dafür sehr beliebt: der Handpferderitt. Beide Tiere müssen die Kontrollen ohne Beanstandung passieren.

werden. Der Schein einer Taschenlampe nimmt dem Auge die Möglichkeit, sich an das Dunkel zu gewöhnen. Verzichten Sie deshalb auf eine Beleuchtung im Gelände, an Straßen dient sie jedoch der Sicherheit.

Winterdistanzen sind Ritte unter verschärften Bedingungen, da Bodenverhältnisse, Witterung und Winterfell eine zusätzliche Belastung darstellen. Vor allem der Wärmeaustausch kann wegen des dichten Felles zum Problem werden. Notfalls kann man das Pferd auch teilweise scheren, muß dann aber in Haltung und Pflege die nötigen Konsequenzen ziehen.

INTERNATIONALE RITTE

Internationale Ritte werden nach nationalen oder dem internationalen Reglement der FEI durchgeführt. Sie zählen zur ELDRIC-Trophy, der Liste der in Europa erfolgreichsten Distanzreiter. Höchstzeiten sind knapper bemessen und Nachuntersuchungen finden bereits 30 Minuten nach Zieleinlauf statt. Die Nennung für Ritte im Ausland erfolgt über Beauftragte des VDD, die diese wiederum an die FN weiterleiten.

MEISTERSCHAFTEN

Ein Höhepunkt in Deutschland ist die Deutsche Meisterschaft. Um an ihr teilzunehmen, müssen Pferd und Reiter eine erfolgreicheRitterfahrung nachweisen. Europameisterschaften und Weltreiterspiele finden wie andere FEI-Disziplinen im jährlichen Wechsel statt. Es ist das Profilager der Distanzreiter, das sich durch Erfolge qualifiziert hat und von einem Heer von Crews, Veterinären und Helfern begleitet wird.

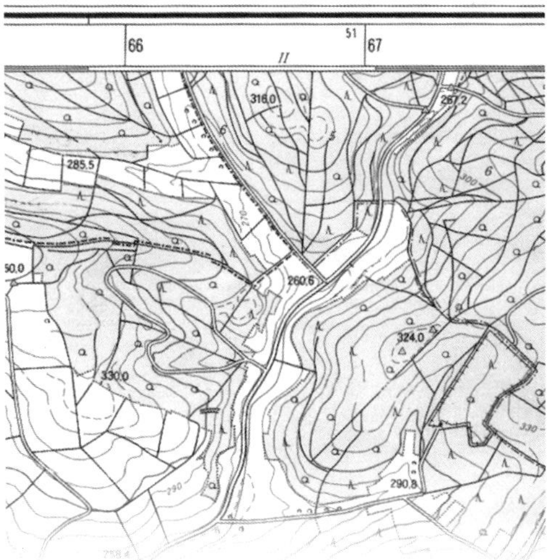

ES IST SOWEIT- DER RITT

DIE ZIELSETZUNG

Gehen Sie realistisch an Ritte heran. Sie und Ihr Pferd sind Lebewesen, die letztendlich auch Tagesverfassungen unterworfen sind. Sich im Vorfeld Siegeschancen auszurechnen, geht fast immer schief. Denn bei keiner anderen Pferdesportdisziplin liegen Erfolg und Mißerfolg so nah beieinander. Unterwegs kann vieles passieren: ein dummer Tritt, ein gerissener Riemen oder ein Verritt können das Ende des Wettbewerbes bedeuten. Von dem Ziel trennen Sie vielleicht 30, 80 oder 120 Kilometer, die erst bewältigt sein wollen. Der Feind ist die Strecke, nicht die Konkurrenz. Das Motto lautet immer „Angekommen ist gewonnen!" - und zwar mit einem gesunden Pferd. Wenn Ihnen das gelingt, zählen Sie zu den eigentlichen Siegern.

DIE RITT-TAKTIK

Lassen Sie sich nicht verunsichern, wenn andere Reiter gerne über Taktiken plaudern. Mir persönlich ist dieses Wort unsympathisch, weil es die Degradierung des Pferdes zum Sportgerät assoziiert. Im Grunde genommen ist sie nämlich nichts anderes als die Rittplanung, die von vielen Kriterien abhängig ist. Trainingszustand des Pferdes, Charakter, Schwierigkeitsgrad der Strecke, Witterungsbedingungen und die Art der Betreuung spielen bei der Planung eine große Rolle.

Fast alle Reiter werden ganz einfach nur versuchen, den Ritt im Rahmen ihrer Fähigkeiten so gut wie möglich zu beenden. Das Tempo ist dem Pferd und der Streckenlänge angepaßt.

Das Reiten auf Höchstzeit bedeutet, daß man das erlaubte Zeitlimit ausschöpft. Doch das kann bei langen Strecken auch eine starke zeitliche Beanspruchung bedeuten. Der Biorhythmus gerät durcheinander, das Pferd wird anfälliger für streßbedingte Probleme. Einen Hundertmeiler in mehr als 18 Stunden zu reiten, ist deshalb für das Pferd eine Zumutung. Da sich das Tempo wegen der zunehmenden Belastung auf der

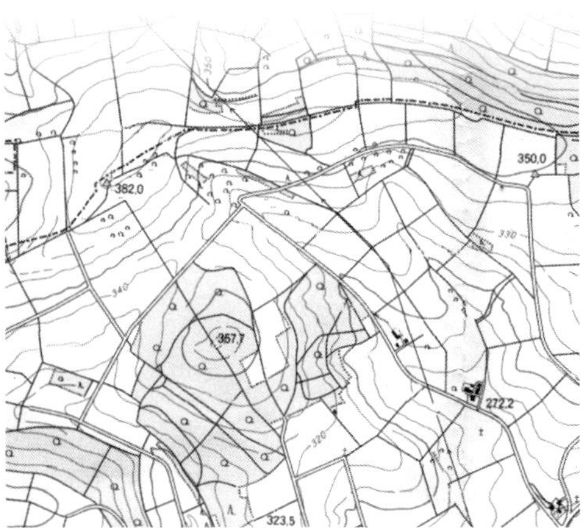

Die Spitzengruppe läßt sich auf langen Ritten nicht aus den Augen, um sich bei der ersten sich bietenden Gelegenheit voneinander absetzen zu können - manchmal gelingt dies erst beim Finish.

Stecke von allein verringern wird, sollte man immer einen zeitlichen Spielraum einplanen.

Auf Sieg zu reiten, können sich nur erfahrene Distanzreiter mit sehr guten Pferden leisten. Im allgemeinen behalten sie die Spitzengruppe im Auge oder führen diese an, um sich auf den letzten Kilometern abzusetzen. Bei einem Einzel- oder Gruppenstart ist es hingegen nicht möglich, die Reitzeiten der anderen Teilnehmer abzuschätzen. Man muß deshalb trotz des erhöhten Risikos maximales Tempo reiten, um sich einen der vorderen Plätze zu sichern.

Es kann sehr hilfreich sein, wenn Ihnen unterwegs Ihre Betreuung mitteilen kann, in welchen Abständen sich Reiter vor oder hinter Ihnen befinden. Dann können Sie abschätzen, ob es sich lohnt, an Tempo zuzulegen oder sich zurückfallen zu lassen, um das Pferd durch die Gesellschaft eines anderen zu motivieren.

Doping

Bis zur Beendigung des Rittes, der Nachuntersuchung, ist als einziges Pflegemittel Wasser zugelassen. Vor der Behandlung von Verletzungen ist also immer der Tierarzt zu konsultieren. Welche Substanzen und Medikamente unter die Dopingbestimmungen fallen, kann Ihnen im Vorfeld Ihr Tierarzt zuhause beantworten.

Auch der Reiter muß auf größeren Ritten mit Dopingkontrollen rechnen. Auf Meisterschaften sollte man deshalb vorher die Einnahme von Medikamenten angeben, die Sie aus gesundheitlichen Gründen verschrieben bekommen haben. Ihr Hausarzt wird Sie über Dopingbestimmungen beraten können.

Doping wird nicht nur mit Disqualifikation, sondern in der Regel auch mit Sperren geahndet.

DIE RITTVORBEREITUNG

Noch sind Sie nicht im Ziel. Aber Sie haben ein fittes, von Ihnen durchgechecktes Pferd, die passende Ausrüstung und viel Elan, alles so gut wie möglich zu machen. Die besten Voraussetzungen sind also gegeben.

Packen Sie in Ruhe das Gespann. Die folgende Liste soll Ihnen helfen, nichts zu vergessen.

Die Checkliste - an alles gedacht?

Je nach Länge von Veranstaltung und Strecke ist abzuwägen, was Sie wirklich brauchen. Doch was Sie dabei haben, kann Ihnen nicht fehlen...

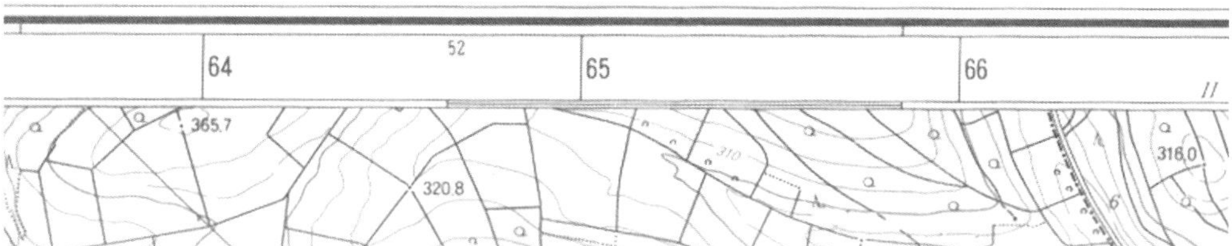

Reitausrüstung fürs Pferd:

- Sattel
- Zaumzeug und Ersatz
- Satteldecke und Ersatz
- Stallhalfter mit Strick
- Vorderzeug
- Ersatzbügelriemen
- Ersatzgurt
- eventuell Schweifriemen

An den Sattel gehören:

- Schwamm mit langem Band
- Schnur/Riemen zum Flicken
- Taschenmesser
- Hufkratzer
- Telefongeld und Telefonkarte
- Kartentasche mit Karten, Stift und Kompaß
- Streckenkarte (vom Veranstalter)
- Notapotheke mit mindestens:
- Sicherheitsnadeln, elastischer Binde, Kompresse, etwas sauberes (!) Equimoll, Pflaster, Leukoplast, Aspirin; besser zudem: 2 Dreiecktücher, Vetflex-Binde selbstklebend, Schere
- eventuell Pulsmeßgerät
- eventuell Hufschuh

Zur Versorgung des Pferdes:

- Mehrere Woll- und Abschwitzdecken
- Regendecke
- Fliegendecke (im Sommer)
- Fliegenschutz (im Sommer)
- Deckengurte
- Putzzeug
- Futtereimer
- 2-5 Tränk- und Wascheimer
- Schwämme
- Schweißmesser
- Handtücher
- Mehrere Wasserkanister. (Bewährt haben sich 10-20 l- Kanister, die man auch voll tragen kann. Je wärmer die Witterung, desto mehr Wasser werden Sie benötigen.)
- Beschlagswerkzeug komplett
- Fertiger Ersatzbeschlag mit Nägeln
- 8 Bandagen und Polsterung
- Plastiktüten
- evtl. Kühlgamaschen

Futtermittel, an die Ihr Pferd gewöhnt ist:

- Heu/Silage (in kleinen Ballen)
- Heunetz
- Stroh

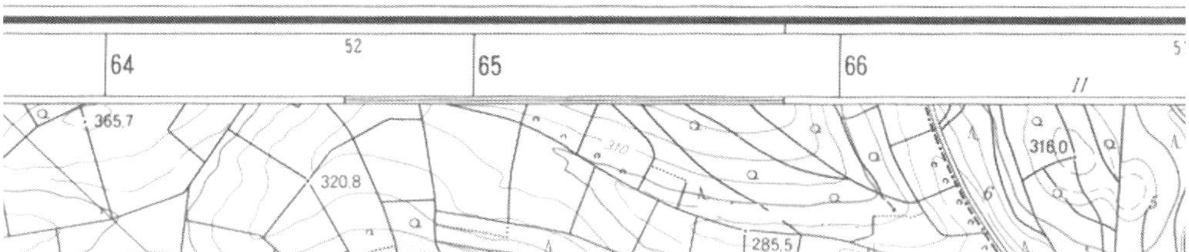

- Kraftfutter für die Mahlzeiten
- Kraftfutter für unterwegs
- Zusatzfuttermittel
- Elektrolyte
- Saftfutter (Möhren/Äpfel)
- kleines Stück Salzleckstein
- eventuell Sense oder Sichel

FÜR DIE ÜBERNACHTUNG DES PFERDES:
- E-Zaun-Stangen
- E-Zaun-Gerät
- E-Band
- Gummihammer zum Einschlagen der
- Stangen auf hartem Boden
- Heringe und Spannbänder
- Mistboy

FÜR DEN TRANSPORT:
- Transportdecke
- Transportgamaschen
- Schweifschoner

IHRE REITKLEIDUNG:
- Reithelm (falls vorgeschrieben) oder Hut
- Reithose mit Ersatz
- Schuhe mit Ersatz
- Jacke und Ersatz
- Regenmantel, - jacke oder - cape

ZUM ÜBERNACHTEN:
- Zelt (wenn nicht im Auto oder Hänger geschlafen wird)
- Schlafsack
- Luftmatratze
- Decken
- Kocher mit voller Kartusche
- Geschirr und Besteck
- Feuerzeug
- Kühltasche
- Campingtisch und Stühle
- Lebensmittel

ALLES ZUM KARTEN-EINZEICHNEN:
- Textmarker
- Stifte
- Kartenrad

SONSTIGES:
- Taschenlampen mit Batterien
- Stethoskop
- Thermometer
- Uhren
- Kartenmaterial für die Betreuer
- Sonnenschutzcreme
- Insektenschutz für Menschen
- Erste-Hilfe-Ausrüstung mit Medikamenten für Sie selbst Erste-Hilfe-Ausrüstung mit Medikamenten für Ihr Pferd (Medikamente nicht ohne Rücksprache mit dem Veterinär anwenden!)
- Gerte

DIE FAHRT

Fahren Sie rechtzeitig los, daß Sie Unvorhergesehenes nicht aus dem Zeitplan bringen kann. Spätestens zu Voruntersuchung und Rittbesprechung müssen Sie da sein, im Idealfall hat man ausreichend Zeit, damit das Pferd nach dem Transport regenerieren kann. Schließlich soll Ihr Pferd ausgeruht am Start erscheinen. Bei weiter Anreise sind deshalb ein bis zwei Tage der Erholung förderlich, zumindest sollte man aber bei größeren Distanzritten immer am Vortag eintreffen. Klären Sie vorher, wann Sie frühestens anreisen dürfen.

Halten Sie die für den Ritt notwendigen Papiere und tierärztlichen Bescheinigungen bereit, die vor allem auf internationalen Ritten verlangt werden. Bei einer Grenzüberschreitung kann dies die Abwicklung beschleunigen und zusätzliche Transportbelastungen verhindern.

DAS CAMP

Bei Ankunft am Veranstaltungsort informiert man sich zuerst über die Campmöglichkeiten. Den Platz für einen Paddock sollten Sie sorgfältig wählen. Die Nähe zum Wasser ist ratsam, da Sie es nicht so weit zu tragen haben, bedeutet aber auch Unruhe durch ständiges Kommen und Gehen. Bei heißem Wetter bevorzugt man schattige, bei schlechtem geschützte Orte. Mit einem Jungpferd wird man den Paddock eher am Rande des Platzes aufschlagen, ein erfahrenes läßt sich hingegen nicht so schnell aus der Ruhe bringen.

Ist das Camp auf einer fremden Weide, dann sollten Sie nicht nur auf ausreichend Bewuchs, sondern auch auf Geilstellen achten. Auf der Toilette anderer Pferde kann sich Ihres nicht wohl fühlen. Achten Sie außerdem auf Giftpflanzen, vor allem an Gartenzäunen und Hecken. Eine schnelle Kontrolle bezüglich herumliegender Drähte oder Gegenstände hat übrigens schon manche Verletzung verhindert.

Es ist eine Selbstverständlichkeit, den Platz so sauber zu verlassen, wie man ihn vorgefunden hat. Die Amerikaner nennen dies „pack it in, pack it out“. Das Entfernen des Pferdemistes gehört dazu.

DIE MELDUNG

Wenn Sie Ihr Pferd gut untergebracht und mit Wasser und etwas Heu versorgt haben, können Sie Ihre Ankunft der Meldestelle mitteilen. Dort erfahren Sie Zeitplan und weitere Informationen, erhalten Strecken- und Check-Karte. Letztere gilt als Nachweis des Rittes, weshalb Sie sie bei allen Tierarztuntersuchungen sowie auf der Strecke mit sich führen müssen. Der Verlust der Check-Karte bedeutet für Sie das Aus - Sie sollten sie hüten wie Ihren Augapfel!

In diesem Zusammenhang sei auch erwähnt, daß man bei einer Rittnennung, also der Anmeldung, dem Veranstalter absagt, wenn man nicht teilnehmen wird. Nur so kann dieser seinen Ritt planen. Außerdem können bei einer Teilnehmerbegrenzung andere Reiter nachrücken. Es ist also ein Zeichen der Fairneß.

DIE VORBEREITUNG VOR ORT

Wenn Sie frühzeitig am Veranstaltungsort eingetroffen sind, haben Sie bis zur Voruntersuchung einige Stunden oder aber mehrere Tage Zeit, die Sie zur Versorgung Ihres Pferdes sowie zur Vorbereitung nutzen können.

Nach dem Transport sollten Sie nun Ihrem Pferd Bewegung verschaffen, damit sich Steifheiten lösen. Gehen Sie am besten mit ihm spazieren, wobei Sie gleichzeitig die Örtlichkeiten inspizieren können. Wenn Sie ein oder zwei Tage früher angereist sind, können Sie es auch nach einer Pause vom Transport unter dem Sattel bewegen. Viele Reiter nutzen diese Gelegenheit, um den Startplatz sowie die letzten Kilometer der Strecke zu erkunden. Wenn Ihr Pferd diese bereits kennt, wird ihm die Strecke nach-

Das Karteneinzeichnen erfordert Konzentration. Nehmen Sie sich dafür Zeit. Ein Verritt würde unnötig Zeit und Nerven kosten.

her leichter fallen, es wird motivierter sein, da es weiß, daß der Paddock nicht mehr weit ist. Bei Hundertmeilern hat es sich bewährt, im Vorfeld die Nachtstrecke bei Tageslicht abzureiten. Überfordern Sie Ihr Pferd jedoch in den Tagen vor dem Ritt nicht und riskieren Sie keine Verletzungen, sondern bummeln Sie ruhig durch das Gelände.

Vor oder nach der Voruntersuchung, bei der Sie Ihr Pferd geputzt und warmgeführt präsentieren, können Sie in Ruhe die Karten einzeichnen. Meist werden Sie Kartenkopien erhalten. Wenn Sie lieber topographische Karten benutzen, können Sie die Strecke in Ihre Originale mit einem Leuchtstift übertragen oder mit kleinen Punkten kennzeichnen.

Auf der Rittbesprechung werden die Besonderheiten der Strecke bekanntgegeben, Sie sollten Ihre Karten deshalb dabei haben.

Das erste Kraftfutter kann Ihr Pferd frühestens zwei Stunden nach dem Transport erhalten, um Koliken zu vermeiden. Außer dem Kraftfutter können Sie am Vorabend Heu satt reichen, da es sich am Morgen, um nicht mit vollem Magen laufen zu müssen, mit einer kleineren Portion begnügen muß. Ausreichend Wasser muß dem Pferd jederzeit zugänglich sein.

Richten Sie Ihre Ausrüstung und die Ihres Pferdes bereits am Vorabend, da Sie aufgrund der Nervosität am Morgen - gegen die kein noch so erfahrener Reiter gefeit ist - vielleicht wichtige Dinge vergessen könnten.

DIE BETREUUNG VOR DEM RITT

Wenn Sie einen Betreuer dabei haben, kann er, während Sie Ihr Pferd bewegen oder zur Untersuchung vorstellen, das Camp richten, Futter vorbereiten und das Troßauto einladen. Sie sollten sich dennoch zeigen lassen, wo welche Gegenstände verstaut sind, um gegebenenfalls nicht lange suchen zu müssen. Die Wasserkanister sollten schon am Vorabend gefüllt werden, um unnötige Hektik am Morgen zu vermeiden. Ein Blick auf die Tankanzeige des Wagens hat übrigens schon manches Unheil verhindert.

DAS TROSSFAHRZEUG

Es ist selbstverständlich, daß sich das Fahrzeug in einem guten technischen Zustand befinden muß. Wer im Auto Ordnung hält, weiß im Notfall, wo er welche Gegenstände findet.
Im Troßfahrzeug mitzuführen sind:

- Gefüllte Wasserkanister
- Wassereimer mit Schwämmen
- Erste Hilfe-Ausrüstung für Notfälle
- Pferdedecken: von der Fliegendecke über Abschwitzdecken bis hin zur Neuseelanddecke
- Putzzeug und Handtücher
- Stallhalfter mit Strick
- Beschlagswerkzeug mit bereits angepaßtem Ersatzbeschlag
- Ersatzausrüstung: Sattelgurt, Satteldecke, Trense, Zügel, Steigbügelriemen
- Ersatzkleidung und -schuhe für den Reiter
- Regenschutz
- Getränke
- Verpflegung für den Reiter
- Stethoskop
- Fieberthermometer
- Uhr
- Fliegenschutzmittel
- Kühlgamaschen oder saugfähiges Polster mit Bandagen

AUF LÄNGEREN RITTEN AUẞERDEM:

- Kraft- und Saftfutter (Möhren, Äpfel, Bananen) für das Pferd
- Heu
- Stroh, um dem Pferd auf harten Plätzen das Urinieren zu erleichtern.

Rauhfutter und Stroh lassen sich übrigens prima in Gepäckträgerboxen transportieren.

Besprechen Sie gemeinsam mit dem Troß die anzufahrenden Punkte. Dazu benötigt dieser ebenfalls eine Kartenkopie und Straßenkarten, in die er idealerweise seine Fahrtstrecke einzeichnet. Berücksichtigen Sie Tränkmöglichkeiten auf der Strecke, Bodenverhältnisse und Witterung. Haben Sie auf großen, schnellen Ritten mehrere Fahrzeuge, einigt man sich im Vorfeld, welches Fahrzeug welche Punkte anfährt. Eines kann zum Beispiel nur die Vet-Gates ansteuern, während das andere auf der Strecke betreut. Bei der Aufteilung müssen die Fahrtstrecken berücksichtigt werden, da Sie Umwege in Kauf nehmen müssen. Je schneller, schwieriger und größer das Starterfeld, desto mehr Fahrzeuge werden benötigt. Auf internationalen Meisterschaften kümmern sich deshalb bis zu sechs Personen mit drei Wagen um Pferd und Reiter. Bei langsameren Ritten hingegen genügt ein Troßfahrzeug. Auf Ritten, deren Ziel nicht gleich der Startplatz ist, zieht der Troßfahrer den Pferdehänger mit und ist deshalb in seiner Mobilität eingeschränkt.

DER MORGEN VOR DEM RITT

Egal, ob Sie nun am Rittag anreisen oder bereits vor Ort sind, Ihr Pferd sollte mindestens 3-4 Stunden vor dem Start gefüttert sein. Die Menge des Heus kann deutlich reduziert werden, wenn Sie ihm die Nacht über reichlich angeboten haben, wird es jetzt unter Umständen gar keines mehr wollen.

Vernachlässigen Sie nicht Ihr Frühstück, auch Sie brauchen Kraft. Zwingen Sie sich wenigstens dazu, einen Happen zu essen. Mein Troß bereitet mir mein eigentliches Frühstück - ein Müsli mit Joghurt und frischem Obst - immer im ersten Stop. Bis dahin hat auch mich immer der Hunger übermannt.

Ein perfekt gepacktes Troßauto. Hier hat alles seinen Platz.

Das Satteln bedarf trotz der Aufregung größter Sorgfalt. Deshalb sollte man spätestens 30 Minuten vor dem Start damit beginnen. Ein letzter Check gibt Gewißheit, ob man auch wirklich nichts vergessen hat. Denken Sie an Ihre Check-Karte! Ist das Pferd fix und fertig gesattelt, beginnt man mit dem Aufwärmen, um die Blutverteilung optimal in Schwung zu bringen.

DER START

Während der Einzel- oder Gruppenstart selten ein Problem darstellt, können temperamentvolle Pferde ihrem Reiter beim Massenstart schon Schwierigkeiten bereiten. Je nachdem, welches Tempo man beabsichtigt, ordnet man sich in dem Feld ein. Mit sehr heftigen Pferden kann man auch abwarten, bis sich die anderen Reiter entfernt haben. Oft wird ein zeitliches Limit gesetzt, bis wann Sie die Startlinie überquert haben müssen. Reizen Sie diese Möglichkeit also nicht zu sehr aus.

Das Führen in den ersten Minuten bringt selten einen Erfolg, da man das Pferd schlechter kontrollieren kann und unter Umständen gar nicht mehr in den Sattel kommt.

Kein Distanzritt wird auf den ersten Kilometern entschieden. Lassen Sie sich nicht anstecken, wenn andere Reiter davonstürmen, sondern reiten Sie Ihr Tempo, das Sie trainiert haben. Achten Sie auch vor und nach dem Start auf andere Pferde. Aufgrund der Hektik im Pulk ist die Verletzungsgefahr zu Beginn besonders hoch.

AUF DER STRECKE

Nach den ersten Kilometern wird man sein Tempo gefunden haben, jetzt lassen sich Kilometer wett machen, da das Pferd noch frisch ist und die kühle Morgenluft die idealen Voraussetzungen bietet. Ein zu schnelles Reiten kann allerdings Kraft kosten, die später fehlen wird. Das Reiten in einer kleine Gruppe ist unterhalt-

Selbst erfahrene Hasen sind beim Start nicht gegen eine gewisse Nervosität gefeit - machen Sie sich also nichts daraus....

Wird die Zeit nach Sekunden gewertet, so reichen sich die Reiter die Hand, wenn sie die Ziellinie überqueren. Sie geben damit zu verstehen, daß sie gemeinsam plaziert werden möchten.

samer und auch für das Pferd weniger anstrengend, da man sich gegenseitig „ziehen" kann, also jeder einmal vorne reitet. Geteiltes Leid ist halbes Leid. Dies ist jedoch nur möglich, wenn das Tempo stimmt, ein kleines bißchen zu schnell oder zu langsam würde zu vorzeitiger Ermüdung führen. Hören Sie in Ihr Pferd. Es ist der einzige Maßstab, nach dem Sie sich richten müssen. Wenn man zusammen mit anderen unterwegs ist, klärt man, ob man auch gemeinsam ins Ziel oder ein Finish reitet. Bei einer Wertung nach Sekunden reichen sich die Reiter die Hand und zeigen damit, daß sie mit der gleichen Zeit gewertet werden möchten. Im Finish steigt die Verletzungsgefahr rapide an, da sowohl Koordination als auch Konzentration des ermüdeten Pferdes nachgelassen haben.

Es ist ein Zeichen von Fairneß, beim Überholen andere Reiter anzurufen und sie zu bitten, Platz zu machen. Das Tempo sollte immer angemessen sein, um Unfälle zu vermeiden. Andererseits muß man auch selbst ausweichen, wollen schnellere Reiter vorbei. Es erfordert viel Selbstdisziplin, schnellere Reiter in die Ferne ziehen zu lassen. Behalten Sie jedoch Ihr Tempo bei, Ihr jetzt vielleicht drängelndes Pferd kann nicht wissen, daß es noch einen weiten Weg vor sich hat. Es ist übrigens mehr als unsportlich, Hilfe in Notfällen zu verweigern.

An heißen Tagen sollte man jede Möglichkeit nutzen, um sein Pferd zu tränken. Auf langen Mehrtagesdistanzen ohne Betreuung entwickeln viele Reiter Eigeninitiative: sie klingeln bei Ortsdurchquerungen ganz einfach an x-beliebigen Haustüren und bitten um Wasser. So kann es schon mal passieren, daß man als Reiter im Mittelfeld von Anwohnern bereits freudig mit einem Eimer Wasser erwartet wird.

Das Wässern der Pferde auf der Strecke anhand von Wasserflaschen ist in der Szene umstritten. Sicher ist, daß eine Abkühlung durch die geringe Wassermenge nicht erzielt werden kann. Es kann lediglich der Erfrischung und der Schweißreduzierung dienen.

Die Betreuung auf dem Ritt

Es ist dem Troß nur erlaubt, die Strecke rechtwinklig auf Straßen anzufahren, die häufigsten Treffpunkte werden deshalb Straßenübergänge sein. Er sollte dennoch bemüht sein, die Strecke außerhalb der Stops so häufig wie möglich anzusteuern, um bei eventuell auftretenden Problemen zur Stelle zu sein. Bei heißem Wetter kann das bedeuten, daß man jede Möglichkeit nutzt. Auf der Rittbesprechung werden auch dem Troß Anweisungen erteilt, er sollte deshalb unbedingt anwesend sein. So ist zum Beispiel nach internationalem Reglement eine Betreuung auf den letzten zwei Kilometern vor jedem Vet-Gate verboten. Verstöße können mit einer Disqualifikation des Reiters geahndet werden.

Reiten Sie auf „Durchkommen“, so werden Sie sich die Zeit nehmen können, bei den Treffpunkten anzuhalten. Sie müssen sich jedoch darüber im klaren sein, daß ständige Rittunterbrechungen Ihr Pferd aus dem Rhythmus bringen können und der Schaden größer als der Nutzen ist.

Umstritten ist das Wässern des Pferdes unterwegs. Dazu werden dem vorbeitrabenden Reiter mit Wasser gefüllte Plastikflaschen gereicht, die er in der Bewegung über Hals und Schulter des Pferdes gießen kann. Die leeren Flaschen wirft der Reiter dann an den Wegrand, wo sie von den Betreuern wieder eingesammelt werden. Beim Werfen muß er allerdings auf andere Pferde und Reiter Rücksicht nehmen, um niemanden zu verletzen. Durch das Wässern wird das Pferd an heißen Tagen erfrischt und abgekühlt, da das Wasser auf der Haut verdunstet. Bei kühlem Wetter ist jedoch davon abzusehen - die Muskeln könnten sich verkrampfen.

Da das Pferd bei starker Schweißbildung schon binnen 5 Stunden bis zu 40 Liter Wasser verlieren kann, ist die Austrocknung einer der größten Gefahren bei einem Distanzritt. Der Troß hält deshalb an allen Treffpunkten Tränkwasser bereit. Der Reiter entscheidet, wann er sein Pferd saufen läßt. Es hat allerdings keinen Sinn, ein Pferd tränken zu wollen, wenn Mitreiter nicht ebenfalls anhalten. Ihr Pferd wird dann seinem Herdentrieb und nicht dem Bedürfnis nach Wasser folgen. Aus diesem Grund tränkt man Pferde, die zusammen auf der Strecke laufen, gemeinsam an einem Ort. Schon das Anhalten auf der anderen Straßenseite kann Ihr Pferd aus dem Konzept bringen!

Möchten Sie an einem Treffpunkt nicht anhalten, so können Sie Ihren Betreuern zumindest Ihre Wünsche für den nächsten Punkt mitteilen. Sie werden es dann parat haben und müssen nicht erst lange suchen.

Sollten Sie auf eine Plazierung reiten wollen, dann kann Sie Ihr Betreuer über die Abstände zu den Reitern vor und hinter Ihnen informieren, so daß Sie Ihr Reittempo besser planen können.

In den Stops

Auf den letzten Kilometern vor den Stops wird der Reiter sein Tempo so gestalten, daß er das Pferd nicht mehr als unbedingt nötig anstrengt, um die Pulswerte niedrig zu halten. Das Tränken ein bis zwei Kilometer vor dem Stop verhindert, daß das Pferd diesen sehr durstig erreicht.

Im Stop soll sich das Pferd erholen, Energien tanken. Das wichtigste Prinzip ist also, Ruhe zu bewahren. Häufig springen mehrere Personen hektisch um ein Pferd herum und wundern sich, warum es sich nicht entspannt. Wie sollte es...

Im Stop sollte sich das Pferd entspannen können. Die Ruhe des Reiters überträgt sich auf das Pferd ebenso wie dessen Nervosität...

Distanznachwuchs übt sich früh... Besser wäre es jedoch, wenn zudem die Nierenpartie mit einer leichten Decke warm gehalten werden würde.

Ihre Ruhe wird sich auf das Pferd übertragen, Ihre Nervosität ebenfalls.

Die Versorgung des Pferdes ist vor allem von der Witterung abhängig. Je nachdem wählt man schattige oder windgeschützte Plätze. Bleiben Sie jedoch in der Nähe der anderen Pferde, sonst könnte es sich unnötig aufregen.

Eindecken

Nach einem schnellen Ritt wird bei Ankunft mindestens sofort die Kruppenpartie eingedeckt, um die Hinterhandmuskulatur vor Auskühlung zu schützen. Verkrampfungen oder das Tying-up-Syndrom (siehe Seite 148) werden so verhindert. Bei Hitze ermöglicht eine leichte Fliegendecke den Wärmeaustausch, schützt jedoch vor Wind. Bei kaltem Wetter kann es notwendig sein, das Pferd mit Hilfe mehrerer Decken warm zu halten. Eine regelmäßige Temperaturkontrolle ist unumgänglich. Das Pferd muß unter den Decken warm sein, ohne zu schwitzen.

Tränken

Bei Erreichen des Gates läßt man das Pferd nach Möglichkeit handwarmes Wasser saufen, um einer Kolik vorzubeugen. Das Wasser würde sich jetzt im Magen aufgrund der Pause nur langsam erwärmen. Steht nur kaltes Wasser zur Verfügung, darf das Pferd in Abständen von wenigen Minuten nur jeweils zwei bis drei Liter zu sich nehmen. Sobald es etwas abgekühlt ist, muß das Pferd ständigen Zugang zu Wasser haben.

Waschen

Durch das Abwaschen können Sie das Pferd abkühlen. Das ist vor allem dann wichtig, wenn Sie in einem Vet-Gate so schnell wie möglich die Grenzwerte erreichen müssen. Kühlt man das Pferd zu schnell ab, dann kann es zu frieren beginnen. Deshalb führt man das Pferd zwi-

DAS WASCHEN DES PFERDES

- *Die Beine sollten bei jedem Wetter gekühlt werden.*
- *Bei warmem Wetter können Hals, Brust und Schulter abgewaschen werden.*
- *Bei heißem Wetter können mit ausgedrücktem Schwamm Kopf und Rumpf gesäubert werden.*
- *Die Hinterhandmuskulatur sollte immer warm gehalten, aber niemals abgewaschen werden. Die einzige Ausnahme sind die Weichteile zwischen den Schenkeln.*

Kühlgamaschen ersetzen in den Stops den Schwamm. Über den Fachhandel sind verschiedene Modelle zu beziehen.

schendurch, damit nicht nur die äußeren Muskelpartien abgekühlt werden, sondern sich der gesamte Wärmehaushalt besser regulieren kann. Dabei sollte man regelmäßig die Pulswerte kontrollieren. Ob Ihr Pferd abgekühlt ist, können Sie fühlen - die Haut ist warm, aber nicht heiß. Eine übermäßige Wasserpanscherei kann also auch Muskel- und Kreislaufprobleme verursachen. Bei normal schnell gerittenen Distanzen und in herkömmlichen Stops dient das sanfte Abwaschen lediglich der Erfrischung, da es keine Rolle spielt, ob die Werte nun drei Minuten früher oder später den Grenzwert erreichen.

Keinesfalls dürfen die großen Muskelpartien an Nieren und Hinterhand mit Wasser in Berührung kommen. Sie sind durch Decken stets warm zu halten, egal, wie das Wetter ist. Kühlen kann man an Kopf, Hals, Brust, Schulter und an den Beinen. Kühlgamaschen können hier den Schwamm ersetzen. Das sofortige Absatteln kann durch das Platzen von Äderchen Schwellungen verursachen. Sicherheitshalber läßt man den Sattel, zumindest aber die Satteldecke noch ein wenig auf dem Pferderücken liegen. Falls abgesattelt wird, sollte die Sattellage nicht mit fließendem Wasser, sondern nur mit einem ausgedrückten Schwamm gesäubert werden. Das übergelegte Pad verhindert auch hier eine übermäßige Auskühlung.

Größere Partien dürfen nur bei heißem Wetter gewaschen werden, bei Kälte kühlt man lediglich die Beine und wäscht Dreck und Schweiß allenfalls vorsichtig mit warmen Wasser ab, um das Pferd von Juckreiz zu befreien. Eine Bürste erfüllt bei schlechtem Wetter denselben Zweck...

Während hierzulande viele Reiter den Ritt auch alleine bewältigen wollen, kümmern sich auf großen internationalen Ritten gleich mehrere Personen um das Wohlergehen der Pferde. Dazu gehört auch die Kontrolle, ob alles seine Richtigkeit hat. Oberstes Gebot ist trotz der Emsigkeit die Ruhe der Crew.

Füttern

Viele Pferde regenerieren besser, wenn man sie grasen läßt. Allerdings sollte Ihr Pferd kurz vor der Tierarztkontrolle kein Futter mehr aufnehmen, da die Pulswerte wiederum erhöht sein könnten.

Gras versorgt Ihr Pferd nicht nur mit Mineralstoffen, sondern auch mit Wasser. Führen Sie es deshalb an grüne Stellen. Ist am Stopplatz kein Gras vorhanden, bieten Sie ihm Heu an, das Sie vorher etwas anfeuchten, um nicht unnötige Wasserreserven im Pferd zu vergeuden. Heu fungiert im Verdauungstrakt auch als Wasserspeicher.

Achten Sie auch im Stop auf Giftpflanzen. Ihr Pferd ist ausgehungert und wird deshalb vielleicht aus Gier manchen Fehlgriff tätigen.

Über die Fütterung haben Sie ja bereits im entsprechenden Kapitel gelesen. Deshalb sei hier nur noch das Wichtigste erwähnt. Kleine Mengen von leichtverdaulichem, angefeuchtetem Kraftfutter wird Ihr Pferd auf längeren Ritten mit Energien versorgen. Den Appetit steigert man, indem man kleingeschnittene Äpfel und Möhren beifügt.

Elektrolytzugaben sind nur bei längeren Ritten erforderlich, wenn das Pferd stark geschwitzt hat. Sie dürfen nur in Verbindung mit ausreichend Wasser verabreicht werden.

Kontrolle

Während sich das Pferd erholt, kann man die Zeit nutzen, um Sattelzeug, Hufe und Beschlag sowie das Pferd auf etwaige Druckstellen oder Verletzungen zu kontrollieren. Dazu gehört auch, das Verhalten zu beobachten. Um Schäden vorzubeugen, sollte jedes Signal ernst genommen werden. Im Zweifelsfall wenden Sie sich bitte an den Tierarzt.

Strahlen

Da es sich mit voller Blase schlecht läuft, animiert man das Pferd zum Urinieren, indem man es in hohes Gras führt. Vielleicht findet man auch eine Stelle, an der schon andere Pferde gestallt haben. Ist der Stop auf einem befestigten Platz, kann man mitgenommenes Stroh ausbreiten, das man später jedoch wieder entfernen sollte. Die Farbe des Urins kann auch Aufschluß über seine Verfassung geben. Ein dunkel verfärbter Urin kann ein Anzeichen von Problemen sein. Dies sollten Sie unbedingt dem Tierarzt mitteilen.

Entspannung

Während der Versorgung des Pferdes sollte keine Hektik entstehen, die sich auf das Pferd übertragen könnte. Es soll sich erholen, dazu muß außer umfassender Pflege auch die Möglichkeit zum Ruhen gegeben werden. Bei längeren Stops kann man Muskelverspannungen vorbeugen, indem man das Pferd langsam bewegt. Dadurch wird auch angereicherte Milchsäure abgebaut. Nutzt das Pferd die Zeit zum Dösen, läßt man es allerdings lieber in Ruhe.

Jede Maßnahme darf nur zum Wohlbefinden des Pferdes beitragen, muß ihm angenehm sein. Dazu kann man noch eine Reihe weiterer Möglichkeiten ausschöpfen, an die das Pferd jedoch bereits im Vorfeld gewöhnt werden sollte.

Massagen können Erleichterung verschaffen, gehören aber wegen der anatomischen Kenntnisse in fachkundige Hände. Falsch ausgeführt können sie sogar Schäden in der Muskulatur verursachen. Ungefährlich ist lediglich die leichte Massage der Oberschenkelmuskulatur unterhalb des Sitzbeinhöckers. Man steht etwas seitlich versetzt hinter dem Pferd und drückt in rhythmischen Abständen abwechselnd mit den Handballen gegen den Muskel.

Die leichte Massage der Hinterhandmuskulatur kann vor Verspannungen schützen. Weitergehende Massagen gehören jedoch in fachkundige Hände.

TT.E.A.M.-Arbeit nach Linda Tellington-Jones kann zur Entspannung und der damit verbundenen Senkung der PA-Werte beitragen. Wichtig ist vor allem, daß man selbst ruhig und entspannt ist. Ein bewußt tiefes, regelmäßiges Atmen kann sogar bewirken, daß das Pferd den Rhythmus annimmt. An Hals, Hinterhand und Rücken kann der Tellington-Touch auch Verspannungen lösen. Viele Pferde sind kitzlig und können gerade in Streßsituationen überreagieren. Wählen Sie deshalb Ihre Position so, daß Sie nicht gerade in Gefahrenzonen stehen.

Weitere Möglichkeiten sind:

Das Liften

Das Liften fördert die Entspannung des Pferdes und die Senkung der Werte. Mit beiden Händen umfaßt man das Pferdebein auf Höhe des Fesselkopfes. Mit sanftem Druck hebt man die Haut langsam nach oben an, so weit, wie es ohne Spannung möglich ist, verharrt kurz und senkt die Hände wieder. Lösen Sie Ihre Hände und umfassen Sie das Bein eine handbreit höher. Wiederholen Sie die Bewegung. So können Sie sich an allen vier Beinen bis auf die Höhe von Ellenbogen und Knie emporarbeiten. Arbeiten Sie in allen Bewegungen konzentriert rhythmisch und gleichmäßig. Diese Arbeit kann auch müde Reiterbeine wieder fit machen.

Auch am Bauch können Sie dieses Anheben praktizieren, indem Sie Ihre Hände flach nebeneinander auf die Rippen hinter der Schulter legen. Sie arbeiten sich dann am Pferdekörper in Richtung Hinterhand vor.

Ohrenstreichen

Das sanfte Ausstreichen der Ohrmuscheln vom Ansatz zur Spitze kann eine sehr beruhigende Wirkung auf nervöse Pferde haben, da sich dort Akupressurpunkte befinden. Die leichte Massage der Ohrspitze mit Daumen und Zeigefinger hilft bei Schock, Kolik oder Müdigkeit. Üben Sie in Ihrer Arbeit niemals Zwang aus, das Pferd sollte alle Berührungen als angenehm empfinden.

Liften des Rückens

Durch das Wölben des Rückens wird die gesamte Skelettmuskulatur entspannt. Beginnen Sie Ihre Arbeit mit flach aufgelegten Handflächen, um dann die Kuppen der gespreizten Finger auf der anderen Seite der „Naht" anzusetzen. In einer leicht massierenden Bewegung werden nun die Hände von Ihnen weg nach oben geführt. Der Abstand zwischen den Händen nimmt mit zunehmender Höhe zu. Beginnen Sie an der Gurtlage und arbeiten Sie sich so in Richtung Hinterhand. Die Übung kann mehrmals wiederholt werden.

Anheben des Bauches

Auf beiden Seiten des Pferdekörpers steht je eine Person, die jeweils das Ende eines gefalteten, unter dem Bauch hindurchgeführten Handtuchs in den Händen halten. Mit Hilfe des Handtuchs heben beide nun den Pferdebauch für 10-45 Sekunden an. Dann wird der Druck langsam über den doppelten Zeitraum des Anhebens verringert. Beginnen Sie an der Gurtlage und arbeiten Sie sich in Richtung Hinterhand vor. Durch diese Technik kann sowohl die Atmung als auch die Darmtätigkeit positiv beeinflußt werden.

Schweif

Die Arbeit an der Schweifrübe beeinflußt die gesamte Wirbelsäule. Bewegen Sie zuerst die angehobene Schweifrübe in alle Richtungen. Umfassen Sie dann das Rübenende mit beiden Händen und bewegen Sie die einzelnen Wirbel sanft in jede Richtung. Arbeiten Sie sich von Wirbel zu Wirbel nach oben. Ob Ihrem Pferd die Arbeit angenehm ist, erkennen Sie daran, daß es die Schweifrübe locker läßt. Das Strecken der Wirbelsäule erreicht man, indem man die Schweifrübe etwa in ihrer Mitte erfaßt und den Schweif sanft nach hinten zu sich zieht.

Dieser von Linda Tellington-Jones entwickelte Touch beruht auf den Lehren Dr. Feldenkrais und den Prinzipien der Akupressur. Sie sind auch für den Laien ohne Risiko nachzuahmen. Zahlreiche Seminare und Literatur geben Ihnen die Möglichkeit, sich darin weiterzubilden.

TT.E.A.M.-Arbeit nach Linda Tellington Jones kann in den Stops zur Entspannung des Pferdes beitragen, wodurch die PA-Werte gesenkt werden. Zahlreiche praktische Seminare bieten Interessenten die Möglichkeit, sich darin fortzubilden.

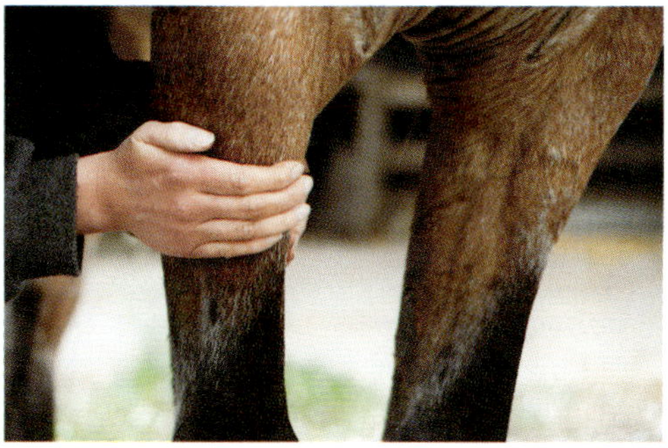

***Links:** Beim Liften werden kleine Hautpartien angehoben, gehalten und wieder gesenkt.*

***Unten links:** An den Ohren befinden sich Akupressurpunkte, weshalb Pferde die Arbeit als sehr angenehm empfinden. Während der Untersuchung durch den Tierarzt ist das Berühren der Ohren jedoch untersagt.*

***Unten rechts:** Durch das Liften des Rückens wölbt sich der gesamte Pferderücken.*

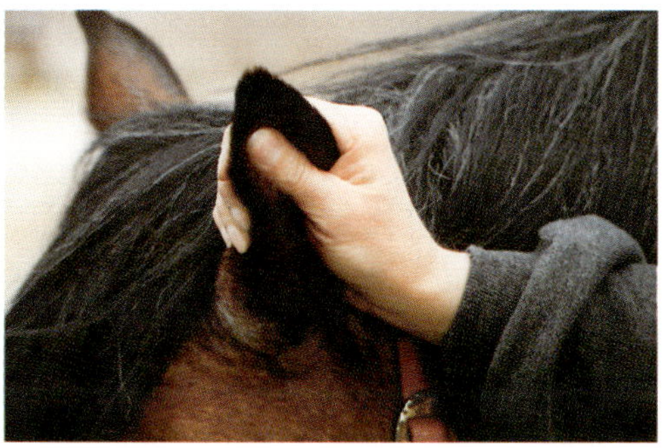

Über die Schweifrübe läßt sich die Wirbelsäule beeinflussen.

Nach 160 km ist gut lachen. Wenn Pferd und Reiter so ins Ziel reiten, ist der Ritt für alle ein Erfolg.

Im Ziel beginnt die wichtigste Arbeit: die Versorgung des Pferdes.
Das Pferd sollte mit ausreichend Decken warm gehalten werden, da es nach großer Belastung leichter zu frieren beginnt. Das Kühlen der Beine durch nasse Verbände dient zur Prophylaxe gegen auftretende Probleme.

DIE BETREUUNG IM STOP

Die Betreuung hat im Idealfall bereits vor Ihrer Ankunft alles parat und wird Sie mit gefüllten Wassereimern, Stethoskop und Decken erwarten. Sie sollte sich vorwiegend um das Pferd kümmern, damit auch Sie Zeit haben, sich zu entspannen und auf das kommende Wegstück vorzubereiten. Gerade auf langen Strecken werden Sie ermüden. Und ein müder Reiter bedeutet für das Pferd eine zusätzliche Belastung. Etwas Gymnastik kann bei Verspannungen Linderung schaffen.

Ist im Stop ausreichend Platz vorhanden, stecken viele Reiter ihrem Pferd einen kleinen, etwa 5x5 Meter großen Paddock ab, damit es optimale Ruhe findet.

IM ZIEL

Dort können Sie und Ihre Betreuer wie in den Stops vorgehen. Nach der Zieluntersuchung fängt die eigentliche Arbeit an. Denn mit der Versorgung des Pferdes danach steht und fällt auch das Ergebnis der Nachuntersuchung.

DIE VERSORGUNG NACH DEM RITT

Nach einem anstrengenden Ritt wird sich der Reiter nichts anderes als Schlaf wünschen, dennoch muß zuerst das Pferd versorgt werden. Nicht Ihre, sondern die Verfassung des Pferdes wird bei der Nachuntersuchung überprüft.

Decken Sie Ihr Pferd ein und waschen Sie es vorsichtig ab, wenn es die Witterung zuläßt. Ansonsten entfernt man den getrockneten Schweiß mit einer Bürste und kontrolliert dabei das Pferd auf Verletzungen und Überempfindlichkeiten. Das Absatteln sollte wie in den Stops langsam geschehen, um Ödeme zu vermeiden. Die Bedeutung des langsamen Abkühlens durch Bewegung wurde bereits im Training besprochen. Führen Sie deshalb Ihr Pferd im Schritt und geben Sie ihm Gelegenheit, zu grasen und sich zu wälzen.

DIE BEHANDLUNG DER BEINE

Um eventuelle kleine Sehnenschäden so gering wie möglich zu halten, kühlt man die Beine, um durch einen kurzen Kältereiz die Durchblutung zu fördern. Dazu kann man das Pferd in einen

DAS RICHTIGE BANDAGIEREN

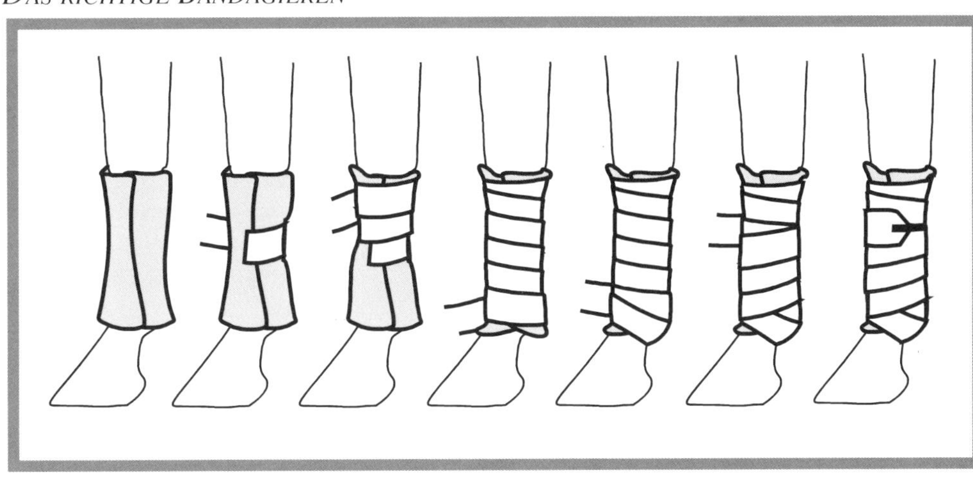

Auf eine Polsterung sollte niemals verzichtet werden, um schwer heilende Druckstellen zu verhindern. Ein solcher Verband läßt sich auch einfach mit Wasser angießen, um das Bein zu kühlen. Zum Wärmen des Beines hingegen wickelt man zwischen Polsterung und Verband ein Stück Plastik und gießt die Polsterung mit Wasser an.

Erst das Pferd, dann der Reiter. Dieser Spruch hat nach einem harten Ritt besondere Bedeutung. Erst dann ist der Schlaf wohlverdient.

Bach stellen oder aber mit einem nassen Polster bandagieren. Es herrscht Unstimmigkeit darüber, ob man nun zur weiteren Prophylaxe wärmen oder kühlen soll. Kälte verursacht das Zusammenziehen der Gefäße, wodurch das Anlaufen der Beine verhindert wird. Andererseits werden durch Wärme wegen der besseren Durchblutung Mikroschäden schneller „repariert". Kühl angelaufene Sehnen kann man eher mit einem trockenen, warmen Verband versehen, warm angelaufene hingegen mehrere Tage bis zum Weichen der Wärme kühlen, um anschließend mit wärmenden Verbänden fortzufahren. Die Technik ist letztendlich also auch von der Beanspruchung und dem Grad der Verletzung abhängig - angelaufene Beine sind immer ein Zeichen von Überlastung.

In der Praxis hat sich deshalb folgende Methode bewährt. Zuerst werden die Beine ausreichend gekühlt, um später warm und feucht eingepackt zu werden. Dazu kann man zwischen Polsterung und Bandage, niemals direkt auf der Haut, ein Stück Plastiktüte anbringen. Diesen Verband nimmt man im Turnus von etwa zwei Stunden regelmäßig ab, um das Bein unter leichter Massage, dem Entlangstreichen in Fellrichtung, für etwa 15 Minuten mit kaltem Wasser zu kühlen. Über die Nachtruhe kann man die Beine auch trocken bandagieren. Auf allzu häufiges Bandagieren sollten Sie vor allem im Training verzichten, da das Bindegewebe auf Dauer an Elastizität verlieren könnte.

DIE NACHT DANACH

Das Pferd muß nachts eingedeckt bleiben, da es wegen der starken Beanspruchung leichter als sonst zu frieren beginnt.

Nach dem Ritt muß das Pferd beobachtet wer-

Die Siegerehrung findet im allgemeinen mit dem Pferd an der Hand statt. Die Stallplakette ist für den Reiter der Lohn der Mühe.

den, um Koliken oder Muskelprobleme im Frühstadium erkennen zu können. Diese können auch Stunden nach dem Ritt auftreten, weshalb der Reiter auf internationalen Veranstaltungen verpflichtet ist, während der Nacht Kontrollen durchzuführen und das Ergebnis in ein Formular einzutragen. Regelmäßiges leichtes Führen kann Steifheiten verhindern, was aber nicht heißen soll, daß Sie Ihr Pferd nun daran hindern, sich auszuruhen.

Die Verdauungsorgane sind in den ersten Stunden nach dem Ritt mit Blut unterversorgt, weshalb man frühestens nach zwei Stunden eine erste kleine Ration von leichtverdaulichem Kraftfutter reichen darf. In der Zwischenzeit können Sie es grasen lassen. Vor der Nachuntersuchung muß das Pferd ausreichend warmgeführt werden.

WIEDER ZUHAUSE

Wenn Sie die Transportfreigabe erhalten haben, können Sie sich wieder auf den Rückweg machen. Nach einem anstrengenden Langstreckenritt sollten Sie Ihrem Pferd zuliebe noch einen Tag abwarten.

Wieder Zuhause sind Sie von Ihren Pflichten noch nicht entbunden. Das Pferd benötigt aufmerksame Pflege, um eventuelle Nachwehen zu beseitigen - auch eine Woche nach dem Ritt können Spätfolgen wie Infekte auftreten. Ausreichend Bewegung erhält es durch Weidegang und kurze Spazierritte. So wird die Gefahr von Kreuzverschlag verringert.

Vor dem nächsten Ritt benötigt Ihr Pferd Zeit, um regenerieren zu können. Dabei repariert der Organismus kleinste Schäden, aber auch mental wird das Pferd den Ritt verarbeiten müssen. Die Wiederaufnahme des Trainings kann nach einem langen Ritt zwei Wochen warten, ohne daß Sie mit einem Leistungsabfall rechnen müssen.

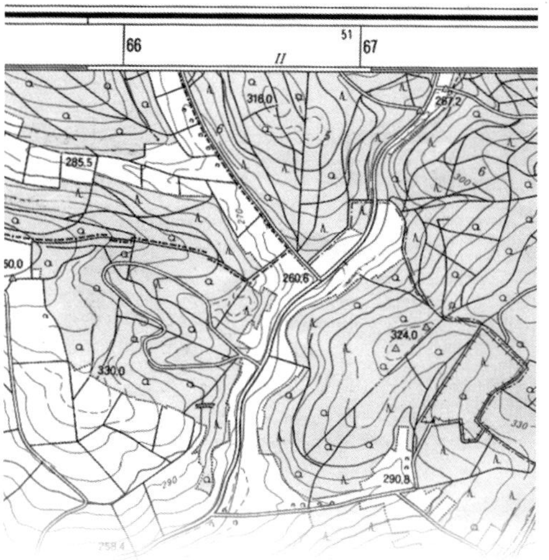

Gesundheitliche Probleme und deren Vermeidung

DIE URSACHEN

Fast jeder gesundheitlich bedingte Ausschluß ist auf Überforderung zurückzuführen - egal, ob die Probleme metabolischer oder orthopädischer Art sind. Nur wer diese Tatsache akzeptiert, wird in Zukunft Fehler vermeiden. Wir Reiter sind es, die das Pferd dazu auffordern, Leistung zu vollbringen. Ihm selbst sind Begriffe wie Ehrgeiz, Leistung und Ziele unbekannt. Wir Reiter - nicht der Tierarzt - sind deshalb für unser Pferd verantwortlich. Jedes noch so kleine Signal sollten wir frühzeitig erkennen und daraus die Konsequenzen ziehen können: die Belastung verringern oder vielleicht sogar aufgeben. Es ist keine Schande, zugunsten des Pferdes den Ritt freiwillig abzubrechen. Im Gegenteil, eine solche Entscheidung verdient unser aller Respekt. Es sei noch darauf hingewiesen, daß ein auf einem Ritt von den Tierärzten eliminiertes Pferd für 10 Tage gesperrt ist.

Wie groß der Ausfall auf den unterschiedlich langen Ritten war, zeigt die von Katrin Blankenburg und Dr. med. vet. Klaus Blankenburg geführte Statistik von 1991 bis 1995. Zur Auswertung standen nahezu alle Rittergebnisse zur Verfügung, nur vereinzelte Ritte konnten aufgrund fehlender Tabellen nicht berücksichtigt werden.

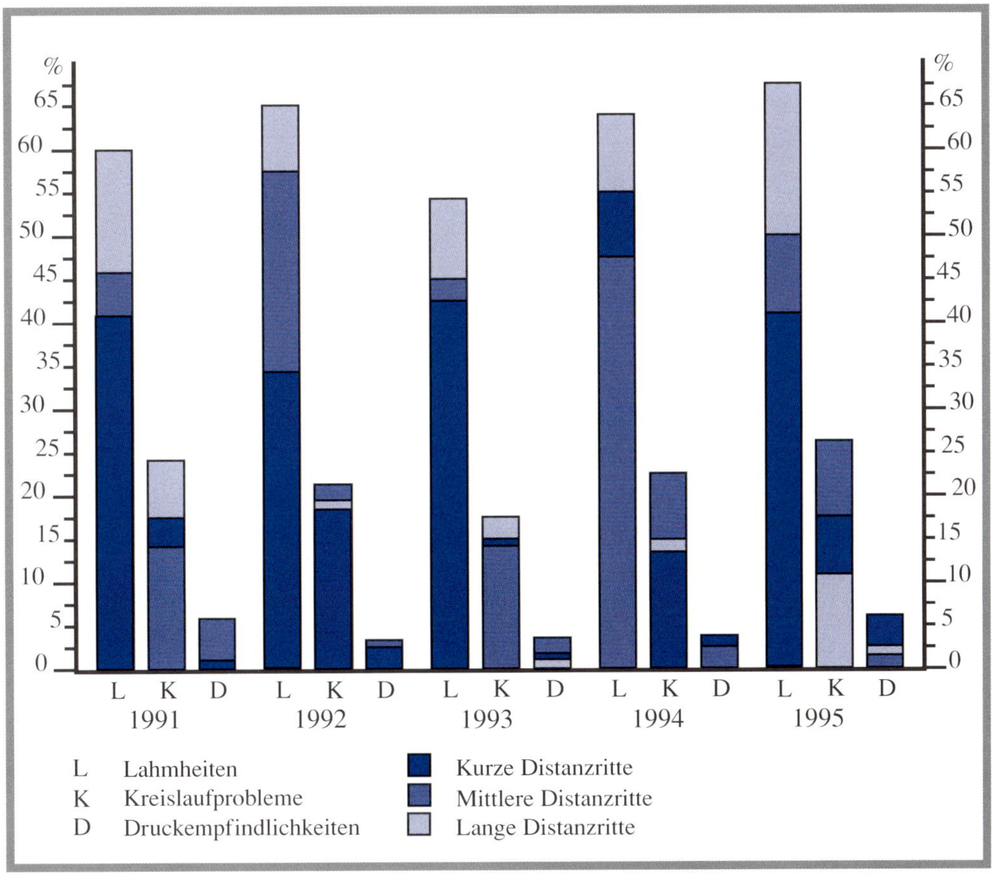

GESUNDHEITSBEDINGTE AUSFÄLLE VON 1991 BIS 1995

Ausgehend von der jeweiligen Gesamtzahl (100%) der ausgefallenen Pferde.
An der Statistik ist zu erkennen, daß bei langen Distanzritten die meisten Ausfälle auf Lahmheiten zurückzuführen sind, während Druckempfindlichkeiten meist keine Rolle spielen (unter 1%). Die erhöhte Zahl von Kreislauf- und Druckproblemen bei kurzen und mittleren Distanzen sind wohl eher auf das schnellere Tempo und die Unerfahrenheit der Reiter zurückzuführen.

(Grafik nach Kathrin und Dr. med. vet. Claus Blankenburg)

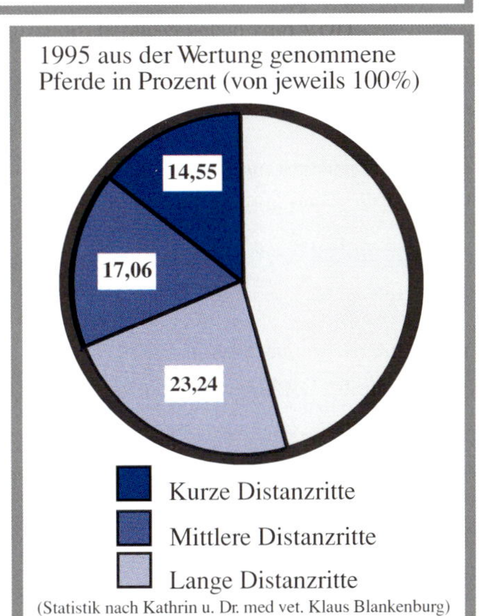

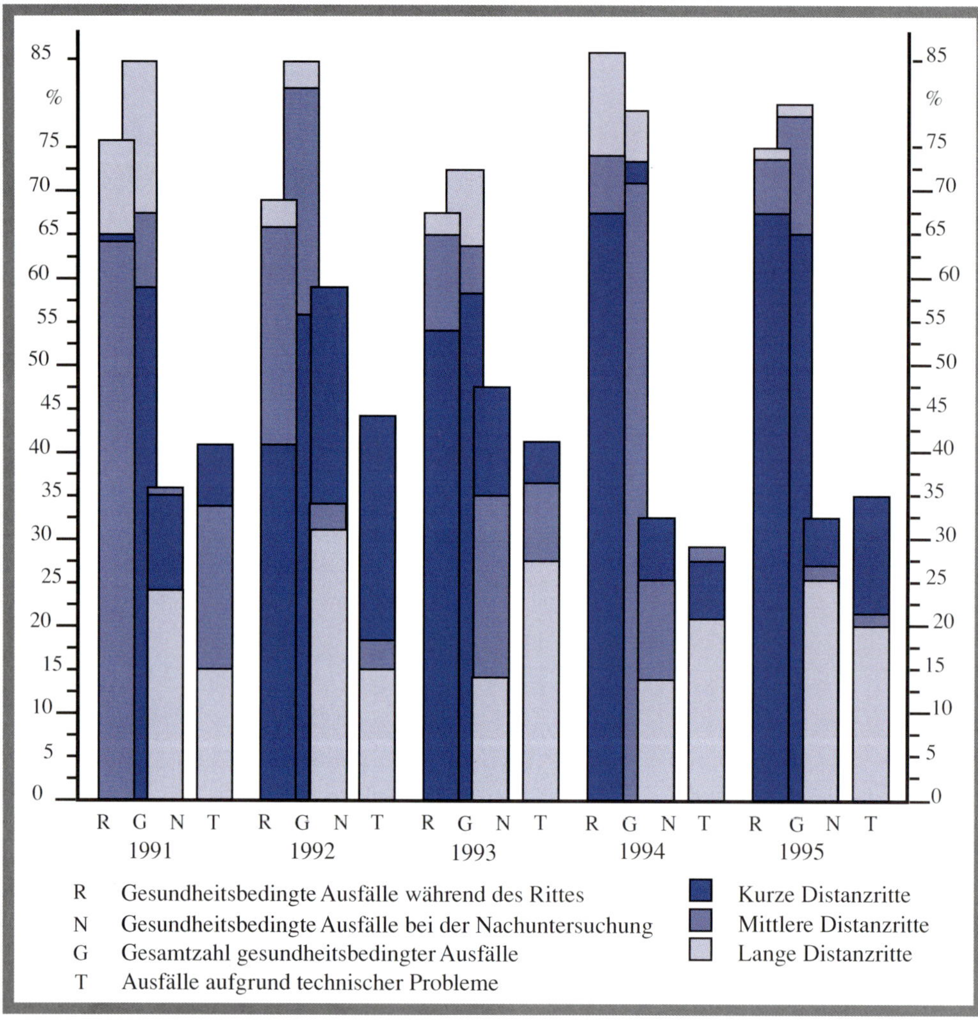

AUSFÄLLE WÄHREND DES RITTES ODER BEI DER NACHUNTERSUCHUNG SOWIE AUFGRUND TECHNISCHER PROBLEME VON 1991 BIS 1995.

Ausgehend von der Gesamtzahl (100%) der ausgefallenen Pferde.
Bei den Zahlen der langen Distanzen 1994 und 1995 ist zu berücksichtigen, daß die Nachuntersuchung teilweise schon nach 2 Stunden stattgefunden hat. Unter technischen Gründen sind Zeitüberschreitungen, Verreiten oder das freiwillge Aufgeben zu verstehen.
Auch hier zeigt die Statistik, daß bei langen Distanzen anscheinend vernünftiger geritten wird, da prozentual weniger Pferde bei der Nachuntersuchung ausscheiden. Verwunderlich ist allerdings, daß bei kurzen Distanzen so viele technische Probleme zu vermerken sind, die wohl mit einer Überforderung der Reiter begründet werden müssen.

(Grafik nach Kathrin und Dr. med. vet. Klaus Blankenburg)

Ein erschöpftes Pferd macht einen apathischen Eindruck, hat weder Interesse an Wasser, Futter oder seiner Umgebung. Diesem Reiter wurde empfohlen, eine freiwillige Pause einzulegen, damit das Pferd regenerieren kann.

SYMPTOME DER ÜBERFORDERUNG

Erste Zeichen können sehr unterschiedlicher Natur sein. Auf langen Strecken wird das Pferd immer Ermüdungserscheinungen haben, Distanzreiter nennen dies den „toten Punkt". Eine Ursache kann zum Beispiel sein, daß der Glykogenvorrat aufgebraucht ist und die Energiegewinnung nun auf die Fettverbrennung umgestellt wird. Es ist nicht notwendig, nun aufzugeben, wohl aber, auf den Zustand des Pferdes Rücksicht zu nehmen. Deshalb ist es wichtig, daß der Reiter sein Pferd gut kennt, um dessen Verfassung realistisch beurteilen zu können. Erfahrene Distanzreiter überbrücken den „toten Punkt" durch ein ruhiges Tempo, das Führen des Pferdes sowie das Einlegen weiterer kleiner Pausen. Man läßt das Pferd in dem von ihm selbst gewählten Tempo gehen, da es die für sich ökonomischste Gangart nutzen wird, das kann

Schritt, leichter Jog oder auch der Canter sein. Keinesfalls sollte bei Ermüdungserscheinungen die bisherige Belastung beibehalten oder gesteigert werden. Die Gefahr einer Verletzung oder Erschöpfung würde rapide ansteigen!

Der Reiter kann folgende erste Symptome einer Überforderung erkennen:

- vermehrtes Stolpern (mangelnde Koordinationsfähigkeit)
- Apathie mit mangelndem Appetit
- unwilliges Vorwärtsgehen
- nur langsame Regeneration der Pulswerte
- Veränderungen im Bewegungsablauf

Meist spielen bei einer tatsächlichen Überforderung mehrere Faktoren eine Rolle. Der Organismus ist ein hochkompliziertes komplexes System, in dem ein Problem eine Reihe weiterer Folgen mit sich bringen kann.

INNERE PROBLEME

Erschöpfung

Bei einer Erschöpfung ist das Pferd an der Grenze seiner Leistungsfähigkeit angelangt. Es leidet im allgemeinen unter Energie-, Elektrolyt- und Wassermangel, weshalb die Funktionstüchtigkeit einzelner Organe eingeschränkt sein kann. Erschöpfung steht immer in engem Zusammenhang mit Dehydratation, Kolik und Zwerchfellflattern.

Zeichen von Erschöpfung sind:

- Die Schweißbildung ist vermindert oder eingestellt.
- Die Körpertemperatur ist wegen der verhinderten Wärmeregulierung auch noch nach 20minütiger Pause auf über 40° C. erhöht.
- Die Pulswerte liegen nach 20 Minuten noch über 64.
- Die Atemwerte liegen trotz der Pause noch über den Pulswerten.
- Das Pferd ist apathisch, verweigert Futter und Wasser.
- Die Koordination ist gestört, es beginnt zu taumeln oder legt sich hin.

Ernste Erschöpfungszustände benötigen tierärztliche Behandlung. Um Schäden zu verhindern, sollten Sie bei den ungewöhnlichen Anzeichen den Tierarzt verständigen. Erschöpfung kann zum Tode führen, sie ist niemals auf die leichte Schulter zu nehmen. Ein bis über die Belastungsgrenze gerittenes Pferd braucht mehrere Wochen Ruhe, um ausreichend regenerieren zu können.

Ist ein Pferd erschöpft, so kann es sein, daß es sich trotz des Trubels im Stop hinlegt. Lassen Sie es liegen und holen Sie einen Tierarzt! Es schont aus gutem Grund seinen Kreislauf!

Dehydratation

Das Pferd reguliert seinen Wärmehaushalt durch Schwitzen. Erwärmtes Blut kühlt im peripheren Blutkreislauf unter der Hautoberfläche ab. Schweiß entsteht und durch dessen Verdunstung eine Kühlung der Hautoberfläche. Bei starker Belastung mit heißen Außentemperaturen kann ein Pferd in der Stunde bis zu zehn Liter Wasser verlieren. Dabei werden auch im Schweiß enthaltene Elektrolyte abgegeben. Hat das Pferd den Wasserverlust nicht durch ausreichendes Trinken ausgeglichen, sind die Wasserreserven erschöpft und es kommt zu einer Eindickung des Blutes, das nicht mehr alle Körperteile erreichen kann - Kreislaufprobleme sind vorprogrammiert. Werden lebenswichtige Organe nicht mehr mit Sauerstoff versorgt, kann dies zum Tode des Pferdes führen.

Um das Pferd im Falle einer Dehydratation mit ausreichend Flüssigkeit zu versorgen, wird der Tierarzt eine Infusion verabreichen.

Ferner wird die Urinbildung reduziert oder eingestellt. Die Nieren können geschädigt werden. Der Urin ist dunkel, da die Zahl der abgestorbenen Zellen im Verhältnis zur Wassermenge zunimmt. Durch die mangelnde Schweißbildung entsteht ein Wärmestau, der zum Hitzschlag führen kann. Auch Durchfall kann zur Dehydratation beitragen. Im Falle einer leichten Austrocknung läßt man das Pferd vorsichtig in Abständen von fünf bis zehn Minuten einige Liter Wasser trinken. In schwereren Fällen hingegen sind Infusionen notwendig.

Symptome der Dehydratation sind:

- Erste Anzeichen der Dehydratation erkennt man am Hautfaltentest, wie er bei der Tierarztuntersuchung (Seite 107) beschrieben wurde.
- Mangelnde Schweißbildung
- Keine Regeneration der Pulswerte
- Erhöhte Temperatur
- Apathie und Muskelzittern
- Koliksymptome

Die Prophylaxe heisst tränken!

Um der Dehydratation vorzubeugen, muß das Pferd ausreichend getränkt werden. Aufgrund des Stresses kann ein Pferd das Wasser verweigern, obwohl es dies dringend benötigt. Ein Trainingsziel muß es deshalb sein, das Pferd zur ständigen Wasseraufnahme aus den unterschiedlichsten Quellen zu erziehen. Niemals sollten Sie beim Tränken drängen. Lassen Sie Ihrem Pferd Zeit. Bei heißem Wetter sollte das Pferd zudem in den Schatten gestellt werden.

Unterstützung der Wasseraufnahme durch Futtermittel

Die Aufnahme kann ebenfalls durch wasserhaltige Futtermittel wie Gras, Äpfel, Möhren oder eingeweichte Zuckerrübenschnitzel unterstützt werden. Doch Vorsicht. Viele Pferde saufen nicht mehr, wenn sie Saftfutter erhalten haben. Bieten Sie Ihrem Pferd deshalb immer zuerst Wasser, dann Futter an.

Das Abwaschen als schweissreduzierende Massnahme

Das Abwaschen des Pferdes hat einen Kühleffekt und reduziert die Schweißbildung, weshalb man bei Hitze sowohl auf der Strecke als auch in den Stops davon Gebrauch machen sollte. Doch auch hier gilt: immer erst saufen lassen, dann abwaschen.

Die Gefahr als Taktik???

Von vielen Reitern wird die Gefahr der Dehydratation bewußt in die Rittaktik einbezogen. Hat sich das eigene Pferd schneller sattgetrunken, entfernen sie sich wieder von ihren Mitreitern, deren Pferde aufgrund des Herdentriebes in der Wasseraufnahme gestört werden. Ich persönlich bezeichne dieses Verhalten als unsportlich, da es ein Spiel mit dem Feuer ist.

Hitzschlag

Die Gefahr eines Hitzschlages steigt mit zunehmender Dehydratation, da sich der Körper aufgrund des Wassermangels und der damit verbundenen Unfähigkeit zu schwitzen nicht mehr abkühlen kann. Ein Wärmestau ist die Folge. Ferner ist die Blutverteilung gestört, weshalb das Blut unter Umständen wichtige Organe nicht mehr erreicht.

Anzeichen eines Wärmestaus erkennt man an der Dehydratation und:

- Gleichgewichtsstörungen
- erhöhten PA-Werten
- dem bis zu 43° C erhöhten Temperaturanstieg

Ein Hitzschlag kann also durch die geregelte Wasseraufnahme und den daraus resultierenden Wärmeaustausch vermieden werden. Das Pferd sollte bei Symptomen einer unzureichenden Wärmeregulierung unbedingt in den Schatten gebracht und mit Wasser abgewaschen werden. Ein akuter Wärmestau erfordert die tierärztliche Behandlung.

Hitzschlag beugt man auch vor, indem man das Pferd im Schatten pausieren läßt. Beachten Sie hier ferner die Fliegendecke als leichten Windbrecher und die zudem eingedeckte Hinterhand, um Muskelverspannungen vorzubeugen.

Kolik

Bei Distanzpferden treten Koliken meist wegen einer ungeregelten Blutverteilung auf. Durch die starke Belastung wird das Blut zur Sauerstoffversorgung der Muskulatur benötigt, die Verdauungsorgane sind dann gering durchblutet. Nimmt das Pferd nun große Mengen Futter auf, kann es diese nicht verdauen. Kolik ist die Folge. Deshalb sollte man nach einem anstrengenden Ritt mindestens zwei bis vier Stunden warten, bevor man größere Mengen Kraftfutter reicht. Andererseits muß das Pferd auch zwei bis vier Stunden vor Beginn eines Rittes gefüttert worden sein, um die Verdauung nicht zum Stocken zu bringen.

Auf langen Ritten wählt man für die Fütterung in den Stops, die zur Energiegewinnung notwendig ist, leichtverdauliche, angefeuchtete Futtermittel in geringen Mengen (siehe auch unter Fütterung und der Ritt). Bei stark erhitzten Pferden kann die Aufnahme kalten Wassers ohne anschließende Bewegung ebenfalls zu Krämpfen führen. Empfindlichen Pferden verabreicht man deshalb bei Erreichen eines Stops vorzugsweise lauwarmes Wasser. Steht dieses nicht zur Verfügung, bietet man dem Pferde im Abstand weniger Minuten kleinere Mengen von Wasser an.

Die Anzeichen einer Kolik dürften jedem Reiter bekannt sein:

• Unruhe, Scharren, Umsehen nach dem Bauch, Hinlegen, Wälzen, Schweißausbruch, erhöhter Puls

Eine Kolik benötigt immer eine tierärztliche Behandlung, da das Risiko eines Darmverschlusses gegeben sein kann.

Kreuzverschlag und Tying-up-Syndrom

Kreuzverschlag entsteht nach anstrengender Belastung mit anschließender Ruhepause bei gleichbleibender Fütterung. Wird das Pferd nach ein- oder mehrtägiger Pause wieder zur Arbeit herangezogen, tritt er meist zu Beginn des Rittes auf. Er wurde früher auch als Feiertagskrankheit bezeichnet.

Beim Auftreten der Krankheit kann die gesamte Rücken- und Kruppenmuskulatur entzündet sein. Die durch eine übermäßige Belastung entstandene Milchsäure hat das Zellvolumen vergrößert, in schweren Fällen wird aus den bereits geschädigten Muskelzellen Myoglobin freigesetzt, das über den Harn ausgeschieden wird. Kreuzverschlag kannn deshalb auch zu Nierenversagen führen.

Die Anzeichen eines Kreuzverschlages sind:

- Die Kruppenmuskulatur fühlt sich hart und verspannt an.
- Steifer und unwilliger Gang bis zur absoluten Bewegungslosigkeit. Das Pferd geht keinen Schritt vorwärts.
- Dunkler Urin, da die erhöhte Anzahl der zerstörten Zellen ausgeschieden wird.
- Schweißausbruch
- Muskelzittern
- Erhöhte PA-Werte (beim Ridgewaytrott Anstieg der Werte um 12 bis 16 Schläge pro Minute)

Das Pferd darf unter keinen Umständen bewegt, sondern muß mit dem Transporter abgeholt werden. Die Kruppenmuskulatur ist warm

Die Farbe des Urins ist eines vieler Anzeichen, ob alles in Ordnung ist. Allerdings hat die Decke so wenig Sinn - sie soll nicht den Sattel, sondern die Hinterhand des Pferdes warm halten!

zu halten. Das Pferd benötigt umgehend tierärztliche Hilfe. In hochgradigen Fällen darf das Pferd auch nicht zum Tierarzt transportiert werden. Dieser muß dann zu dem Pferd kommen, um es zu behandeln.

Man vermeidet Kreuzverschlag durch ausreichende Aufwärmphasen vor der Belastung. An den Tagen nach einem anstrengenden Ritt bewegt man das Pferd leicht, und sei es nur durch Spazierengehen und Weidegang. Selen- und Vitamin E-Gaben sollen das Risiko von Kreuzverschlag reduzieren.

Das Tying-up-Syndrom tritt nicht Tage nach, sondern während oder am Ende einer schweren Belastung auf. Als Ursache wird die Erschöpfung des Energiestoffwechsels in Betracht gezogen. Symptome und Hilfsmaßnahmen sind die wie beim Kreuzverschlag.

Zwerchfellflattern

Dieses Symptom kann eine Folge von Erschöpfung durch ein Elektrolytungleichgewicht sein und tritt während oder nach der Arbeit auf. Durch eine Reizung der Nervenbahnen kontrahiert sich das Zwerchfell synchron zu jedem Herzschlag. Man kann dann den Herzschlag durch die Vibration der Flanke sehen oder ihn mit dem Stethoskop im Bauchbereich hören. Begleitende Symptome können dunkler Urin und eine müde Gesamterscheinung sein.

Man nimmt an, daß Zwechfellflattern durch einen Calziumüberschuß gefördert wird. Trotz normaler Pulswerte sollte das Pferd unbedingt unter tierärztlicher Aufsicht bleiben.

Der Elektrolythaushalt muß bereits durch eine ausgewogene Fütterung vor dem Ritt ausgeglichen sein. Bei starker Schweißbildung kann man auch während des Rittes Elektrolyte verabreichen.

Orthopädische Probleme

Ursachen

Der Bewegungsapparat ist der am meisten beanspruchte Körperteil eines Distanzpferdes. Ursachen für Beinprobleme sind fast immer auf ungenügendes Training und der damit verbundenen Ermüdung zurückzuführen.

Das Verhalten bei Lahmheiten auf der Strecke

Viele Lahmheiten treten bereits während des Rittes, nicht erst nach der Belastung auf. Der Reiter sollte sofort nach der Ursache forschen. Manchmal hat sich das Pferd nur einen Stein eingetreten. Kann man keine Ursache erkennen, führt man das Pferd eine kurze Zeit, da es sich vertreten haben könnte. Auch ein Vertreten kann bereits ein Zeichen ermüdeter Muskulatur sein. Verbessert sich der Zustand nicht, müssen Sie sich von der Strecke per Transporter abholen lassen oder bei geringfügiger Lahmheit das Pferd bis zum nächsten Stop führen. Bitten Sie dann Sie überholende Reiter, dort Bescheid zu geben.

Während Bänderschäden meist durch eine ruckartige Fehlbelastung entstehen, sind Knochen- und Gelenkschäden schleichende Erkrankungen. Sie treten vor allem durch anhaltende Belastung auf und sind nur röntgenologisch festzustellen. Die Erfahrung hat gezeigt, daß auch „angeknackste“ Pferde mit arthritischen Veränderungen nach Behandlungs- und Ruhepausen begrenzt im Distanzsport eingesetzt werden können, jedoch immer nur unter Berücksichtigung eines mäßigen Tempos. Totgesagte leben bekanntlich länger.

Die auf Distanzritten oder im Training am häufigsten anzutreffenden Probleme finden wir jedoch an den Sehnen.

SEHNENSCHÄDEN

Sehnenschäden resultieren häufig aus einer Muskelermüdung. Ist die Koordinationsfähigkeit des Muskels gestört, kann es zu unkontrollierten Kontraktionen kommen, unter denen die Verbindung zum Knochen - also die Sehne - zu leiden hat. Zerrungen und Faserrisse können die Folge sein. Je mehr Fasern davon betroffen sind, desto stärker die Symptome.

Sehnenschäden äußern sich meist nach der Belastung durch Lahmheit und angelaufene Beine bis hin zu einer extremen Verdickung, der bogenförmigen „Wade". Sie benötigen aufgrund der geringen Durchblutung Zeit zur Heilung, bei deutlichen Symptomen ist der Tierarzt zu konsultieren.

Ein langes Training auf unterschiedlichen Böden verhindert solche Schäden. Die gezielte Pflege des Pferdes nach dem Ritt kann die Folgen einer Überbeanspruchung in Grenzen halten (siehe Seite 137).

DER SEHNENFASERRISS:

Je mehr Sehnenfasern beschädigt werden, desto schlimmer die Verletzung.

(Grafik nach Dr. med. vet. Jürgen Bartz)

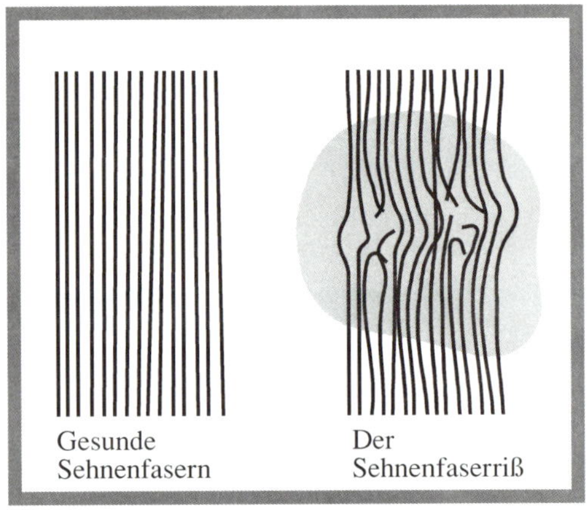

Angelaufene Sehnen sind ein Symptom der Überforderung. Man sollte sie als ernste Warnung begreifen.

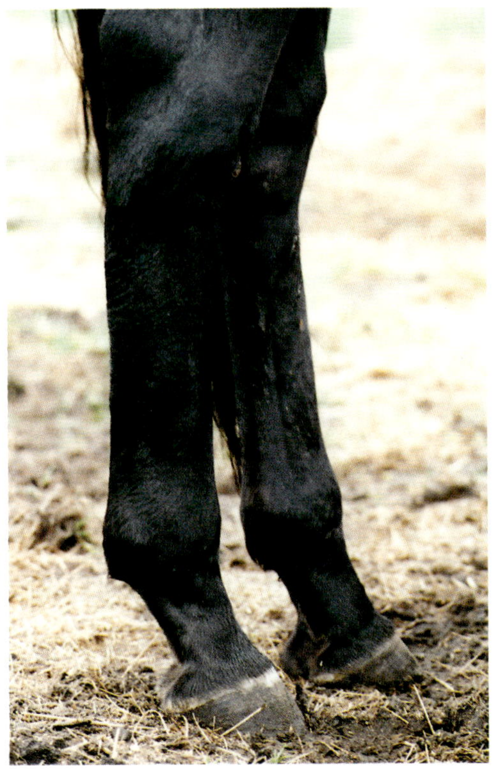

Größere Sehnenschäden äußern sich in einer deutlichen Verdickung bis hin zur bogenförmigen Wade. Zur Heilung benötigt das Pferd vor allem eines: Zeit.

HUFPROBLEME

Die häufigsten Hufprobleme treten durch Entzündungen der Huflederhaut auf. Vor allem bei Barfußpferden kann ein hartes, schlechtes Geläuf durch mangelnde Sohlenstärke eine übermäßige Reizung provozieren. Die Sohle ist „durchgelaufen". Einzelne Druckstellen entstehen hingegen durch das Treten auf einen Stein.

Der Huf sollte mittels entsprechender Haltungsbedingungen und Training auf hartes, steiniges Geläuf vorbereitet werden. Da er sich nur langsam erneuert und kräftigt, muß dies langfristig geschehen. Beim Ausschneiden ist darauf zu achten, möglichst wenig oder aber auch gar kein Sohlenhorn zu entfernen, um die Schutzfunktion zu erhalten.

Ein hohes Tempo auf hartem Geläuf wie Asphalt kann durch die Erschütterung aber auch Hufprellungen verursachen, vor allem bei eisenbeschlagenen Pferden. Entzündungen im Huf sind immer äußerst schmerzhaft. Sie sind begleitet von fühlbarer Wärme sowie einer starken Pulsation der Beinarterien im Fesselkopfbereich.

HUFREHE

Die Überlastung auf hartem Boden kann durch die Erschütterung eine Belastungsrehe verursachen. Die Lamellenschicht lockert sich, wodurch sich die Huflederhaut entzündet. Mangelndes Training, schwache Hufwände und dünne Sohlen bieten die Voraussetzung. Das Pferd geht klamm oder weigert sich schließlich, vorwärts zu gehen. Wie bei einer Entzündung der Sohle tritt eine erhöhte Pulsation im Fesselkopfbereich auf.

Auch hier kann angemessenes Reiten auf dem jeweiligen Boden Problemen vorbeugen.

Die Belastungsrehe kann aber auch eine Folge von Erschöpfung sein, wenn die Durchblutung der Gliedmaßen aufgrund eines gestörten Elektrolythaushaltes nicht optimal gewährleistet ist.

VERLETZUNGEN

Offene Verletzungen an den Gliedmaßen sind meist Folgen von Stürzen. Durch rücksichtsloses Reiten ungeachtet der Bodenverhältnisse und der Verfassung des Pferdes riskiert letztendlich auch der Reiter Kopf und Kragen.

Bei kleineren Verletzungen kann man im allgemeinen auf eine Behandlung verzichten, größere bedürfen der Wundversorgung. Als Erste-Hilfe-Maßnahme deckt man blutende Wunden ab, damit kein Schmutz eindringen kann. Sie benötigen dazu nicht mehr als ein sauberes Stück wattegepolsterter Verbandsgaze, zum Beispiel Equimoll, und eine Bandage. Halten Sie das Weiterreiten für möglich, müssen Sie vor einer medikamentösen Behandlung den Tierarzt um Zustimmung bitten.

Wegen eventueller Spannungen können auch kleinere Wunden Lahmheiten verursachen. Sie müssen sie deshalb auch nach dem Ritt im Auge behalten. Die Wundversorgung ist abhängig von Größe und Lage der Wunde. Besondere Vorsicht sollten Sie bei Wunden walten lassen, die sich in der Nähe von Gelenken befinden.

SONSTIGE PROBLEME

SATTELDRUCK

Satteldruck kann eine Überempfindlichkeit des Rückens, eine Schwellung oder eine offene Wunde sein. Er ist immer eine Folge nicht passender oder verdreckter Ausrüstung sowie eines schlechten reiterlichen Sitzes. Ein passender Sattel ist keine Garantie für die optimale Anpassung auf Lebenszeit. Ihr Pferd verändert sich durch Alter, Kondition und Trainingszustand auch im Exterieur, weshalb der Sattel ständig auf seine Paßform überprüft werden muß.

Erste Anzeichen einer nicht optimalen Sattelung sind:

- Abgescheuerte oder gebrochene Haare.
- Ungleichmäßige Schweißbildung unter der Satteldecke. Bei einem leicht verschwitzten Pferd können die Stellen, auf die weniger Druck ausgeübt wurde, trockener als ihre

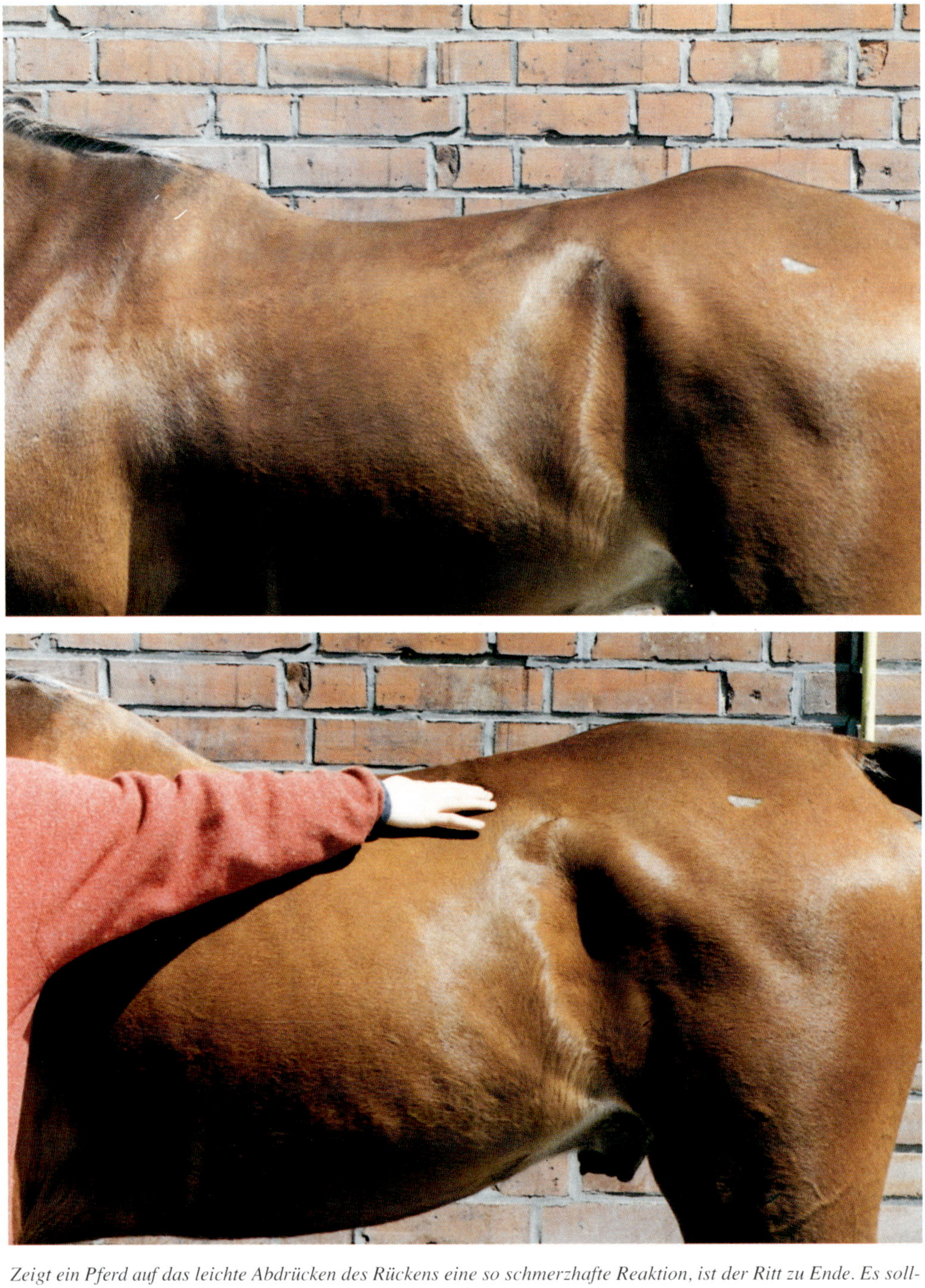

Zeigt ein Pferd auf das leichte Abdrücken des Rückens eine so schmerzhafte Reaktion, ist der Ritt zu Ende. Es sollten unbedingt die Ausrüstung und der Sitz des Reiters überprüft werden. Um das Maß des Nachgebens festzustellen, beachten Sie bitte die Hauswand und die Veränderung der Kruppenneigung.

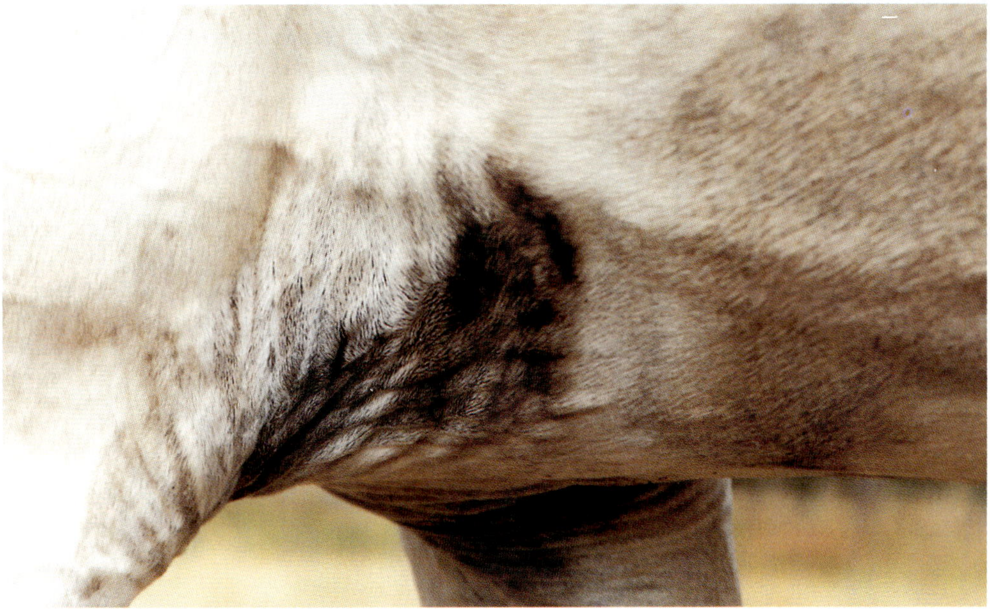

Eine der gefährdeten Hautpartien ist der Bereich zwischen Ellenbogen und Gurtlage. Sorgfalt beim Satteln und ein sauberer Gurt können dazu beitragen, solch leichte Druckstellen zu verhindern.

Umgebung sein. Bei extremer Schweißbildung hingegen, trocknen Bereiche, die einem stärkeren Druck ausgesetzt waren, aufgrund der erhöhten Temperatur der Hautflächen deutlich schneller als ihre Umgebung. Beides sind Anzeichen eines nicht optimal passenden Sattels.

Ein Satteldruck liegt vor, wenn:

- Das Pferd auf Berührung oder leichtes Abdrücken reagiert.
- Bei offenen oder geschlossenen Schwellungen.

Zeigt das Pferd eine großflächige Überempfindlichkeit, kann man durch Massagen oder den Tellington-Touch die Durchblutung fördern und dem Pferd so Erleichterung verschaffen. Jede Berührung darf nur so weit gehen, wie sie dem Pferd angenehm ist.

Bei kleineren geschlossenen Schwellungen kühlt man die Stelle unter leichtem Druck. Dazu kann man einen feuchten Schwamm mit einem elastischen Deckengurt auf der Schwellung befestigen.

Offene Wunden bedürfen der Wundversorgung.

Mit keiner Form eines Satteldruckes darf das Pferd geritten werden. Erst nach vollständiger Ausheilung können Sie wieder vorsichtig mit der Arbeit beginnen.

Satteldruck vermeidet man also durch:

- Saubere, passende und bewährte Ausrüstungsgegenstände
- Einen guten, nicht störenden reiterlichen Sitz
- Eine gute Gymnastizierung des Pferdes

Auch an der Gurtung können Druckstellen entstehen. Bei zu strammer Gurtung kann die Haut Tage nach der Belastung in milden Fällen zwischen Ellenbogen und Gurt schorfig werden. Schlimmstenfalls treten durch Quetschung oder Verletzung der Gefäße Ödeme auf. Sich entzündende Hautfalten unter dem Gurt vermeidet man, indem man nach dem Nachgurten die Vorderbeine wie beim Spanischen Schritt nach vorne streckt. Dadurch werden Haut und Haare glattgezogen.

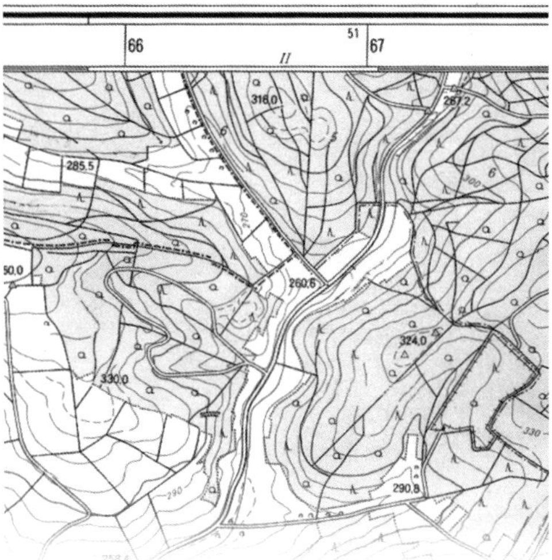

DISTANZREITEN WOHIN?

Immer höher, immer schneller, immer weiter. Der Distanzsport ist auf dem besten Weg, sich den Kriterien einer Leistungsgesellschaft zu unterwerfen. Nein, das darf nicht sein. Er wurde geschaffen als Alternative zu den klassischen Pferdesportdisziplinen, bei denen zu oft das Wesen Pferd auf der Strecke bleibt. Auch so manches Distanzpferd hat bereits den Ehrgeiz seines Reiters mit dem Leben bezahlt.

Der sehnsüchtige Blick ins Ausland läßt uns immer wieder das Wichtigste vergessen: die Basis - egal, ob es sich um Kurz- oder Langstreckenreiter handelt. Dabei sollte uns immer wieder klar werden, daß nicht die Zeiten, nicht die Rekorde zählen, sondern nur das erfolg reiche Bewältigen einer Ausdauerprüfung in einem dem Paar angemessenen Tempo.

Der deutsche Distanzsport darf und kann sich nicht wehren gegen die internationale Entwicklung - viele träumen bereits von einer Olympischen Disziplin. Doch bitte nicht um jeden Preis. Hochleistungssport ist schön und gut, aber nur wenige von uns werden und wollen dieses Ziel erreichen. Das Gros der Distanzreiter wünscht sich die Vielseitigkeit der Distanzritte als Ausdauerprüfung, als willkommene Abwechslung in einem erfüllten Pferdealltag.

Bei den immer größer werdenden Problemen, mit der die Durchführung eines Distanzrittes nicht zuletzt auch aus umweltpolitischen Gesichtspunkten verbunden ist, können wir nur gemeinsam dem Distanzreiten in Deutschland eine Zukunft geben. Toleranz ist gefragt. Die Interessenkonflikte der unterschiedlichen Gruppierungen führten in den vergangenen Jahren zwangsläufig zu den heftigsten Kontroversen. Anstatt den Grundgedanken des Distanzsports, die Ausdauerprüfung, dem Leistungsgedanken zu unterwerfen, und damit die Distanzreiterei in eine bestimmte Richtung zu zwängen, sollten wir uns in Deutschland die Vielzahl der unterschiedlichen Rittangebote bewahren und Distanzreiten als das erhalten, was es schon immer war - eines der letzten Abenteuer für alle Pferdefreunde.

Ein riesiges Dankeschön!

Dieses Buch konnte nur durch das
Engagement vieler einzelner entstehen:
Ina Baader, Dr. med. vet. Jürgen Bartz, Kathrin Blankenburg,
Dr. med. vet. Klaus Blankenburg, Claus Chmiel, Patricia Finnern,
Dagmar Kucher, Hufbeschlagsteam Schrader & Muche,
Gabriele und Joachim Jacobi, Susanne Koller, Dr. med. vet. Juliette
Mallison, Dr. Werner Nahm, Dr. Regina Meyer-Nehls,
Ravenstein Brain Pool, Uta Wilhelmi und allen anderen,
die mir ihr Wissen und ihre Literatur zur Verfügung stellten.
Ganz besonders danke ich aber Thorsten Jux
für seine unermüdliche Motivationshilfe.

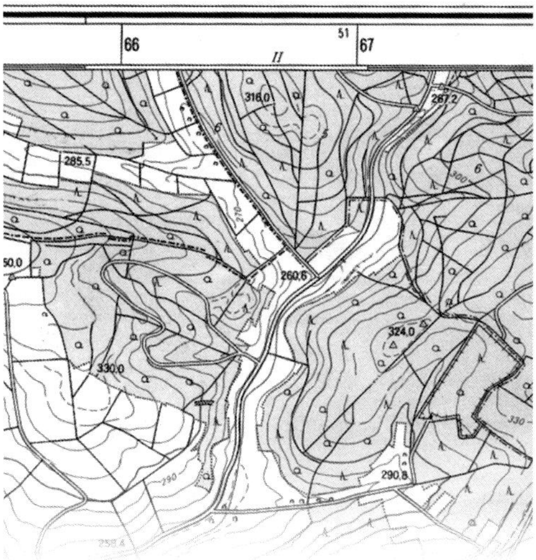

LITERATURNACHWEISE UND EMPFEHLENSWERTE WEITERFÜHRENDE LITERATUR

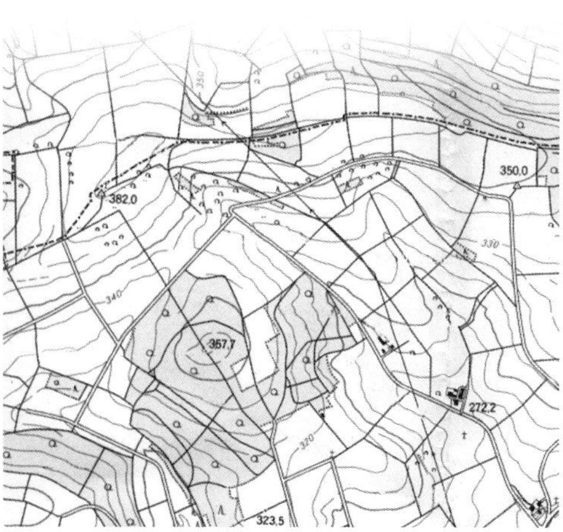

Dr. med. vet. Jürgen Bartz, Bis der Tierarzt kommt, Erste Hilfe für Pferde, Franckh-Kosmos-Verlags GmbH & Co, Stuttgart, 1996

Dr. Evelin Bent, Blutuntersuchungen zur Gesundheits- und Fitneßkontrolle von Pferden bei Distanzritten, Doktorarbeit an der Hohen Landwirtschaftlichen Fakultät der Rheinischen Friedrich-Wilhelms-Universität Bonn, 1989

Ursula Bruns/Linda Tellington-Jones, Die Tellington-Methode: So erzieht man sein Pferd, Müller Rüschlikon Verlags AG, Cham 1985

J.R. de Bruycker (Hrg.), Das Abenteuer der großen Distanzritte, Moby Dick Verlag KG, Kiel, 1985

Claus Chmiel, Pferdesportler fit gemacht, FN-Verlag, Warendorf, 1995

Claus Chmiel, Konditionstraining & Ausgleichssport für Reiter & Voltigierer, FN-Verlag, Warendorf, 1987

Bodo Hertsch, Anatomie des Pferdes, FN-Verlag Warendorf, 1992

Lewis E. Hollander, Endurance Riding from Beginning to Winning, Green Mansions Inc., Oregon, USA, 1993

Ann Hyland, The Endurance Horse, J.A.Allen & Company Limited, London, Great Britain, 1988

Armin Kasper, Hufkurs für Reiter, Franckh-Kosmos-Verlags-GmbH & Co, Stuttgart, 1994

Hans-Dieter Kempf, Die Rückenschule, Rowohlt Taschenbuch Verlag GmbH, Reinbek, 1993

Karl-Peter Knebel, Funktions-Gymnastik, Rowohlt Taschenbuch Verlag GmbH, Reinbek, 1985

Rachael Kydd, Distanzreiten erklärt, Verlag Wolfgang Zeunert, Gifhorn,1981

Jack Meagher, Muskelprobleme bei Pferden, Müller Rüschlikon Verlags AG, Cham 1987

Helmut Meyer, Pferdefütterung, Blackwell Wissenschafts-Verlag, Berlin 1995

Sue Parslow, Distanzreiten, Müller Rüschlikon Verlags AG, Cham, 1992

Michael Schäfer, Wie werde ich Pferdekenner?, Nymphenburger Verlagshandlung GmbH, München, 1971

Jürgen Scherbarth, Distanzreiten, Selbstverlag, 1977

Bernd Springorum, Hinweise zum Konditionstraining der Military-Pferde, FN-Verlag, Warendorf, 1986

Ted S. Stashak, Adams´Lahmheiten bei Pferden, Verlag M. & H. Schaper, Altfeld-Hannover, 1989

Hiltrud Strasser, Gesunde Hufe ohne Beschlag, Beate Danker-Verlag, Friedberg, 1991

Kathrin und Reinhold Tigges, Besser reiten in natürlicher Balance, K & N-Verlag, Starnberg, 1991

Themensammlungen oder Veröffentlichungen der Distanzverbände:

Distanzen 1983, Herausgeber Unika Puppe, Centauren-Verlag, Lienen, 1984

So macht man Pferde fit, Sammelband, FS Verlag GmbH, Bonn

Themensammlung, Wissenenswertes rund um den Distanzsport, herausgegeben vom VDD

Distanz Aktuell, Verbandszeitschrift des VDD

Handbook of the AERC, herausgegeben von der American Endurance Ride Conference, AERC Administrative Office, 701 High Street, Suite 203, Auburn, CA 95603, USA

Endurance News, herausgegeben von der American Endurance Ride Conference, AERC Administrative Office, 701 High Street, Suite 203, Auburn, CA 95603, USA

Bildnachweis:

Archiv St. Georg
Seite 9, 10

Ina Baader
Seite 17

Peter Rohlfs
Seite 36, 53

Cathrin Blankenburg
Seite 59

Jan Duvenhorst
Seite 42

Edgar Schrader
Seite 81

Susanne Koller
Seite 24

D. Nobest
Seite 91, 97

Bernhard Kreutzer
Seite 61, 101

Volker Nehls
Seite 11, 29, 33, 113,
116, 123, 126

Mercedes Oeß
Seite 35

Robert Mallison
Seite 130

Uta Wilhelmi
Seite 145

Titelfoto:
Hughes Photography

Alle übrigen Fotos
und Illustrationen von
Cornelia Koller